判例から学ぶ
消費者法
〔第3版〕

島川　勝・坂東俊矢 編

発行　民事法研究会

第3版　はしがき

　消費者問題は、幅広い分野で起きており、またそれぞれの問題は深い社会的背景を有しています。そこで、実際に起きた事件を手がかりとして具体的に消費者事件の本質に迫るという方法がよいのではないかと考え、消費者問題の各分野の裁判例を切り口とし、そこから何が問題であるかを発展させていく講義を想定した教材をつくろうとしたのが、本書発刊の契機です。

　消費者法は、裁判例とともに動いており、それが判例として法や実務を動かしてきました。本書では、そのことを踏まえて、裁判例や事件を紹介するとともに、その裁判例の背景や与えた影響、今後の課題等についても言及することとし、単なる判例解説ではないものをめざしています。

　本書初版は、主に大学や法科大学院で消費者法をわかりやすく教えるための教材として、平成23年に出版しました。その後、平成25年に第2版を出版し、新たな制度である「消費者団体訴訟」や消費者契約法に関する最高裁判例等の動向を織り込みました。

　第2版以降、民法、消費者契約法の改正、団体訴訟における被害回復訴訟制度の制定、消費者契約法における新たな最高裁判決等がありました。

　それらの内容を織り込み、本書第3版として出版することになりました。

　本書の執筆は、消費者被害救済の実務に深く携わっている弁護士と消費者法の研究者とでなされており、日々進化する消費者法の分野を実践面・理論面で十分にフォローしているものと自負しています。

　初版・第2版と同じく、大学、法科大学院の教材として、また消費者センターや適格消費者団体等の関係者、消費者事件を担当している弁護士・実務家にもお役立ていただければ幸いです。

　本書の改訂にあたっては、民事法研究会の大槻剛裕氏に大変お世話になりました。深く感謝の意を表します。

　令和元年10月

弁護士　島川　　勝

京都産業大学教授・弁護士　坂東　俊矢

『判例から学ぶ消費者法〔第3版〕』

目　次

第1章　消費者問題総論

1　消費者問題とは……………………………………………………… 1

(1)　食品の安全と消費者──**森永ミルク中毒事件民事裁判**…………… 1

(2)　集団的消費者被害(1)──**豊田商事事件**………………………… 7

裁判例①　最判平成14・9・26………………………………………… 7

(3)　集団的消費者被害(2)──**大和都市管財国家賠償請求訴訟事件**……… 9

裁判例②　大阪高判平成20・9・26………………………………… 9

2　消費者とは…………………………………………………………10

(1)　問題の所在………………………………………………………10

(2)　電話機リース事件名古屋判決…………………………………10

裁判例③　名古屋高判平成19・11・19………………………………10

(3)　民法改正と消費者概念…………………………………………15

第2章　民法と消費者法

1　問題の所在…………………………………………………………16

2　裁判での理論的な到達点…………………………………………17

(1)　未成年者取消権と未成年者の詐術…………………………17

裁判例④　茨木簡判昭和60・12・20…………………………………17

(2)　高齢者の締結した契約と公序良俗違反……………………21

裁判例⑤　東京地判平成25・4・26…………………………………21

3　民法と消費者法の法理論…………………………………………25

第3章　消費者契約法⑴
──不当勧誘規制

1 消費者契約法における不当勧誘規制の全体像 ………………………26
(1) 消費者契約法と不当勧誘規制の構造 ………………………………26
(2) ３つの類型に共通する事項（要件） ………………………………26
(3) 「誤認」型 ……………………………………………………………27
(4) 「困惑」型 ……………………………………………………………28
(5) 「つけ込み」型 ………………………………………………………31
(6) 媒介の委託を受けた第三者および代理人の行為と事業者の責任……32
2 裁判例と解説 ……………………………………………………………33
(1) 不利益事実の不告知 …………………………………………………33
　裁判例⑥　大阪地判平成23・3・4 …………………………………33
(2) 退去妨害 ………………………………………………………………37
　裁判例⑦　東京簡判平成15・5・14 …………………………………37

第4章　消費者契約法⑵
──不当条項規制

1 契約内容の適正化──消費者契約法8条から10条 ……………41
(1) 概　説 …………………………………………………………………41
(2) 消費者契約法8条 ……………………………………………………41
(3) 消費者契約法8条の2 ………………………………………………42
(4) 消費者契約法8条の3 ………………………………………………42
(5) 消費者契約法9条 ……………………………………………………42
(6) 消費者契約法10条 ……………………………………………………42

3

2 裁判例の蓄積 ·······························43

（1）学納金返還請求事件判決·····················43

裁判例⑧　最判平成18・11・27·················43

（2）居住用建物の賃貸借契約条項をめぐる判決·············48

裁判例⑨　最判平成23・3・24·················48

裁判例⑩　最判平成23・7・12·················50

裁判例⑪　最判平成23・7・15·················52

第5章　消費者団体訴訟制度

1 概　説·······························55

（1）消費者契約法改正による創設·················55

（2）景品表示法・特定商取引法、食品表示法への拡大·········56

（3）集団的消費者被害回復制度···················56

2 裁判例·····························56

（1）冠婚葬祭互助会等の解約金条項使用差止請求事件判決·······56

裁判例⑫　京都地判平成23・12・13··············56

（2）健康食品チラシ配布差止請求事件判決··············61

裁判例⑬　最判平成29・1・24·················61

第6章　集団的消費者被害回復制度

1 被害回復制度 ····························65

2 法の適用要件 ···························67

3 法施行前の事案 ·························67

4 法施行後の課題 ·························68

目 次

- (1) 適用範囲の限定……………………………………………………68
- (2) 費用の団体負担……………………………………………………68

5 適用事案 ……………………………………………………………69
- (1) 訴訟提起した事例…………………………………………………69
- (2) 訴え提起前の被害回復事例………………………………………71

第7章 約款と民法、消費者法

1 「約款」に適用される民事ルール ………………………………72
- (1) 「約款」に関する包括的な民事ルールの不存在 ………………72
- (2) 「約款」に関する裁判例 …………………………………………72

裁判例⑭ 大判大正4・12・24 ………………………………………72

裁判例⑮ 札幌地判昭和54・3・30…………………………………73

裁判例⑯ 最判平成17・12・16………………………………………73

裁判例⑰ 最判平成15・2・28………………………………………74

裁判例⑱ 福岡高判平成28・10・4…………………………………74

2 民法（債権法）改正による「定型約款」規定の制定…………75
- (1) 「約款」と「定型約款」との関係 ………………………………75
- (2) 「定型約款」に関する新たな民事ルールの概要 ………………76
- (3) 「定型約款」に該当しない「約款」に関する民事ルールと改正民法
  との関係………………………………………………………………83
- (4) みなし合意除外規定（改正民法548条の2第2項）と消費者契約法
  10条の適用関係………………………………………………………84

5

第8章　特定商取引法(1)
──訪問販売、クーリング・オフ

1　クーリング・オフの書面性……………………………………………86

(1)　概　説………………………………………………………………86

(2)　事　案………………………………………………………………89

裁判例⑲　福岡高判平成6・8・31……………………………………89

(3)　解　説………………………………………………………………90

2　交付書面の不備とクーリング・オフの起算点………………93

(1)　概　説………………………………………………………………93

(2)　事　案………………………………………………………………94

裁判例⑳　東京地判平成5・8・30…………………………………94

(3)　解　説………………………………………………………………96

第9章　特定商取引法(2)──継続的役務

1　概　説……………………………………………………………………99

2　本件判決および行政処分に至る経緯・背景等………………100

(1)　特定継続的役務提供契約の規制の背景………………………100

(2)　NOVAの商法の問題点…………………………………………101

(3)　東京都による行政指導と経済産業省平成16年11月14日通達………102

(4)　既払金返還請求訴訟の増加とNOVAの対応…………………103

3　継続的役務提供契約の中途解約と損害金………………………104

裁判例㉑　最判平成19・4・3……………………………………104

(1)　事案の概要…………………………………………………………104

(2)　論点についての解説………………………………………………106

目 次

| 4 | NOVA に対する経済産業省の行政処分 | 108 |

行政処分　経済産業省平成19・6・13 ……………………………108

(1)　事案の概要 ………………………………………………108

(2)　論点についての解説 ……………………………………111

| 5 | 最後に | 113 |

第10章　特定商取引法(3)
──マルチ商法とネズミ講

| 1 | 問題の所在 | 115 |

| 2 | 裁判での理論的な到達点 | 116 |

(1)　印鑑マルチ商法の法的性質 ……………………………116

裁判例㉒　名古屋高裁金沢支判昭和62・8・31 ……………116

(2)　連鎖販売取引の違法性と代表取締役・勧誘者の共同不法行為

責任 ……………………………………………………122

裁判例㉓　さいたま地判平成18・7・19──アースウォーカー事件 …… 122

| 3 | 民法と消費者法の法理論 | 125 |

第11章　割賦販売法(1)
──平成20年改正法とクレジット取引

| 1 | 問題の所在 | 128 |

(1)　法の規制対象と規制理由 ………………………………128

(2)　平成20年改正による法の全体像 ………………………129

(3)　民事効果 …………………………………………………130

| 2 | 抗弁対抗に関する法理論 | 130 |

7

⑴　昭和59年改正法施行前の事案における抗弁対抗の可否……………130

　裁判例㉔　最判平成２・２・20………………………………………130

　⑵　抗弁対抗の法的根拠と既払金返還請求…………………………132

③　平成20年割賦販売法改正による既払金返還法理 …………………133

　⑴　デート商法による契約の公序良俗違反無効と既払金返還請求……133

　裁判例㉕　名古屋高判平成21・２・19………………………………133

　⑵　平成20年改正法の既払金返還法理………………………………137

④　司法の前進と今後の展望 ………………………………………………133

　⑴　いわゆる「名義貸し」への平成20年改正法・抗弁対抗規定の

　　適用…………………………………………………………………133

　裁判例㉖　最判平成29・２・21 ……………………………………133

　⑵　今後の展望──クレジット取引という契約類型………………141

第12章　割賦販売法⑵
──クレジットカードの不正使用

①　問題の所在 ………………………………………………………………143

②　裁判での理論的な到達点 ………………………………………………145

　⑴　夫が無断で利用した妻のクレジットカードの支払義務……………145

　裁判例㉗　札幌地判平成７・８・30…………………………………145

　⑵　親のクレジットカードを不正使用した未成年者による有料サイト

　　利用料の請求の可否と本人確認義務………………………………150

　裁判例㉘　長崎地裁佐世保支判平成20・４・24……………………150

③　民法と消費者法の法理論 ………………………………………………154

第13章　多重債務と消費者

1	多重債務者と消費者問題	155
2	利息制限法と過払金	155

裁判例㉙　最判昭和43・11・13 …… 155

(1)　問題の所在 …… 155

(2)　解　説 …… 158

(3)　参考裁判例 …… 158

3	金利規制の経過	160

(1)　貸金業規制法施行以前の金利 …… 160

(2)　貸金業規制法施行以降の金利 …… 160

4	貸金業規制法43条と裁判例の展開	161
5	期限の利益喪失特約と支払いの任意性	162

裁判例㉚　最判平成18・1・13 …… 162

(1)　問題の所在 …… 162

(2)　事　案 …… 162

6	貸金業法の制定	165

(1)　金利の1本化 …… 166

(2)　総量規制の導入 …… 166

7	過払金返還請求をめぐる残された課題──充当	167

(1)　ある取引において発生した過払金を他の債務へ充当することができるか …… 167

(2)　過払金返還請求権の消滅時効 …… 168

8	金利規制についての考え方	168
9	ヤミ金と不法原因給付	169

9

第14章　金融商品取引と消費者

1	はじめに	170
2	適合性原則とは	170
3	適合性原則違反についての最高裁判例	172

裁判例㉛ 最判平成17・7・14 ……………………………………… 172

(1) 事案の概要 …………………………………………………………… 172

(2) 解　説 ………………………………………………………………… 177

| 4 | その後に適合性原則違反を認めた下級審判決 | 178 |
| 5 | 説明義務違反 | 179 |

(1) 説明義務とは ………………………………………………………… 179

(2) 説明義務の法的根拠 ………………………………………………… 179

(3) 金融庁の指針 ………………………………………………………… 179

| 6 | 説明義務違反に関する裁判例 | 180 |

裁判例㉜ 大阪地判平成24・2・24 …………………………………… 180

(1) 事案の概要 …………………………………………………………… 180

(2) 解　説 ………………………………………………………………… 182

| 7 | 証券取引分野で説明義務違反を認めた判決 | 183 |

第15章　保険と消費者

| 1 | 保険取引と消費者保護 | 184 |

(1) 保険の役割と重要性 ………………………………………………… 184

(2) 保険契約——損害保険契約と定額保険契約 ……………………… 184

(3) 保険契約における加入者保護 ……………………………………… 185

(4) 保険取引と保険約款 ………………………………………………… 186

(5) 平成29年改正民法（定型約款の規律）……………………………… 187

(6) モラル・リスク対策と消費者保護…………………………………… 188

2 偶然性（非故意性）の立証責任と保険事故の立証………… 189

裁判例㉝ 最判平成19・4・17 ……………………………………… 189

(1) 問題の所在……………………………………………………………… 189

(2) 事案の概要…………………………………………………………… 190

(3) 解　説…………………………………………………………………… 191

3 他保険契約の告知義務…………………………………………… 195

裁判例㉞ 東京地判平成21・4・30 ………………………………… 195

(1) 問題の所在……………………………………………………………… 195

(2) 事案の概要……………………………………………………………… 195

(3) 解　説…………………………………………………………………… 197

第16章　製造物責任と消費者

1 問題の所在…………………………………………………………… 201

(1) 製品事故の発生状況と特色………………………………………… 201

(2) 製造物責任法が制定された意義…………………………………… 202

2 製造物責任法の概要——「欠陥」の定義・判断要素を
　中心に……………………………………………………………… 203

(1) 欠陥責任とは…………………………………………………………… 203

(2) 過失責任から欠陥責任へと転換したことの意義……………… 204

3 裁判での理論的な到達点………………………………………… 205

裁判例㉟ 大阪地判平成6・3・29——松下テレビ発火事件…………… 205

(1) 事案の概要……………………………………………………………… 205

(2) 判　決…………………………………………………………………… 205

4 製造物責任法施行後における松下テレビ発火事件判決の

11

意義 ……………………………………………………………… 209

5 製造物責任法と被害救済における課題 …………………… 211

(1) 被害救済を困難ならしめている他原因と誤使用の主張………… 211

(2) 製造物責任法の適切な運用のためには事故情報の収集・分析・
公表が不可欠……………………………………………………… 213

6 まとめ……………………………………………………………… 214

第17章　欠陥住宅と消費者

1 はじめに ………………………………………………………… 215

2 建築瑕疵とは何か（瑕疵の判断基準）…………………… 216

裁判例㊱ 最判平成15・10・10………………………………… 216

(1) 問題の所在……………………………………………………… 216

(2) 事案の概要……………………………………………………… 216

(3) 論点についての解説…………………………………………… 217

(4) 最判平成15・10・10の意義……………………………………… 218

3 建築瑕疵と不法行為責任 …………………………………… 219

裁判例㊲ 最判平成19・7・6………………………………… 219

(1) 問題の所在……………………………………………………… 219

(2) 事案の概要……………………………………………………… 219

(3) 論点についての解説…………………………………………… 224

第18章　独占禁止法・景品表示法　　　と消費者

1 問題の所在………………………………………………………… 228

|2| 独占禁止法と消費者——値上げカルテル……………………………229

裁判例㊳ 最判平成元・12・8………………………………………………229

⑴ 事案の概要………………………………………………………………229

⑵ 判決の意義………………………………………………………………230

|3| 景品表示法と消費者——豊胸効果と痩身効果を標榜する

サプリメントの販売業者に対する措置命令および課徴金

納付命令（ミーロード事件）……………………………………………233

行政処分（措置命令） 消費者庁平成29・3・30……………………………233

行政処分（課徴金納付命令） 消費者庁平成30・3・23 ………………………233

⑴ 事案の概要………………………………………………………………233

⑵ 本件措置命令・課徴金納付命令の意義………………………………235

第19章　情報化社会と消費者

|1| 問題の所在…………………………………………………………………239

⑴ 情報化社会をめぐる消費者問題………………………………………239

⑵ 消費者保護のための法制度の整備……………………………………239

⑶ 新たな消費者問題への法的対応………………………………………240

|2| ネットオークション運営会社の義務内容………………………………241

裁判例㊴ 名古屋高判平成20・11・11……………………………………241

⑴ 事案の概要………………………………………………………………241

⑵ 判　決……………………………………………………………………242

⑶ ネットオークションと消費者問題……………………………………244

|3| サクラサイト運営会社および代表者に対する損害賠償

請求認容判決 ………………………………………………………………248

裁判例㊵ さいたま地裁越谷支判平成23・8・8 ………………………248

⑴ 事案の概要………………………………………………………………248

13

(2) 判　決……………………………………………………………… 249

(3) サクラサイト問題と本件判決………………………………… 250

(4) 本件判決の検討………………………………………………… 251

第20章　宗教被害と消費者

1　問題の所在…………………………………………………………… 254

2　献金強要の違法性…………………………………………………… 254

裁判例㊵　福岡地判平成 6・5・27……………………………… 254

(1) 事案の概要……………………………………………………… 254

(2) 論点についての解説…………………………………………… 256

3　勧誘強要の違法性…………………………………………………… 258

裁判例㊷　広島高裁岡山支判平成12・9・14……………………… 258

(1) 事案の概要……………………………………………………… 258

(2) 解　説…………………………………………………………… 261

(3) 法律──消費者契約法の改正………………………………… 262

第21章　医療サービスと消費者

1　患者と消費者の関係………………………………………………… 264

2　医療サービスの特質と契約締結の自由…………………………… 264

裁判例㊸　神戸地判平成 4・6・30……………………………… 264

(1) 当事者…………………………………………………………… 264

(2) 事　案…………………………………………………………… 265

(3) 争　点…………………………………………………………… 265

(4) 判　決…………………………………………………………… 265

| (5) | この判決からわかること……………………………………………266 |

| (6) | 医療サービスの特性に基づく契約主体のコントロール…………267 |

| (7) | 小　括……………………………………………………………267 |

3 医療水準論によるサービスの質のコントロール……………268

| (1) | 医療水準論の意義…………………………………………………268 |

| (2) | 過失責任排除特約の効力と消費者契約法………………………269 |

| (3) | 契約を終了させる義務……………………………………………269 |

4 医療機関の説明義務と患者の自己決定権による内容
コントロール……………………………………………………270

5 医療サービスの多様化に伴う新たな患者保護の必要性……271

裁判例㊹　東京地判平成21・6・19………………………………271

| (1) | 当事者………………………………………………………………271 |

| (2) | 事　案………………………………………………………………271 |

| (3) | 争　点………………………………………………………………271 |

| (4) | 判　決………………………………………………………………271 |

| (5) | この判決からわかること…………………………………………272 |

6 美容医療の現状と問題点…………………………………………273

| (1) | 美容医療の意義……………………………………………………273 |

| (2) | 美容医療の特徴……………………………………………………275 |

| (3) | 美容医療に適用されるルール……………………………………276 |

| (4) | 今後の規制…………………………………………………………278 |

7 おわりに……………………………………………………………279

・事項索引………………………………………………………………281

・判例年月日順索引……………………………………………………286

・編著者一覧……………………………………………………………290

凡　例

凡　例

〈法令〉

改正民法	民法の一部を改正する法律（平成29年法律第44号）施行後の民法
貸金業規制法	貸金業の規制等に関する法律（現貸金業法）
旧割賦販売法	特定商取引に関する法律及び割賦販売法の一部を改正する法律（平成20年法律第74号）による改正前の割賦販売法
旧利息制限法	貸金業の規制等に関する法律等の一部を改正する法律（平成18年12月20日法律第115号）による改正前の利息制限法
金融商品販売法	金融商品の販売等に関する法律
ゴルフ場会員契約適正化法	ゴルフ場等に係る会員契約の適正化に関する法律
景品表示法	不当景品類及び不当表示防止法
景品表示法施行規則	不当景品類及び不当表示防止法施行規則
国民生活センター法	独立行政法人国民生活センター法
出資法	出資の受入れ、預り金及び金利等の取締りに関する法律
消費者裁判手続特例法	消費者の財産的被害の集団的な回復のための民事の裁判手続の特例に関する法律
成年後見制度利用促進法	成年後見制度の利用の促進に関する法律
抵当証券業規制法	抵当証券業の規制等に関する法律（廃止）
独占禁止法	私的独占の禁止及び公正取引の確保に関する法律
特定商取引法	特定商取引に関する法律
特定商取引法施行規則	特定商取引に関する法律施行規則
特定商品預託取引法	特定商品等の預託等取引契約に関する法律
訪問販売法	訪問販売等に関する法律（現特定商取引に関する法律）
民法特例法	電子消費者契約及び電子承諾通知に関する民法の特例に関する法律
無限連鎖講防止法	無限連鎖講の防止に関する法律
迷惑メール防止法	特定電子メールの送信の適正化等に関する法律
薬機法	医薬品、医療機器等の品質、有効性及び安全性の確保等に関する法律
預金者保護法	偽造カード等及び盗難カード等を用いて行われる不正な機

械式預貯金払戻し等からの預貯金者の保護等に関する法
律

〈判例集・書籍等〉

民集	最高裁判所民事判例集
民録	大審院民事判決録
集民	最高裁判所裁判集民事
訟月	訟務月報
判時	判例時報
判タ	判例タイムズ
金商	金融・商事判例
セレクト	証券取引被害判例セレクト
リマークス	私法判例リマークス
民商	民商法雑誌
曹時	法曹時報
法時	法律時報
ジュリ	ジュリスト
法教	法学教室
法セ	法学セミナー

〈その他〉

裁判所 HP	裁判所ホームページ〈http://www.courts.go.jp/〉
国民生活センター	独立行政法人国民生活センター
製品評価技術機構	独立行政法人製品評価技術機構
PIO-NET	全国消費者生活情報ネットワークシステム

第1章　消費者問題総論

1　消費者問題とは

　「消費者問題とは何か」というテーマについては、これまでどのような社会的事件が消費者事件として生じたのか、その特質は何かを分析することから始めるのがよいでしょう。消費者事件といわれるものは、それが発生した時代を背景として持っています。

　本章で取り上げる森永ミルク中毒事件の場合は、戦後の復興期である昭和30年に食品の問題として生じたものですが、近年問題となった「毒入り餃子」事件は、現代社会における食の国際化を背景として生じたものです。また、現物まがい商法として有名な豊田商事事件は、日本が、戦後復興・高度経済成長を経て、バブル経済の時代に突入した時期に、投資や利殖を掲げて蔓延した悪質商法の1つです。最近では情報通信技術の発展に伴って、インターネット取引をめぐるトラブルが多数発生しています。

　このように、消費者問題はその時代の経済・社会の情勢によって変化しています。

　しかし、それぞれの消費者事件は、時代背景を異にしながら、共通した側面ももっています。「消費者問題とは何か」ということを考察するには、その共通した側面がどのようなものであるかを検討することが肝心であって、そのことにより同じような消費者事件の発生を防ぐことができるのです。

(1)　食品の安全と消費者——森永ミルク中毒事件民事裁判

(A)　当事者——第1波訴訟（大阪地方裁判所）

原告　X（36名）

被告　Y₁（森永乳業株式会社）

同　　Y₂（国）

(B)　事案の概要

　昭和30年6月頃より、近畿・中国・九州地方等の西日本一帯の乳幼児の間に、下痢や便秘が続く、乳を吐く、高熱が続く、おなかが大きく腫れ上がる、皮膚が黒くなるなどの共通した症状が現れました。その原因は、森永粉ミル

クの特定の缶に砒素が混入していたことによるものであり、砒素は森永が粉ミルクの乳質安定剤として混入した第二燐酸ソーダに含まれていたものとわかりました。

　被害児1万2131名、そのうち130名が死亡した、前例のない大事故です。

　被害児の補償や後遺症の有無について、第三者機関として医師・学識経験者で「五人委員会」が作られ、昭和30年12月15日の意見書により、補償基準が示され、被害児の後遺症については、「本件の中毒症には概ね、ほとんど後遺症は心配する必要はないといってよかろう。今なお治療を受けているものは、後遺症ではなく、原病の継続である」とされました。

　ところが、事件から14年を経た昭和44年に大阪大学の丸山博教授らが中毒患者の追跡調査をしたところ、後遺症で苦しむ患者の存在が確認されたのです。

　被害児の親たちは「森永ミルク中毒のこどもを守る会」（現「森永ひ素ミルク中毒の被害者を守る会」。以下、「守る会」といいます）を結成し、森永と交渉しましたが、解決には至らず、ついに昭和48年4月、大阪地方裁判所に民事訴訟が提起されました（同様の訴訟が岡山地方裁判所〔第2波訴訟〕、高松地方裁判所〔第3波訴訟〕にも提起されました）。民事訴訟では、弁論、証人尋問が行われましたが、恒久対策の実施を目的とした財団法人ひかり協会の発足を受けて、被告らの態度を釈明したうえ、昭和49年5月に訴えが取り下げられました。

(C)　民事裁判弁護団長意見書

　大規模訴訟や公害事件などでは、事件の特質を裁判所に説明するために、裁判の冒頭において意見陳述が行われることがあります。以下に紹介するのは、民事訴訟の第1回公判における中坊公平弁護団長の意見陳述です。

〔森永事件民事裁判弁護団長意見書（抜粋）〕

　まず本事件を考えますとき、私たちが一番に銘記しなければならないこと、それはこの事件の被害者が当時すべて乳幼児であったこと、そしてまた毒物が混入された物質がその乳幼児の唯一の生命の糧であったという事実であります。

　私は原告の弁護団長を引き受けて以来、数多くの被害者のお宅を1軒1軒訪問して巡りました。……その母親達が私に一番強く訴えたことは、それは意外にも被告森永に対する怒りではありませんでした。その怒りより前に「我の我

手で自分の子に毒物を飲ませたという自責の叫び」でございました。

　昭和30年当時、被害者は原因不明の発熱、下痢を繰返し、次第に身体がどす黒くなっていき、おなかだけがぽんぽんに腫れ上ってきました。そして夜となく昼となく泣き続けたのであります。そういう場合に母親としては何とかしてその子を生かせたい助けたいその一心でそのミルクを飲ませ続けたのです。そのミルクの中に毒物が混入されていようとはつゆ考えておらなかったのであります。……

　第2番目に私たちは、消費者として被告森永並びに被告国の責任を考えなければならないと思います。

　被告森永は言うまでもなく我が国屈指の乳製品メーカであります。およそ食品というものは、有害なものであってはなりません。有害な食品というものはすでに食品ではないのです^{ママ}あります。従いまして、製品メーカーとしては製品に対する絶対的安全性の確保の義務こそが己の最高の義務であります。

　被告森永はまさにその義務に違反したのであります。しかもより非難すべきはその義務の違反の態様が自己の企業利潤を上げるためにのみ安全性を犠牲にしたということであります。……

　そもそもこのミルクに添加されたという第二燐酸ソーダにしても新しい牛乳であればそれを使う必要はなかった。現に森永は現在は使っておられないわけであります。……

　次に被告国に対しましては、国家というものは、国民の健康を維持し、その生命を保持しなければならないという義務があります。それはまた国家としての国民に対する基本的な義務であると考えるのであります。

　しかるに日本軽金属から出た産業廃棄物に対する回答を1年近くも遅らせたり、あるいは、食品衛生法の添加物の規制を、自ら緩めたりしたこと、これは一人行政上の怠慢というだけではなしに企業の利益のために一般の消費者を犠牲にしたといっても過言ではないと思うのであります。

　このように、本件事件は、まさに消費者と企業あるいは国家という関係を裁く裁判であります。……

　第3番目に、この事件を公害事件として見ました時に、この事件はもちろん数万という乳幼児を虐殺したという食品公害における世界史上類をみない大きな大惨事であるということは、言うまでもない。しかし、私はこの観点において特に強調したいのは、被害者の圧殺ということなのであります。

　これまでの森永あるいは国の責任といったものは、これは過失で誤って造ったあるいは行政上の怠慢であったといわれるかもしれません。

　しかし、被害者の圧殺ということに関しましては、それは正に過失ではなく

して故意なのです。しかもこの点までまいりますと被告森永と国とは完全に共謀して、このことを実行したのであります。昭和30年11月2日あるいは、昭和31年3月26日の通牒によって治癒基準を作り、そして形式的な、一斉検診を行って、これらの被害者を、もう後遺症はないといって打切ったわけであります。

その結果、大多数の被害者は、お医者さんから「もう大丈夫だよ」と言われることを聞いて喜んで帰りました。……

また、一部の人達は、その当時、なお症状が続いていた人も何人かありました。その者達は、ある場合には入院しておる病院から強制退院までさされたのです。……このようにして、表面上は何も後遺症はないと言って打切ったのです。しかし真実は、その後病状は依然として継続していたのです。……

そういう時に、母親達は「ひょっとしたら乳幼児の時に砒素中毒にかかっておるのです。それとお医者さん関係があるのではないでしょうか」という言葉を言いますと、お医者さんは、たちまち態度を急変しまして「砒素中毒の関係の診断書は、当院では書けません」と言って断わるのです。……

……私は、公害事件におきまして、公害の被害者は二度殺されるという警句を思い起こします。1回は、事故によって、1回は、第三者機関などによって殺されるというのです。

私は、この森永事件において、この典型的な原型を、ここに見い出すものであります。

この事件後に発生したチッソあるいは新潟の水俣病においてこれと同じようなことが行なわれておるのです。この2つの事件においては、裁判によってその二度目の壁はうち破られました。私は、この裁判において、この原型について終止符を打たれ、この「公害の被害者は、二度殺される」というような警句が、少なくとも日本国ではそういう言葉がなくなることを期待して、この裁判を進めていきたいと考えております。……

第4番目に、その結果現在の被害者がどのような悲惨な状況下にあるということについて、二、三申し述べたいと思います。……

原告のうち、既に御存じのように○○○○君と○○○○君は死亡しております。昭和46年と昭和42年にそれぞれ死亡しております。どのような死に方をしたか、彼らは2人ともてんかん発作を繰返し、病院への入院を繰返しながら枯木のように痩細って死ぬ約1週間というものは40度に近い高熱にうなされ、全身油汗をいっぱいかいて、ある場合には、額に原因不明の吹出物をいっぱいできさせて、そして長い間、終生離すことのできなかったおむつに、糞を出す力もなく糞の中にまみれて死んでいったのです。

のみならず彼が生存しておる時、それ以外にも原告の中には、何人かの精神

薄弱児がおられます。

　この人達は、心ない世間の人たちから阿呆と呼ばれています。そして外へ遊びに行くと、がんぜない子供達は、逆にこの子供をいじめるのです。阿呆と言って罵り、あるいは殴ったり、蹴ったり、ひどい時には頭から砂をぶっかけられたり、水をかけられたりして、家にかえってくることも少なくなかったと聞きます。そんな時、この子供達は決っして泣かなかったのです。泣かないのは、わからないからだろうとお考えになると思います。しかし、この子供達は、家に帰って来て、母の手にすがった時には泣き叫んだのです。この子供達は本当は非常に悲しかったのです。しかし、この悲しくても抵抗しようにも１本の健康な手も足もなかったのです。……

　滋賀県の原告のある子は、ここ数年前から右眼が失明して参りました。十分働くにも働けないのです。それでも中学校を卒業後二、三の転職を重ねて、現在あるスーパーに勤めるようになりました。……しかしお父さんは言いました。「本人は今、このスーパーの勤めている所で既に森永の子だということがわかりました。そして目が見えないならやめてくれと暗に言われておるんです。ここで、首をきられちゃもう働きに行く所がない生きて行く自信がないのです。なんとかして首を切らないで下さい。自分は片方が見えなくとも一般の人たちと同じように働けます」と言って、彼女は休みの日にも働きに行くのだそうであります。

　被害者は、それなりに一生懸命なんとかして、この世の中で生き続けていきたいと働いております。

　しかし、その子供達の前に控えておるものは、それはいつ、なんどきどういうことが起こるかもしれないということなのです。……

　第５番目に私はこの事件の審理に入るまでの経過について若干申し述べたいと思います。

　守る会の人達は今まで森永との長い間の自主交渉を続けて参りました。その間森永の方は世論を欺くためだけに昨年の８・16声明のように法的責任を認めるのだということまでおっしゃいます。……しかし、話をつめて聞けば、私たちには法的責任はないのだとこう言われるわけです。

　責任を認めないところに本当の交渉あるいは保障などあり得ないことは、わかりきっていることなのです。……

　これらの被害者は決して金銭の補償を主たる目的としておるのではございません。本当の願いは、言い古された言葉でありますが、やはり身体を元の健康な身体に返してほしい、失った青春を戻したいということなのです。そして、それが少しでも実現できるようにといって具体的救済案なるものを提案してお

るのです。まさに、この裁判はこのような意味を持っておるわけでございます。

（森永ミルク中毒被害者弁護団編『森永ミルク中毒事件と裁判』〔ミネルヴァ書房、1975年〕60頁以下）

(D) 消費者問題の捉え方

(a) 食品の安全の重要性

本事件は、乳幼児の粉ミルクから砒素が検出されたという典型的な食品事件です。

生活の基本である食品は、本来安全でなければなりません。食品に有毒物が含まれていれば死や悲惨な事態に陥ります。乳幼児の食品に砒素化合物が含まれていたという本事件は、食品の安全の重要性を示したものといえます。

(b) 多数の被害者発生の可能性

大量生産・大量消費が行われ、高度に流通の発展した現代社会では、ひとたび食品に有毒物が含まれていると、多数の被害者が生み出されます。本件でも１万2000人を超える乳幼児に被害が出たのであり、食品による大量被害の戦後最初の事件となりました。

(c) 国・行政の責任

本件では、ミルクに砒素を混入させたのは森永という企業ですが、その原因は、安定剤としてミルクに加えられた第二燐酸ソーダに砒素化合物が混入していたことでした。このような物質が食品添加物として使用されることについて行政規制はなされておらず、食品に対する国・行政の責任は、その後も消費者行政の面で問われ続けてきました。

(d) 被害、損害

幼い身体が砒素という猛毒に浸襲された場合にどのような影響があるかということについての医学的知見が明らかでなく、また、被害児の症状は多様なものでした。原告弁護団はこのような多様な症状を「森永砒素ミルク中毒症候群」と名づけて因果関係論・損害論を構成しました。薬害、環境汚染による公害事件などに応用されるべき理論であるといえます。

(e) 被害者救済（恒久対策の実施）

被害児の両親たちは「守る会」を結成して、被害児の将来の医療や生活のための「恒久対策案」を作成し、その実現を図るために、国や森永と話合い

を続けました。話合いの結果、三者の合意の下に、昭和49年 4 月、森永から提供された基金により財団法人ひかり協会が設立され、「恒久対策案」実現に必要な資金については毎年森永が出捐することとし、被害児の継続的な健康管理、治療養護、生活保障、保護育成に関する事業を実施することになりました。この事業は現在も継続されています。このような継続的な治療や援助は、その後の薬害訴訟等の被害救済の手本となりました。

(2) 集団的消費者被害(1)——豊田商事事件

裁判例① 最判平成14・9・26（税務訴訟資料252号9205頁）

(A) 当事者

原告（上告人）　　 X（1485名）

被告（被上告人）　 Y（国）

(B) 事　案

豊田商事は、昭和56年頃から「純金ファミリー商法」と呼ばれる欺瞞的取引を始めました。「純金ファミリー商法」とは、金地金の売買契約を締結し、売却した金地金を豊田商事が買主から賃借して、買主に賃借料を支払うという形式の取引です。ところが豊田商事は、売買契約当時に金地金の在庫を有しておらず、買主には金の見本品を見せるだけであり、買主には「純金ファミリー証券」と記載された書面を渡し、地金を所持しているように思わせていました（このことから、「まがい商法」「ペーパー商法」とも呼ばれました）。勧誘対象者は一人暮らしの高齢者や家庭の主婦といった投資知識を持ち合わせない人で、電話で勧誘して自宅を訪問し、長時間にわたって執拗に契約を勧めていました。また、大阪市内にある豪華な事務所に案内して、信用ある会社と思わせるなどの手口を用い、購入した金の賃貸料として年10～15％を支払うなどと約束しました。このようにして集めたお金は、商品先物取引、海外関連事業、国内関連事業に使われましたが、いずれも多額の赤字を出しており、また従業員に対する高額の歩合報酬（給料の札束が立つと言われていました）の支払いにあてられていました。

　豊田商事事件では、被害者の損害賠償請求権を破産債権として債権者による破産申立てが行われました。破産管財人が把握した純金ファミリー証券による被害者は約 2 万7600人、被害金の総額は1093億円余りに上り、高齢者を狙った詐欺商法として、被害の大きさからしても社会的注目を集めました。豊田商事の永野一男会長は、マスコミが撮影している中で刺殺されました。

第1章 消費者問題総論

このような中で、被害者から、警察庁、公正取引委員会、法務大臣および経済企画庁の権限不行使の違法と通商産業省（当時）の不作為の違法を理由に、国に対して損害賠償を求めたのが本事件です。

(C) 争 点

詐欺的な純金ファミリー商法を行う法人について、警察庁、公正取引委員会、法務大臣および経済企画庁の権限不行使の違法性と通商産業省の不作為の違法性が認められるか。

(D) 判 決

いずれも違法性はないとした原審の判断は正当である、としました。

第1審の大阪地判平成5・10・6（判タ837号58頁）では、「国賠法1条1項の『違法』とは、公務員が個別の国民に対して負担する職務上の法的義務としての規制権限行使義務や行政指導義務に違背すること」であるとして、公務員が裁量権を有する規制権限についての行使義務違反の有無は、当該公務員が当該規制権限を行使することが可能であることを前提として、「当該具体的事情の下において当該規制権限を行使しなかったことが当該規制権限の根拠法規の趣旨・目的のみならず慣習、条理等に照らして著しく不合理と認められるか否かにより決すべきものと解するのが相当である」としました。その判断については「①当該個別の国民の生命、身体、健康、並びにこれらに匹敵するほど重要な財産等に具体的危険が切迫していたといえるか（危険の切迫）、②当該公務員が右危険を知り又は容易に知りうる状態にあったといえるか（予見可能性）、③当該公務員が当該規制権限の行使により容易に結果を回避しえたといえるか（結果回避の可能性）、④当該公務員が当該規制権限を行使しなければ結果発生を防止しえなかったといえるか（補充性）、⑤国民が当該公務員による当該規制権限の行使を要請ないし期待している状況にあったといえるか（国民の期待）等の諸点を総合考慮すべきもの」としました。

この5点から本件についてそれぞれの権限不行使を検討し、公正取引委員会については、①危険の切迫、②予見可能性、④補充性については認めましたが、③結果回避可能性、⑤国民の期待については否定されるとして、「権限を行使しなかったことが著しく不合理であ」るとはいえないとしました。同様に被告それぞれについて判断し、いずれも責任を認めませんでした。

1　消費者問題とは

〈参考文献〉

　正田彬「判批」ジュリ臨時増刊1246号228頁（平成14年度重判解）、第１審：
大阪地判平成５・10・６（判時1512号44頁・判タ837号58頁）、國井和郎・別冊
ジュリ135号92頁、小巻泰・訟月40巻７号、正田彬・法時66巻４号19頁）

(3)　集団的消費者被害(2)──大和都市管財国家賠償請求訴訟事件

裁判例②　大阪高判平成20・9・26（判タ1312号81頁）

(A)　当事者

原告（控訴人）　Ｘ（367名）

被告（被控訴人）　Ｙ（国）

(B)　事　案

　大和都市管財グループは、抵当証券業の登録当初から、過大な不動産評価
に基づく抵当証券を含めて多額の抵当証券を販売し、抵当証券の発行が困難
になると抵当証券以外の詐欺まがい商品も販売して、顧客から多額の資金を
集めました。一方では、利息負担をまかなうに足りる収益事業も行っておら
ず、債務が累積し、平成13年４月に事実上破綻しました。被害者は全国に約
１万7000人、被害総額約1100億円とされ、豊田商事に次ぐ大規模消費者事件
といわれています。被害者らが、当時の抵当証券業規制法８条１項（同法は
平成19年に廃止。規制の内容は金融商品取引法に引き継がれています）に基づき
同社の監督規制権限を有していた大蔵省（当時）の近畿財務局長が、平成９
年12月21日付けで違法に同社の登録更新を行ったことにより被害を被ったと
して、国家賠償法１条１項に基づき、国に対して損害賠償請求をしたのが本
件です。

(C)　争　点

　「大和都市管財」に対する抵当証券業規制法に基づく更新登録は、国家賠
償法上の違法性を有するか。

(D)　判　決

　本件具体的事情の下においては、抵当証券購入者保護を目的として財務局
長らに監督規制権限を定めた抵当証券規制法の趣旨・目的に照らし、許容さ
れる限度を逸脱して著しく合理性を欠くものであって、本件抵当証券を購入
して被害を受けた個々の国民との関係において、国家賠償法１条１項の適用

第1章　消費者問題総論

上違法となる、として260名について請求を一部認めました（過失相殺6割）。

〈参考文献〉
　第1審：大阪地判平成19・6・6（判時1974号3頁、判タ1263号71頁）、櫛田寛一「大和都市管財事件と国賠控訴審判決」現代消費者法2号77頁、中嶋直木・東北法学会雑誌34号345頁、下山憲治・早稲田法学84巻4号85頁

2　消費者とは

(1)　問題の所在

　消費者とはどのような者のことをいうのでしょうか。

　消費者契約法2条1項では、「この法律において『消費者』とは、個人（事業として又は事業のために契約の当事者となる場合におけるものを除く。）をいう」と定義しています。また同条2項では、「この法律において『事業者』とは、法人その他の団体及び事業として又は事業のために契約の当事者となる個人をいう」と事業者を定義しています。

　個人の場合には、取引の場面によって、消費者となる場合も事業者になる場合も起こりうるのです。

(2)　電話機リース事件名古屋判決

裁判例③　名古屋高判平成19・11・19（判時2010号74頁、判タ1270号433頁）

(A)　当事者

控訴人　　　X（個人で印刷画工を業として行っていた者）

被控訴人　　Y（リース会社）

訴外　A（電気通信機器等の販売会社）

(B)　事　案

Xは、①平成15年12月8日、②平成16年6月1日にそれぞれYとの間で、以下のようなリース契約を締結しました（合計2回）。

	①平成15年12月8日	②平成16年6月1日
リース物件	タイコーソルボーネME 1台	タイコーソルボーネME 1台
リース期間	84カ月	84カ月
リース料総額	70万5600円（月額8400円）	105万8400円（月額1万2600円）

本件は、XがYに対し、クーリング・オフ権を行使してYとのリース契約を解除したなどとして、不当利得返還請求権に基づき、リース料として支払った55万4400円およびこれに対する遅延損害金の支払いを求めた事案です。

原審はXの請求を棄却し、Xはこれを不服として控訴しました。

(C) 争 点

① Yは、特定商取引法2条1項1号の「役務提供者」に該当するか。

② 本件リース契約は、指定役務提供契約に該当するか（平成20年改正前の特定商取引法にかかわる事例であるため）。

③ 本件リース契約は、特定商取引法26条1項1号の適用除外に該当するか。

(a) リース会社は特定商取引法2条1項1号の「役務提供事業者」に該当するか（争点①）

本件でクーリング・オフの対象となっているのはYとのリース契約ですが、販売会社であるAの従業員がXの住宅を訪問して契約しており、リース契約の内容（金額、期間）を含む各契約書類もAの従業員が作成しています。Yは、Aに対し、本件リース契約を含むリース契約の勧誘および契約締結の取次ぎを継続的に行っており、リース対象物件の販売契約とリース契約とは別個の契約ではありますが、A（の従業員）によるXに対するリース契約の勧誘、AからYに対するリース物件の販売、YとXのリース契約締結が全体として一体をなしていると評価できます。また、YはAの従業員を手足として利用したものと認めるのが相当です。訪問販売等の特定商取引を公正にし、購入者が受けることのある損害の防止を図ることにより、購入者の利益を保護し、あわせて商品等の流通を図るという特定商取引法の目的（1条）に鑑みると、Yは特定商取引法2条1項1号の「役務提供事業者」に該当し、本件契約は特定商取引法所定の訪問販売と認められるというべきです。

特定商取引法に関する消費者庁・経済産業省通達「特定商取引に関する法律等の施行について」では、「リース提携販売のように、……一定の仕組みの上での複数の者による勧誘・販売等であるが、総合してみれば1つの訪問販売を形成していると認められるような場合には、これらの複数の者は、いずれも販売業者等に該当する」との解釈が示されています。

第1章　消費者問題総論

(b) **本件リース契約は、特定商取引法2条1項1号・4項の指定役務提供契約に該当するか（争点②）**

当時の特定商取引法施行令3条別表2号では、指定役務として、「次に掲げる物品の貸与」のトとして「電話機及びファクシミリ装置」が掲げられていました。したがって電話機リースは指定役務の提供に該当します。

(c) **本件リース契約は、特定商取引法26条1項1号の適用除外に該当するか（争点③）**

特定商取引法26条1項1号は、売買契約または役務提供契約で、その申込みをした者が「営業のために若しくは営業として」締結するもの、または購入者もしくは役務の提供を受ける者が「営業のために若しくは営業として」締結する販売または役務の提供については、クーリング・オフ等に関する規定を適用しないとしています。

逆にいえば、購入者または役務の提供を受けるものが事業者であっても、これらの者にとって、「営業のために若しくは営業として」締結するものではない販売または役務の提供は、特定商取引法の適用除外に該当するものではないといえます。

(D)　判　決

判旨は、「営業のために若しくは営業として」に該当するか否かについて具体的に判断しています。すなわち、控訴人の営業の実態について、規模（アトリエ・Xの名称）で個人（1人）で行っていること、年間所得（平成13年以降60万円程度）、平成16年に廃業届けを提出していること、事業規模や内容から、本件リース物件（事務所用電話機）が控訴人にとって必要なものではなく、従来から使い続けている家庭用電話機が1台あれば十分であるとして、本件リース契約が「営業のために若しくは営業として」として締結されたものとは認められないとしました。

以下に、争点③に関する判決文を引用します。

「(3)　本件3、4契約は特商法26条1項1号の適用除外に該当するか。

特商法26条1項1号は、売買契約又は役務提供契約で、その申込みをした者が『営業のために若しくは営業として』締結するもの又は購入者又は役務の提供を受ける者が『営業のために若しくは営業として』締結するものに係る販売又は役務の提供については、いわゆるクーリング・オフ等に関する規定を適用しないと定めるところ、その規定の文言等からも明らかなとおり、

その趣旨は、契約の目的、内容が営業のためのものである場合には適用除外とするというにとどまり、仮に申込みをした者、購入者又は役務の提供を受ける者が事業者であっても、これらの者にとって、営業のために若しくは営業として締結するものではない販売又は役務の提供を特商法適用の除外事由とするものではないというべきである。そうすると、同号が定める適用除外となるのは、申込みをした者、購入者又は役務の提供を受ける者が事業者であり、かつ、これらの者にとって、当該契約の目的、内容が営業のためのものである場合ということになると解される。

　そして、前記前提事実に加え、証拠及び弁論の全趣旨によれば、控訴人は、昭和35年頃から、アトリエ・Ｘの名称で印刷画工を個人（１人）で行っており、昭和43年頃からは、○○町の借家を自宅兼事務所として、その１室を事務所に当てて上記印刷画工を行ってきたが、上記仕事のために家庭用電話機を１台使用していたにとどまること、平成17、18年版のタウンページには『デザイン（グラフィック）』の部にアトリエ・Ｘの名で掲載されていること、控訴人の事業内容は、控訴人がパソコンを使うことができなかったために時代に乗り遅れ、パソコンが普及した後もなお専ら手作業を中心とした印刷画工であったこと、控訴人の弟が、母や控訴人とも一緒に住むため、平成13年４月に名古屋市○○に家を建てたが、控訴人は、仕事は○○町の借家で続けたこと、控訴人は、平成17年分の所得についてまで所得税の確定申告をしていたが、その所得については、平成13年分は営業所得が62万円（他に所得はない。）、平成14年分は営業所得が63万7000円（他に所得はない。）、平成15年分は64万2000円、平成16年分は95万2837円（一時所得となる保険金の申告漏れにより更正・決定を受けた。なお、営業所得は53万2000円であると認める。）、平成17年分は営業所得が48万5000円（営業収入は95万3000円。他に所得はない。）であったこと、このころの印刷画工の営業収入（売上）は年間約100万円程度であり、１か月10万円に達するかどうかといった程度であったこと、そして、控訴人は、平成16年４月14日、所轄の名古屋西税務署に対し、経営困難を理由に事業を廃止するとの廃業届を出したことがそれぞれ認められる。

　これらの認定事実、とりわけ、控訴人は、少なくとも平成13年以降は、その売上金額からも明らかなとおり専ら賃金を得る目的で１人で印刷画工を行っていたに過ぎず、その規模は零細であったこと、現に控訴人は、経営困難との理由で、本件３契約締結の約４か月後である平成16年４月には所轄税務

第1章 消費者問題総論

署に対して廃業届を提出していること（なお、控訴人は、事業者には特商法の適用除外があることを知らなかったものである。）、控訴人には、弟が建てた自宅とは別に事務所（〇〇町の借家）があるといっても、もともと自宅兼用で借りていた借家の1室であり、その延長で事務所として使い続けていたに過ぎないこと、控訴人の事業規模や事業内容からしても、従前から使い続けていた家庭用電話機が1台あれば十分であったといえること、一方、証拠によれば、本件3契約のリースの目的物である『タイコーソルボーネ　ME』とは、事務所用電話（ビジネスフォン）の主装置で、これによりAがサービスを提供している通話料が2分で5.5円になる55フォンの利用が可能となるものであり、本件4契約のリースの目的物である『TEL　タイコーソルボーネ』とはそれに接続する電話機であるところ、本件3、4契約に係るリース物件は、複数の従業員があることを想定し、かつ、拡張性のあるビジネスフォンを前提とした電話機に係る装置等、あるいは、光ファイバーによるインターネット接続を念頭に置いた、ファックス自動切替機能が付いた電話機等であると認められるのであるが、上記のとおり控訴人は事業といっても印刷画工を専ら1人で、手作業で行うような零細事業に過ぎず、かつ、控訴人自身パソコンを使えないというのであって、上記目的物は一般的に汎用性、あるいは、利用度の高いコピー機等とは異なり、控訴人が行う印刷画工という仕事との関連性も必要性も極めて低いことからすると、本件において特商法との関係では、本件3、4契約は、控訴人の営業のために若しくは営業として締結されたものであると認めることはできない。本件各契約書のリース申込者（借主）欄には、『アトリエ・X』などと書かれたゴム判が押されているが、その余の欄はほとんどすべて手書きであって、上記申込者欄のみゴム判による必要はないこと、現に上記申込欄には、控訴人名も入ったゴム判が押されているのに、別途控訴人自らの署名もあること、Aの従業員丙山は、本件3、4契約締結当時、事業者であれば特商法が適用除外となり得、クーリング・オフの権利を行使することができない場合があることを知っており、かつ、上記ゴム判が押されたのも丙山の求めによることからすると、丙山は、控訴人が事業者であることをことさら強調するために上記ゴム判を利用したものと認められるのであり、本件各契約書に上記ゴム判が押されていることは上記認定を何ら左右するものではないというべきである（この点、丙山は、控訴人のAに対する損害賠償請求事件において、控訴人に対して上記ゴム判を求

めた理由について、『お客様の、要は、手書きですと書くところが多いもんですから、ゴム判を使って押してもらっ』たと証言しているが、上記認定事実に加え、本件各契約書中リース契約の内容欄等については丙山が記載していることに照らせば、上記証言内容は不自然、不合理であると言わざるを得ない。)。

　したがって、本件 3 、 4 契約は特商法26条 1 項の適用除外に当たるとの被控訴人の主張は採用することができない」。

(3)　民法改正と消費者概念

　平成29年 5 月に民法（債権関係）改正法案が成立しました。その際の議論として、消費者契約法の規定の一部（不実告知）を民法に一般法化して取り込むことも検討され、同時に民法の対象たる「人概念」をどのようい規定するかも議論されました。一般法となれば事業者にも適用されます（電話機リースのような事例も対象になります）。しかし、その反面、これまでの消費者保護の水準が下がるのではないかという懸念もありました。

　なお、改正後の民法では、消費者契約法を民法に取り込むことはされませんでしたが、賃貸借契約の敷金の返還については、最高裁判決を踏まえて返還義務を定めました（改正民法622条の 2 ）。

（島川　勝）

〈参考文献〉
　宇野遥子・別冊判タ25号68頁（平成20年度主要民事判例解説）

第2章　民法と消費者法

1　問題の所在

　自ら生産手段をもたない消費者が、豊かな生活を送るためには、商品や役務を提供する者との間で契約を締結することが不可欠です。契約を通して、私たちは生活に必要な商品や役務を手にすることができるのです。民法では、契約は当事者の意思の合致で成立します。契約書の作成や商品等の交付がなく、契約の主要な部分について当事者間の合意がなされれば、それで契約には法的な効力が生じます。消費者は自らの意図に従って、自らの選択で、自由かつ合理的に契約を締結できるはずなのです。

　もっとも、現実はそう単純ではありません。契約の対象となる商品や役務はとても複雑です。契約のしくみも簡単ではありません。生命保険契約を締結する際に交付される「保険約款」には、細かい文字で200頁を超える契約条項が書かれています。それを読むことは、現実には困難です。ましてや、その契約条項を理解して保険契約を締結することは、消費者にとってほとんど不可能です。それでも、保険契約に関しては、保険約款の条項が合意の内容と考えられています。

　民法は「人」を対等平等な権利主体として取り扱います。この権利能力平等の原則は、近代法の基本原則です。もっとも、実際にはこと自然人に限ってもさまざまな人が存在します。高齢社会の進行は、高齢者に深刻な消費者被害をもたらしています。ネット取引の拡大は、それまではお小遣いの範囲での取引当事者であった子どもたちを取引の表舞台に立たせることになりました。そもそも、消費者と事業者との間には、情報の質、量並びに交渉力に格差があります。しかし実際には、消費者と事業者との間には、情報の質、量並びに交渉力の格差があります。消費者はその格差を埋める法的な手立てがなされてはじめて、自由かつ合理的な契約の締結ができるのです。逆にいえば、適切な情報が提供されずに締結された契約は、時に消費者にとっては不本意な契約になってしまいます。多くの場合、消費者はそうした契約を履行することを望みません。できれば、契約を取り消したり、解除したりして、

契約の効力を否定したいと考えます。

　契約に関する基本法は民法です。ここでは、民法と消費者法理のかかわりについて、具体的な人にかかわる裁判例を通して検討します。

2　裁判での理論的な到達点

(1)　未成年者取消権と未成年者の詐術

裁判例④　茨木簡判昭和60・12・20（判時1198号143頁）

(A)　当事者

原告　X（昭和40年１月26日生まれで、契約締結当時は満18歳の未成年者）
被告　Y$_1$社（化粧品等の販売会社）
　　　Y$_2$信販（信販会社）

(B)　事　案

　Xは、昭和58年８月25日、路上でY$_1$社の従業員２名に呼び止められ、事務所に同行し、そこでエステティック美容および化粧品の購入契約を代金16万5000円（うち化粧品10万円、エステ６万5000円）で締結しました。Y$_1$社に支払った頭金１万5000円を除く残金15万円については、同年８月26日に信販会社Y$_2$信販との間で、立替金15万円に手数料１万8000円を加えた16万8000円を、同年９月から毎月27日限り１万4000円ずつの12回払いとする立替払契約を締結しました。

　Xは、Y$_1$社の従業員から年齢を聞かれた際には正確な生年月日と満18歳である旨を回答しましたが、立替払契約申込書には、Y$_1$社従業員に指示されて、生年月日を昭和38年１月26日と記載しました。

　Xは、Y$_2$信販の請求により、昭和58年11月４日に第１回目の賦払金１万4000円を支払いました。

　Xは、Y$_1$社に対し、昭和59年１月30日付けの内容証明郵便で、化粧品等の購入契約を法定代理人の同意がないことを理由に取り消すとの意思表示をし、頭金として支払済みの１万5000円の返還を請求しました。また、Y$_2$信販に対しては、昭和59年６月４日到達の訴状で、立替払契約を取り消す旨の意思表示をして、立替払契約の残支払額15万4000円の債務不存在の確認と支払った１万4000円の返還を求めました。

　これに対して、Y$_1$社は、月々１万4000円、総額16万8000円という支払いは、定職を得ている未成年者にとっては、親権者から事前に処分を許された

財産の範囲内であるとして、取り消すことができないと主張しました（民法
5条3項）。また、Y₂信販は、Xが立替払契約の申込書に成年に達すること
になる生年月日を記載したことが詐術にあたる（民法21条〔本件訴訟当時は同
法20条〕）と主張しました。

(C) 争 点

① 有職の未成年者が法定代理人から事前に処分を許された財産とは何か。

② 販売店の指示で成年になる生年月日を契約書に記載した行為は「詐
術」に該当するか。

(D) 判 決

「被告Y₂信販と被告Y₁社とは加盟店契約を結んでいる信販会社と加盟店
である販売店であって、Y₂信販は立替払契約の申込に関する事務をY₁社に
代行させ、Y₁社を一種の自己の機関として契約を締結していたものであり、
XはY₂信販との本件立替払契約締結にあたり、右のとおり事務を代行する
Y₁社の従業員に対し、自己の真実の年令、生年月日を告知しているのであ
り、かつ立替払契約書等の真実と異った年令の記載は、同従業員らの指示に
基づくものであって、この場合Xが積極的にY₂信販をして自己を能力者と
信ぜしめる意思のもと、その手段として右申込書等に虚偽の年令を記載した
ものと認められるときは、同記載は詐術に当ると言うべきであるが、X自身
としては右従業員に真実の年令、生年月日を告げたものであり、何らY₂信
販を誤信させることを欲するものではなかったにもかかわらず、Y₂信販の
立替払契約の事務を代行するY₁社の従業員により、右申込書等に生年月日
を昭和38年1月26日と記載するよう指示され（Xはクレジット取引について未
経験であって智識が乏しかった）その指示のとおり記載したものであると認め
られるものであって、この場合に単に右記載の一事をもって、Y₂信販に対
し自己を成年者であって能力者であると信じさせるための詐術に当るという
のは相当でないと言わねばならず、右記載によって、Y₂信販がXを成年者
と誤信することがあるとしても、それは自己が立替払契約の締結事務を代行
させているY₁社の従業員が右事務代行に当りXに指示して右のとおり生年
月日を記載せしめた結果によるものであって、前記のとおりXに対し詐術
を用いた場合にあたるものと主張することはできない」。

「Xが昭和58年8月頃訴外丙川株式会社から受取っていた給料は1か月の
手取金額で約7万ないし8万円位であってその内食費として約3万ないし4

万円位を費消し、その残額から実家への送金分を差引くと残りが約２万ない
し３万円位であったことが認められる。さて X の月収金額と化粧品購入代
金額16万5000円を比照するに、化粧品代金は月収に比し約２倍に相当する金
額であって、かつ食費及び実家への送金分を差引いた残額が約２万ないし３
万円であることを考慮すれば、本件化粧品購入金額はその処分につき予め親
権者から包括的に同意を与えられていたとみるには高額に過ぎるものであり、
X の同購入をもって親権者から処分を許された財産の使用と認めることは難
しい。尚 Y₂ 信販に対する立替金の支払が１か月１万4000円であっても、X
が分割払について期限の利益を失う事態が生じた場合は契約代金全額につい
て直ちに支払うべき義務が生ずるものであって、１か月１万4000円の分割払
の金額をもって考慮の対象とすることは相当でない」。

(E)　裁判理論と消費者法理

(a)　制限行為能力者としての未成年者

　民法がその適用主体とする「人」には自然人と法人とがあり、それらを含
めて当事者を対等平等な主体であるとしています（人格平等の原則）。その意
味で、契約に際しても「買主注意せよ」という原則が貫かれています。契約
の条件やその対象となる商品・役務については、買主たる消費者が自らの合
理的な選択に基づいて、判断する必要があるのです。

　そうした「対等平等」の民法典での唯一の例外が「制限行為能力者」です。
未成年者（民法５条）、成年被後見人（同法９条）、被保佐人（同法13条）、被
補助人（同法17条）の４類型が規定されていますが、後の３類型が家庭裁判
所による審判を必要とするのに対して、未成年者はすべての自然人に適用さ
れる例外です。実際、若年者の契約にかかる消費者被害の救済において、未
成年者取消権は有効な手段として機能しています。

　未成年者とは、婚姻をしていない満20歳未満の者です（民法４条・753条）。
未成年者は法定代理人（通常は親権者）の同意のない法律行為を取り消すこ
とができます（同法５条２項）。もっとも、単に権利を得、または義務を免れ
る法律行為（同条１項）、法定代理人が処分を許した財産の処分（同条３項）、
営業を許可された未成年者の営業にかかる行為（同法６条）については、単
独で法律行為をすることができます。また、制限行為能力者が行為能力者で
あると詐術を用いた場合にも、法律行為を取り消すことができません（同法
21条）。

(b) 未成年者の処分可能財産の範囲

この裁判では、有職の未成年者が親権者から事前に処分を許された財産の範囲が争われました。裁判所は、詳細な事実認定によって、未成年者の可処分所得を明らかにしています。ここでは、給与そのものが処分可能財産ではないと判断されたことに意味があります。ただし、その場合であっても、クレジットでの購入の結果、月々の支払額が低額に抑えられる場合には、可処分所得の範囲内と判断される余地があります。もっとも、この判決は、期限の利益を喪失した場合に残額の支払義務が発生するとして、考慮すべき金額は契約した総額であって、賦払額ではないことを明らかにしました。実際、原告 X が昭和58年 9 月27日の第 1 回賦払金 1 万4000円を Y₂ 信販の請求によって支払ったのは、同年11月 4 日でした。仮に総額を考慮対象としなければ、高額な商品でも月々の賦払額を低額にすることで、未成年者は法定代理人の同意なく、契約を締結することができることになってしまいます。事実上、任意に行為能力を創設することになるこうした結果は、法の趣旨を逸脱するものです。

(c) 未成年者の詐術

一方で、未成年者による詐術の判断にも注目すべきです。詐術として未成年者取消権が否定されるためには、未成年者が自ら欺そうとすることが必要だと判断しています。その結果、本件のように、事業者に言われて成年になる年齢や生年月日を契約書に記載したような事案では、詐術の成立が否定されることになります。まして、クレジット契約については、クレジット会社は加盟店たる販売業者にその契約の締結に関する大部分の手続を委ねています。クレジット契約を販売業者の店舗で締結することができるのは、消費者だけでなく、むしろクレジット会社が多数の契約を形式的に締結できるという利点があるがゆえです。このような利点を享受していることからすれば、対面販売ではないことから生ずる不利益についても、等しくクレジット会社が負担することが適切といえるでしょう。たとえば、インターネット通信販売などでは画面に年齢を記入させることで、未成年者の確認をすることがあります。仮に未成年者がそこに20歳と書き込んだとしても、そのことだけで詐術とすることは、あまりにバランスを欠くと考えられます。

(d) 消費者被害救済法理としての未成年者取消権

なお、本件はいわゆるキャッチセールスですので、現在であれば、特定商

取引法に規定された訪問販売としての規制を受けます。場合によっては、クーリング・オフや、不実告知を理由とする取消権の行使なども考えられる事案です。もっとも、キャッチセールスが当時の訪問販売法（平成12年に特定商取引法と名称変更されました）にいう訪問販売に該当するとの改正がなされたのは、昭和63年のことでした。本件はその5年前の事案です。そのため、本件には訪問販売法が適用されず、もっぱら民法の未成年者法理の適用が問題となったのです。

　この判決によって、未成年者取消権は、若者の契約にかかる消費者被害の救済法理としての意義が確立することとなりました。契約締結時に未成年者であったという事実の主張だけで、取消権の行使をすることができます。未成年者は、対等平等な人の例外として、制限行為能力者として保護を受けることができるのです。

　ところで、民法の改正によって、令和4年4月1日から成年になる年齢が現行の20歳から18歳に引き下げられることになりました。これによって、この裁判例のような18歳から20歳の若者は未成年者取消権を行使することができなくなります。成年年齢の引下げで若者の自立を意図するのであれば、一方で、若者の消費者としての保護にも対策を講ずる必要があります。

〈**参考文献**〉
　坂東俊矢・消費者法判例百選14頁

---

(2)　高齢者の締結した契約と公序良俗違反

　高齢者も未成年者と同様、誰もが経験する普通の人のありようです。もっとも、消費者被害をこれからの教訓とすることができる若者に比べて、高齢者が受ける消費者被害は、将来のための蓄えが詐取され、被害の回復が困難であるがゆえに、より深刻であるということができます。社会の高齢化の進行によって、高齢者の消費者被害も増加の一途をたどっています。

裁判例⑤　**東京地判平成25・4・26（消費者法ニュース98号311頁）**

　(A)　**当事者**
原告　X（昭和9年生まれの独身の女性。世田谷に1人暮らし）
被告　Y（大手デパートのテナントである婦人服店）

第2章　民法と消費者法

⒝　事　案

　Xは、平成18年1月3日から平成22年7月1日までの約3年半の期間に、大手デパートの中にある婦人服店であるYから、婦人服等280点、金額1100万円を購入していました。

　平成22年8月にXが上下バラバラの喪服を着て親族の葬式に出席したことから、不審を感じた原告Xの弟がXを東邦大学医療センター大橋病院に連れて行ったところ、アルツハイマー型認知症で、5年前に発症していたとの診断がなされました。そこで、Xの弟など原告の兄弟が同年8月31日にYの店舗を訪問し、Xにこれ以上の販売を行わないように要請しました。Yはその要請について上司を交えて検討しましたが、「売ってほしいというお客様に売らないわけにはいかない」との判断がなされました。

　平成22年9月12日、XはYでジャケット（7万5000円）を購入しました。その事実を知ったXの弟は、同年9月15日にYに抗議するとともに、あらためて販売停止の要請を行っています。また、同年10月1日には、「アルツハイマー型認知症。約5年前に発症」との診断書の交付を受け、Yにも示しています。

　さらに、平成23年3月4日付けで、後見相当との診断書を受け取り、同年5月6日に弟を成年後見人とする後見開始の審判がなされました。

　原告Xは、Yとの取引が始まった平成18年1月にはすでにアルツハイマー型認知症であったとして、婦人服等の購入契約は意思無能力を理由に無効であると主張し、代金の返還を請求しました。

⒞　争　点

　アルツハイマー型認知症による意思無能力を理由とする売買契約の無効が認められるためには、どのような事実が必要であるか。

⒟　判　決

　「平成22年8月時点で、原告が意思能力を喪失していることは事実である。但、平成17年時点で原告の意思能力がなかったと言うことにはならない。これを認めるためには、合理的な立証が必要であるところ、主治医の陳述書によれば、『平成22年8月の時点でHDS-RやMMSEの点数が8点、9点のレベルであれば、……5年前であれば22点前後です。22点では、もはやひとりでは真っ当な経済活動ができない状態です。……』と意見を述べている。それなりに尊重すべきものであるが、主治医の診断経験に基づく意見に過ぎな

22

いものであり、平成17年当時の客観的な診断結果がない上、HDS-R や MMSE の点数のみから直ちに法的に意思能力の有無を判断するものでないことをすることからすると、上記陳述書のみを根拠として、平成17年当時、原告の意思能力がなかったと客観的に認めるに足りる合理的立証がなされたとはいえない。

　一方で、平成21年 8 月23日に 1 着、平成21年 9 月17日に 2 着の同一の商品を合計 3 着購入している。これは、アルツハイマー型認知症で典型的な症状の可能性が否定できない。平成21年 8 月以降は意思無能力の状態であったと判断しても不合理と言えない。したがって、平成21年 8 月以降の契約は無効であり、それ以降に契約をした237万6400円の返還を認める」。

(E)　制限行為能力者制度などの民法理論と高齢者

(a)　高齢化社会の進展と制限行為能力者制度

　民法には高齢者とは誰かを定義する規定はありません。高齢者にかかわる法律でも、その定義は年齢を含めてまちまちです。もっとも、政府の統計によれば、令和 7 年の65歳以上の人口は約3600万人で高齢化率は28.7％、75歳以上の後期高齢者も約2000万人に達しているとされています（総務省「統計から見たわが国の高齢者」〔2018年〕）。また、日常生活自立支援度 II 以上の認知症の高齢者が令和 7 年には470万人と推計されています（厚生労働省「認知症高齢者数について」〔2014年〕）。多くの健康で活発な高齢者がいる一方で、認知症によって日常生活の支援が必要な方も少なくないのです。

　こうした社会の高齢化に対応して、平成11年に民法を改正して、それまでの禁治産制度を制限行為能力者制度に改めています。事理弁識能力の程度に対応して、補助、保佐、後見という制度を創設し、家庭裁判所による審判を通して、柔軟で実際の必要性に対応した運用を確保することが意図されました。成年後見制度の利用促進を目的に、平成26年には、成年後見制度利用促進法も成立し、地域での積極的な活用が模索されています。もっとも、成年後見制度は、裁判所に出向く必要などの壁があって、その利用が積極的になされているとは言い難い状況にあります。裁判所ウェブサイトによる成年後見制度にかかる審判の件数は以下の〔表 1 〕のとおりです。通算で、21万8142件という数字は、認知症の高齢者の推計値と比べて何とも少ないといわざるを得ません。

〔表 1〕 成年後見制度に係る審判件数

件　　数	後見開始の審判	保佐開始の審判	補助開始の審判	通算件数
平成30年	27,989	6,297	1,499	35,785
通算件数	169,583	35,884	10,064	218,142

（裁判所HP「成年後見事件の概況—平成30年1月〜12月」）

　また、成年後見制度は、この裁判例でもそうであるように、実際に事件が起こってからその活用が検討されることが多いように思われます。この裁判例でも、成年後見開始の審判がなされる前に購入した1100万円余りの洋服等の契約の効力が問われています。

(b)　高齢者の締結した契約の効力

　令和2年4月1日に施行される民法には、それまでは当然のこととして規定されていなかった意思無能力者が締結した契約が無効である旨の規定が新設されました（改正民法3条の2）。もっとも、意思表示をした時に意思無能力であったとは、具体的にどのような事実を指すのかは不明です。結局のところ、この裁判例のように、個別具体的な判断をするしかないのです。認知症の高齢者であるといっても、その症状はさまざまです。洋服の買物に行き始めた時期と医師の認知症に罹患したと判断している時期がほぼ重なっている事実があっても、それだけで過去にさかのぼって意思無能力を認定することは容易ではありません。裁判所は、同じ服を複数、短期間に購入している事実に注目して、意思無能力の判断をしています。裁判所の工夫と苦悩とを感ずる判決だと思います。

　裁判では、社会的相当性を逸脱した高齢者の取引を、公序良俗に反するとした例もあります。77歳の高齢消費者に約1286万円の洋服等を販売した事案では、販売業者が支払能力に疑問を感じた以降の約800万円について社会的相当性を逸脱した契約であるとして、公序良俗に反して無効としています（福岡地判平成22・7・7〔消費者法ニュース86号136頁〕）。また、大正生まれの元小学校の美術の教師である女性に、雑誌への作品の出展の契約を締結させた事例について、その女性がすでに他の事業者と過大な契約を締結している事実を認識できる立場にありながら契約を締結させたとして、公序良俗に反して無効との判断がなされています（岐阜地裁大垣支判平成21・10・29〔消費者法ニュース83号199頁〕）。もっとも、公序良俗に反するとの評価をするために

は、事業者が高齢者の無思慮に乗じて不当な契約を締結させたという事実認定が不可欠で、契約金額が高額であるだけでそうした判断ができるわけではないようです。

　過量な販売については、特定商取引法に平成20年改正で訪問販売に、平成28年改正で電話勧誘販売に解除権が定められています（同法9条の2・24条の2）。また、消費者契約法にも、平成28年改正で、過量であることを知って勧誘された消費者契約の取消権（同法4条4項）が定められています。これらの規定は、その適用対象を高齢者に限ったものではありません。もっとも、立法化での議論では、高齢者の契約被害の救済と防止が強く意識されていました。

3　民法と消費者法の法理論

　民法には「消費者」という概念はどこにも規定されていません。消費者は、民法では人の一つの側面にすぎません。もっとも、民法でも、人をできるだけ具体的にとらえて、条文の適用を図る必要があることは強く意識されています。制限行為能力者として保護される成年被後見人には、自立が容易ではない高齢者が含まれています。誰もが経験をする未成年者という枠組みでは、法定代理人の同意がない契約について未成年者取消権を行使できることが、結果的に若者の契約被害の救済と防止とに役割を果たしています。社会の変化の中で、できるだけ具体的に人をとらえて民法の適用と解釈とを考えることは、民法理論を社会で生かすためにも不可欠の課題です。

　また、たとえば消費者契約法や特定商取引法、製造物責任法といった消費者法といわれる法律の民事規定の土台に、民法の考え方があることも忘れてはなりません。消費者契約法10条は、契約条項の不当性の判断基準として、民法1条2項に規定される「信義則」をあげます。消費者契約法で契約条項が無効とされた場合、それは民法によって解釈の補充がなされます。いわば、民法と消費者法とは相互に補完する関係にあるのです。

（坂東　俊矢）

第3章 消費者契約法(1)
──不当勧誘規制

１ 消費者契約法における不当勧誘規制の全体像

(1) 消費者契約法と不当勧誘規制の構造

　消費者契約法は、大きく分けて、①不当勧誘によって締結された契約の取消しに関する規定（不当勧誘規制）、②契約における不当条項の無効に関する規定（不当条項規制）、③消費者団体訴訟のうち差止請求に関する規定の３つの部分に分かれています（なお、消費者団体訴訟のうち、集団的な被害回復のための損害賠償等に関する規定は、消費者裁判手続特例法で定められています）。

　このうち、本章で取り上げる①不当勧誘規制は、さらに③「誤認」型、ⓑ「困惑」型、ⓒ「つけ込み」型の３つに分かれて、それぞれ具体的な規定が設けられています。以下では、まずこれらの３つの類型に共通する事項（要件）を確認したうえで、それぞれの類型ごとの特徴を概観することにしましょう。

(2) ３つの類型に共通する事項（要件）

(A) 消費者契約

　消費者契約法が適用されるのは、「消費者」と「事業者」との間で締結された「消費者契約」です。同法では、「消費者」とは、事業としてまたは事業のために契約の当事者になる場合を除く個人、また、「事業者」とは、法人その他の団体および事業としてまたは事業のために契約の当事者となる個人とされています。つまり、事業を行う場合には、個人であっても「事業者」として取り扱われることになります。

　もっとも、近年は、実態としては「消費者」といえる、個人で事業を営む中小事業者を狙って、悪質な電話機リースなどの契約を締結させるケースが数多くみられます。したがって、「消費者」と「事業者」のいずれにあたるかは、単に形式的に「事業」をしているかどうかではなく、問題となる取引が事業を営むために必要か等を実質的に多角的に検討して判断すべきでしょう（宮下修一「消費者契約法における『消費者』性の判断基準」民事研修668号2

頁、同「誌上法学講座　新時代の消費者契約法を学ぶ　第2回　総則（1〜3条）」ウェブ版国民生活63号38頁）。

(B)　勧　誘

次に、契約取消権が行使できるのは、消費者契約の締結について「勧誘」をする際に、事業者が(3)以下で述べる具体的な行為をした場合です。ここでいう「勧誘」とは、消費者の契約締結の意思の形成に直接影響を与える程度の勧め方のことをいい、商品を購入した場合の便利さを強調するなど、客観的にみて上記の意思の形成に影響を与えていると考えられる場合も含まれるとされています（消費者庁ウェブサイト「逐条解説　消費者契約法」第4条）。

最高裁判所は、後に述べる「不実告知」による消費者契約の勧誘の差止めを請求した消費者団体訴訟において、不特定多数の消費者向けの働きかけ（たとえば、新聞広告やチラシの配布等があげられます）であっても、それが個別の消費者の意思形成に直接影響を与える場合には「勧誘」に該当する可能性があると判示しました（最判平成29・1・24〔後掲 裁判例⑬ 〕）。この判決は、直接には差止請求に関する消費者契約法12条に定める「勧誘」の解釈に関するものですが、同法4条に定める「勧誘」の解釈でも同様に考えられています（消費者庁・前掲第4条）。

(3)　「誤認」型

取引に関する一般ルールである民法では、取引の相手方に事実でないことを告げられたり、逆にその取引にとって重要な事実を告げられなかったりすることにより騙されて契約を締結した場合には、「詐欺」を理由に契約を取り消すことが可能です（民法96条1項）。もっとも、「詐欺」は、その相手方が自らを騙した行為（「欺罔行為」といいます）と相手方の故意（しかも、相手方がその欺罔行為により自らを騙して錯誤に陥らせようとする故意と、その錯誤により意思表示をさせようとする故意という二重の故意）を騙された側が立証しなければならず、裁判の場でもなかなか適用を認めてもらえません。もっとも、消費者契約の場面では、事業者と消費者との間にもともと知識や情報収集力の面で格差があり、事業者側の情報提供や説明が消費者の契約締結の判断に大きな影響を与えることが少なくありません。

そこで、消費者契約法は、民法上の詐欺とまではいえないまでも、事業者の不当な勧誘行為により「誤認」して契約を締結した消費者に契約取消権を与えることにしました（「誤認」型）。この類型に属するのは、①不実告知

（消費者契約法4条1項1号）、②断定的判断の提供（同項2号）、③故意・重過失による不利益事実の不告知（同条2項）の3つです。

　①は、事業者が消費者の契約締結の判断に影響を及ぼす重要な事項（これを「重要事項」といいます）について、事実でないことを告げた（これを「不実告知」といいます）結果、消費者が誤認して行った契約の申込みまたは承諾の意思表示を取り消すことができるとするものです。最大のポイントは、不実告知の内容が「重要事項」に関するものかどうかですが、これは③と共通する論点なので後に**2**(1)で検討します。

　②は、将来における価額や将来消費者が受け取るべき金銭など、将来における変動が不確実な事項につき、それらが確実であると断定する自らの判断を伝えること（これを「断定的判断の提供」といいます）によって消費者が誤認して意思表示を行った場合にその取消しを認めるものです。たとえば、証券取引において、証券会社の担当者が、将来の株価がどうなるかわからないにもかかわらず、「この株は必ず値上がりするので、今のうちに買っておきましょう」と顧客に申し向ける場合がその例です。なお裁判例には、パチンコ情報誌を高額で購入したケースで、パチンコの出玉は将来における変動が不確実な事項にあたるとして、当該情報誌に掲載されたパチンコの出玉が確実に出て儲かる旨の情報が断定的判断の提供にあたるとしたものがいくつかみられます（たとえば、東京地判平成17・11・8〔判時1941号98頁〕）。

　③は、事業者が、故意または重大な過失（重過失）によって重要事項について消費者に不利益となる事実を告げなかった（これを「不利益事実の不告知」といいます）結果、消費者が誤認して行った意思表示を取り消すことができるとするものです。なお、従来は事業者に故意があるとはいえなくても取消しが認められませんでしたが、平成30年の改正により、故意はないものの重過失があれば取消しが認められることになりました。この③については、後の**2**(1)で詳しく検討します。

(4)　「困惑」型

　民法では、相手方に脅されて契約を締結した場合には、「強迫」を理由としてその契約を取り消すことができます（民法96条1項）。しかし、この「強迫」についても、同じ条文で規定されている「詐欺」と同様に、その相手方の強迫行為と故意（相手方が強迫行為によって自らを畏怖させる故意とその畏怖により意思表示させる故意という二重の故意）を強迫による取消しを主張する

側が立証しなければならず、やはり適用は容易ではありません。しかし、各当事者がもっている情報の質・量、交渉力に格差がある消費者契約では、事業者側の行為によって消費者が圧力を感じて事業者の言うとおりにしなければならないと考えて契約を締結してしまうケースも少なくありません。

そこで、消費者契約法は、民法上の強迫とまではいえないまでも、事業者の不当な勧誘行為により「困惑」して契約を締結した消費者に契約取消権を与えることにしました（「困惑」型）。この類型に属するのは、従来は、①事業者の不退去（消費者契約法4条3項1号）と②事業者による消費者への退去妨害（同項2号）の2つでしたが、平成30年の改正により、③不安をあおる告知（同項3号）、④恋愛関係等に乗じた人間関係の濫用（同項4号）、⑤加齢等による判断力低下の不当な利用（同項5号）、⑥霊感等の合理的な実証が困難である特別な能力による知見の告知（同項6号）、⑦契約締結前に債務を履行し、原状回復できないことを理由とした契約締結（同項7号）、⑧契約締結前に特別な労力・費用を要したことを理由とした契約締結（同項8号）の6つが加わりました（立法担当者による改正の概要の解説については、上野一郎ほか「消費者契約法改正の概要」NBL1128号58頁）。

①は、たとえば、事業者が自宅を訪れて商品を購入するまで居座るという、いわゆる「押売り」を念頭に置いた規定です。具体的には、消費者が住居やその業務をしている場所から「退去すべき旨の意思表示」をしたにもかかわらず、退去しなかった結果（不退去）、消費者が「困惑」して契約を締結した場合に取消しを認めるものです。ここでいう「退去すべき旨の意思表示」には、消費者が住居や職場から退去するように告知する場合だけではなく、時間的な余裕がない、あるいは契約締結をするつもりはない旨の明確な告知をする場合も含まれるとされています。また、言葉を発しなくても、手振りなど口頭以外の手段によって退去を求める場合も含まれるものとされています（以上、消費者庁ウェブサイト「逐条解説　消費者契約法」第4条参照）。②は、この①とは逆に、消費者を帰さないようにして困惑させて契約を締結させる場合を念頭に置いた規定ですが、これは、後に **2**(2)で詳細に検討します。

③は、たとえば、就職活動中の学生に「このままだと就職できない」と不安をあおって困惑させて就職セミナーの契約を締結させるという、いわゆる「セミナー商法」などを対象とするものです。また、④は、異性が自らに恋愛感情を抱いていることを知りながら、自らの勧める商品を購入しないと関

係を続けられないと告げて困惑させて売買契約を締結させるという、いわゆる「デート商法」などを対象とするものです。この③と④の2つの規定は、消費者の「社会生活上の経験が乏しいことから」という書き出しで始まります。これだけを見ると、消費者が社会経験の乏しい若者の場合に限って適用されるようにも読めてしまいます。しかし、たとえば霊感商法などは、年齢を重ねても経験を積めるわけではありません。このような考え方を前提として、平成30年の消費者契約法改正の際に衆議院・参議院でそれぞれ可決された附帯決議で、③・④については年齢にかかわらず高齢者であっても「社会経験上の経験が乏しいことから」という要件を満たす場合があるとの見解が示されていることは極めて重要です。

　⑤・⑥は、実は平成30年の消費者契約法改正に向けて、当初国会に提出された改正案には、その姿はありませんでした。国会審議の過程で、立法担当者から③・④が主に若年者のみを対象にするかのような説明がなされたため、消費者被害が多い高齢者や障がい者を念頭に置いた規定を設けるべきであるとする声が強まり、最終段階で追加されたものです（前述したように、③・④は高齢者にも適用される場合があることに留意する必要があります）。⑤は、加齢や心身の故障により判断力が低下していることを知りながら合理的な根拠等の正当な理由がないのに生活の維持が困難になると不安をあおって困惑させ、契約を締結させる場合を対象としています。⑥は、霊感等の特別な能力による知見を告げて不安をあおり困惑させて契約を締結させるという、いわゆる「霊感商法」に対応する規定です。この⑥は、特に適用対象となる年齢を限定するような表現はされていないので、そもそも幅広い年齢層をターゲットにしたものといえるでしょう。「霊感」という、よく知られてはいるもののその定義づけが難しい言葉が、わが国の立法において初めて規定された点でも画期的な条文です。

　⑦・⑧は、いずれも契約締結前に事業者が一方的にした行為を理由として契約締結をなかば強要し、消費者を困惑させて契約締結をさせる場合に当該契約の取消しを認めるものです。⑦は、たとえば、ガソリンスタンドで頼んでもいないのにワイパーを交換されて、もはや元には戻せないと告げられて困惑し、やむを得ず契約を締結するような場合です。また、⑧は、たとえば、事業者からマンション購入の勧誘を受けて自宅に来てもらい説明を受けたものの断ろうとしたところ、自宅まで来る時間や旅費がかかっているのだから

今さら断るのはおかしいと繰り返し告げられて困惑し、やむを得ず契約を締結するような場合が対象となります。

(5) 「つけ込み」型

　判断力や知識・経験が不足している状況、精神的に不安定な状況、頼みを断りにくい緊密な人間関係、経済的に苦しく相手方に依存している状況など、消費者が合理的な判断をすることができない事情を利用して勧誘が行われた結果、消費者契約が締結されるケースが少なくありません。このようなケースでは、いわば、消費者が十分な判断ができない状況に「つけ込む」形で不当な勧誘（「つけ込み型不当勧誘」）が行われているといえます。

　この場合には、民法上、公序良俗違反により無効（民法90条）となる可能性もありますが、その判断基準は必ずしも明確ではありませんし、公序良俗違反とまでは評価できない場合もあるでしょう。そこで、消費者契約法において、「つけ込み型不当勧誘」がなされた場合に消費者に契約取消権を与える規定を設けるべきであるという意見が強まり、議論が続けられてきました。しかし、要件を明確化すべきだという意見が強く主張されてなかなか折り合いがつきませんでした。そこで、まずは、それが比較的容易なもの、すなわち、消費者が必要とする通常の「分量」を超える内容の契約を締結させたか否かという形で「つけ込み」の有無について客観的な判断が可能なものとして、「過量契約」がなされた場合に契約取消権を与えるとする規定が、平成28年改正で設けられたのです。

　具体的には、消費者契約法4条4項で、まず、1回の取引で通常の「分量」を超えて「過量」となる場合（同項前段）、続いて、同種のものを次々と購入させるという、いわゆる「次々販売」の場合（同項後段）に関する契約取消権を定めています。「過量」であるかどうかは、前者については、物品、権利、役務その他の消費者契約の目的となるものの分量・回数・期間（分量等）が、当該消費者にとっての通常の分量等（契約の目的となるものの内容・取引条件＋勧誘時の消費者の生活状況＋これについての当該消費者の認識に照らして通常想定される分量等）を著しく超えているかどうかで判断されます。また、後者については、消費者がすでに締結していた同種の契約と新たな消費者契約における分量を合算したものが、上記の通常の分量を超えているかどうかで判断されます。このほか、同項に基づく取消しが認められるためには、過量であることを事業者が知っていた（＝認識していた）ことも必

要です。これらの要件については、取消しを主張する消費者が立証しなければなりませんが、上記のとおり、要件があいまいで不明確なことから、この条文を適用するのは決して容易ではありません。消費者被害救済の実効性を確保するためにも、今後の運用の中で、具体的な取引における事業者の行為が過量契約を前提としたものである場合には過量であることの認識を推認する等の工夫が必要です。

　ところで、分量が多すぎるという場合のみならず、適正な分量であっても判断力不足等の消費者の状況につけ込んで本来は必要のない契約を締結させる場合も少なからず存在します。そこで、このようないわば主観的な「つけ込み型不当勧誘」がなされた場合にも契約取消権を与える一般的な規定を設けるか否かについて議論が続けられましたが、適用するための要件の明確化が困難であるという理由で見送られました。実は、その中で要件の明確化が可能だった一部の場合だけを「困惑」型に位置づけて立法したのが、(3)で紹介した③〜⑥です（その意味では、本来は「困惑」型を定める消費者契約法４条３項とは別の条文で立法されるべきものです）。もちろん、これだけでは主観的な「つけ込み型不当勧誘」のすべての場合をカバーできるわけではありません。そこで現在でも、消費者庁等において「つけ込み型不当勧誘」に関してより一般的な形で契約取消権を認める規定に関する立法の可能性を探るための議論が続けられています。

(6)　媒介の委託を受けた第三者および代理人の行為と事業者の責任

　たとえば、事業者である携帯電話会社Ａが消費者である顧客Ｂとの携帯電話サービス契約の締結につき携帯電話の販売会社Ｃに対して業務委託を行い、それに基づいて委託を受けたＣがＢに対して契約締結の勧誘を行うというケースを考えてみましょう。この場合には、第三者Ｃが間に入り、ＡとＢとの契約締結を「媒介」していることになります。この場合において、Ｃが不当勧誘を行ったとします。確かに問題を生じさせるのはＣですが、もともとＣに委託をしたＡにもそのような状況を作り出した責任があるはずです。そこで、消費者契約法５条１項は、事業者が媒介の委託をした者が不当勧誘をした場合には、同法４条１項〜４項を準用し、消費者は契約を取り消すことができる旨を定めています。また、同条２項により、事業者の代理人が不当勧誘をした場合にも同様の取扱いがなされます。

2 裁判例と解説

(1) 不利益事実の不告知

裁判例⑥ 大阪地判平成23・3・4（判時2114号87頁）

(A) 当事者

原告　X（消費者）

被告　Y（梵鐘製作会社）

(B) 事　案

X（大正4年生まれ・女性）は、梵鐘（釣り鐘）を製作して寺院に奉納することを希望し、平成11年頃からYとの間で検討してきましたが、梵鐘を奉納し、設置する場所を確保することができず、Yの担当者Aもそれを確保する前の梵鐘の製作は無理であると認識していたことから、計画は実現することはありませんでした。

Aは、平成19年2月26日に、Xから梵鐘製作を依頼したい旨の電話を受けて代金額が3億円くらいになると告げ、翌27日に図面等を持参してX宅を訪問して代金の支払方法等を話し合い、さらに翌28日に注文書・請求書・代金の送金先に関する案内文等を持参してX宅を再訪し、送金の準備をしていた銀行の支店長と担当者の同席の下で、Xから注文書に署名・押印してもらいました。Xは、同年3月1日に、Yに2億円を送金しました。

Yは、商慣行上、契約書をつくらず見積書や注文書をもって契約書に代えることが少なくなく、Xとの間でも契約書を作成していなかったのですが、Aは、今回は代金が多額であること、また、それまでの経験上、Xの息子Bのクレームで契約が破談となるおそれがあると考えて、契約書を作成することにしました。そこでAは、平成19年3月14日、さらに16日にX宅を再訪し、XとYとの間で、梵鐘（口径約3333mm、高さ約5500mm、重量約50t）の製作を目的とする請負契約（以下、「本件請負契約」といいます）を、以下のような約定で締結する旨の同年3月1日付けの契約書を作成しました。その約定は、①工期は平成19年3月1日から平成20年6月30日までとする、②請負代金は2億9400万円とし、契約締結後平成19年3月10日までに「契約金」として2億円、完成検収後平成20年6月30日までに9400万円（いずれも消費税込み）を支払う、③Xが契約解除を申し出た場合には、Yは、契約締結から梵鐘鋳造までの間は請負代金の出来高の69％、梵鐘鋳造から完成までの間

は出来高の88％を製作代金として受け取り、検収後は残金全額を支払うというものです。このうち③については、それまでのAとXとのやりとりでは伝えられておらず、この契約書で初めて明らかにされた内容でした。

その後、Bが、平成19年5月31日付けで、梵鐘製作を中止してもらいたい旨の書面を送付しました。しかし、Yは、この書面の内容はXの意思に沿ったものではないと判断して作業は中止せず、その後、Xの意向が確認できたとして同年6月27日に作業を中止しました。なお、Xは、平成19年9月に認知症との診断を受け、同年9月19日付けでBとの間で任意後見契約を締結し、同年12月27日に任意後見監督人を選任する裁判が確定し、平成20年1月8日付けでその選任登記がされています。

Xは、本件請負契約について、消費者契約法4条2項に基づく取消しを理由として、支払い済みの2億円の返還を求めました。このほか、裁判所は判断していませんが、意思無能力による無効、公序良俗違反による無効、錯誤による無効（平成29年民法改正〔令和2年4月1日施行予定〕により、錯誤の効果は取消しに変更されました）、消費者契約法10条または9条に基づく違約金条項の全部または一部の無効等も主張しました。

(C) 争 点

① 「重要事項」に関する不利益事実の不告知とは何か。

② Y(B)に「故意」はあるか。

(D) 判 決

「本件請負契約については、平成19年2月28日の時点で、Aを介してXとYとの間で基本的な部分が約定され、同年3月1日はXからYに対し請負代金の一部として2億円が支払われている。

しかしながら、製作される梵鐘は……巨大なものであること、寺院等でない一個人であるXが注文者であること、約定の期間の後には梵鐘が完成されるにもかかわらず、この時点で、完成した梵鐘を奉納し、設置する場所が未確定であるというのは、寺院等でない一個人が注文者となる契約であることも考えると極めて異例なことといわざるを得ない。そして、請負人であるYの側においても、そのような例は経験がなく、梵鐘の奉納場所が予め確保される前にこれを製作するのは無理なことであるとの認識が従前からあったことに鑑みると、本件請負契約において、完成した梵鐘を奉納し、設置する場所に係る約定は、仕事の内容、請負代金、製作期間等と同様に、契約内容

のうち重要な部分をなすものというべきである。そうすると、ＸとＹとの間の本件請負契約は、本件契約書が作成された時点である同月16日において締結され、成立したものと認定するのが相当である。

　そして、……同年３月１日にＸからＹに対し支払われた２億円について、本件契約書……では、中途解約時の解約金ないし違約金であることが初めて明確にされており、その名目が単なる契約金ないし前金とは異なるものに変更されているにもかかわらず、ＡがＸにそのことを告げたとの事実は認められない。

　Ａは、このようにして、Ｘから前払いされた２億円が契約解除の場合にはそのまま違約金になるにもかかわらず、そのことを故意に告げなかったことにより、Ｘにそのことを誤信させ、本件請負契約書に署名押印をさせ、本件請負契約の締結に至らせたものであるから、本件請負契約については消費者契約法４条２項の取消事由（重要事項に係る不利益事実の不告知）があるものというべきである」。

(E)　解　説

(a)　重要事項またはその関連事項の利益告知と重要事項に関する不利益事実の不告知

　消費者契約法４条２項が適用されるためには、消費者に対して、①重要事項またはその関連事項について利益となる旨を告げ（利益告知）、かつ、②重要事項に関する不利益事実を告知しなかったこと（不利益事実の不告知）が必要です。①・②の要件は、「かつ」という接続詞でつながれており、条文上はいずれも取消しを主張する消費者が立証すべきとされています。

　ところが本判決は、①については特に言及せずに、前払いされた２億円がそのまま違約金になることを告げなかったという「重要事項」に関する不利益事実の不告知のみが認定されています。他の下級審裁判例でも、①には言及せず②のみで判断をしている裁判例がいくつかみられます（裁判例については、後掲参考文献を参照）。もともと①の要件は、消費者契約法４条２項の適用範囲を限定する意味をもちますが、実務的には②の不利益事実の不告知の探求に重きが置かれていると評価することもできるでしょう。

　また、消費者契約法とは少し離れますが、本判決では、口頭で契約に関するやりとりがなされた平成19年３月１日ではなく、当事者間では梵鐘の奉納・設置場所が契約締結に際して重大な意味をもつとして、それが明らかに

された契約書作成時である同月16日を契約の成立時期としている点も注目されます。

次に、重要事項とは、「当該消費者契約の目的となるもの」の「内容」または「取引条件」であって、かつ、それ当該消費者契約締結の「判断に通常影響を及ぼすべきもの」を指します（消費者契約法4条5項1号・2号）。本判決で「重要事項」とされた違約金に関する不告知は、契約の「取引条件」に関する不告知ということになるでしょう。

なお、不実告知の場合には、このほかに、物品、権利、役務その他の当該消費者契約の目的となるものが当該消費者の生命、身体、財産その他の重要な利益についての損害または危険を回避するために通常必要であると判断される事情という、いわゆる契約の「動機づけ」の部分（消費者契約法4条5項3号）も含むのですが、不利益事実の不告知の場合にはこの部分は重要事項とはなりません（同項本文で除外されています）。「動機づけ」も消費者契約を締結するか否かの判断に大きな影響を与える場合があることを考慮すれば、この部分に関する不利益事実の不告知も契約取消しの対象とすべきでしょう（他の理由もありますが、詳細は後掲の参考文献に譲ります）。

(b) 故意の推定

従来の消費者契約法4条2項は、不利益事実の不告知については事業者の「故意」を要件としていました。ここでいう「故意」とは、「当該事実が当該消費者の不利益となるものであることを知っており、かつ、当該消費者が当該事実を認識していないことを知っていながら、あえて」という意味であると説明されています（消費者庁ウェブサイト「逐条解説　消費者契約法」第4条）。しかし、この要件があることによって同項を適用するためのハードルが非常に高いということは立法当初から指摘されてきました。

実は、下級審裁判例では、事業者の具体的な行為からその「故意」を事実上推認することが少なくありません。本判決でも、事業者の「故意」は明確には認定されていませんが、支払った2億円が違約金であることを告げなかったという事実から「故意」があったものと、いわば推認しています（後掲参考文献を参照）。

なお、平成30年の消費者契約法改正によって、事業者に「故意」があった場合に加えて「重過失」があった場合も同法4条2項の適用対象となり、取消しができる範囲が拡大されました。下級審が事実上「推認」という形で処

理していたことが、「重過失」の有無という形でより客観的に判断されるようになる可能性もあり、今後の展開を見守っていきたいと思います。

〈参考文献〉
　宮下修一「消費者契約法4条の新たな展開(2)——「誤認類型」・「困惑類型」をめぐる議論と裁判例の動向」国民生活研究50巻3号21頁、宮下修一「誌上法学講座　新時代の消費者契約法を学ぶ　第4回・第5回」ウェブ版国民生活66号38頁・67号36頁

(2)　退去妨害

裁判例⑦　東京簡判平成15・5・14（裁判所HP）

(A)　当事者

原告　X（信販会社）

被告　Y（消費者）

(B)　事　案

　Yは、家出中で友人宅を転々としており定職も収入もない状態でしたが、平成14年7月15日、たまたま東京都内を歩いているときにA社の担当者から声をかけられて、何度も断ったものの、結局、絵画の展示場に連れていかれました。Yは、絵画には興味がないと繰り返しましたが、担当者から何度も何度も絵画を購入するように勧められ、契約書に記入しないと帰してもらえないような気がしたため、展示されている絵画のうち何となく気に入ったものを指定し、Yが購入した絵画の代金をXが立て替えてAに支払う旨の立替払契約（クレジット契約。以下、「本件クレジット契約」といいます）の契約書に、担当者に言われるままに署名・押印をしてしまいました。担当者は、Yに定職がないことを知っていたにもかかわらず契約書の収入欄に月額27万円と記入させたうえ、Yには購入した絵画の価格が80万円であることは伝えたものの、毎月の支払額や支払回数、手数料等の本件クレジット契約の具体的な内容は説明しませんでした。

　その後、いまだ家出中だったYは、Aの担当者からの電話を受けて、平成14年8月頃に再度来店したところ、商品を引き渡すことを理由として同年8月10日付けの納品確認書に署名・押印をするように求められました。Yは、絵画を購入したつもりもないし、家に飾る場所もないからと言って断りまし

たが、担当者が受け取ったことにしてもらわないと困るのでとにかくサイン
をしてほしいと要求するので、サインをしないと帰してもらえないと考え、
仕方なく納品確認書に署名・押印をしてしまいました。しかし、Yは、絵画
を受け取っておらず、今も手もとにありません。

　Xが、本件クレジット契約に基づき立替金と手数料の支払いを求めて訴訟
を提起したため、Yは、平成15年1月23日に裁判所に提出した答弁書におい
て、Xに対して消費者契約法4条3項2号に基づいて本件クレジット契約を
取り消す旨の意思表示をしました。もっとも、当時の消費者契約法7条1項
は、取消権の行使期間を「追認をすることができる時」から6カ月間と定め
ていました（平成28年の消費者契約法改正で、期間が1年に伸長されています）。
仮に、「追認をすることができる時」を契約日の平成14年7月15日だとする
と、平成15年1月23日の時点では6カ月と8日が経過していることから、こ
の取消しが上記の期間内に行われたかどうかも争われました。

(C) 争 点

① 　A（担当者）の退去妨害、あるいはYの退去する旨の意思表示があっ
たか。

② 　Yの契約取消権行使は、時効により消滅していないか。

(D) 判 決

「Yは、展示場において、自分が家出中であり、定職を有しないことや絵
画には興味のないことを繰り返し話したにもかかわらず、担当者は、Yのこ
れらの事情を一切顧慮することなく勧誘を続け、契約条件等について説明し
ないまま契約書に署名押印させ、収入についても虚偽記載をさせたものであ
る。Aの担当者は『退去させない』旨Yに告げたわけではないが、担当者
の一連の言動はその意思を十分推測させるものであり、Yは、Aの不適切な
前記勧誘行為に困惑し、自分の意に反して契約を締結するに至ったものであ
る。Aのこの行為は、消費者契約法4条3項2号に該当するというべきであ
る」。

「Yは、Aから商品を引き取りに来るようにとの連絡を受け、平成14年8
月10日納品確認書に署名押印している。そして、この時点においても、Yは、
契約の意思も商品引取りの意思もないことをAに表明しているのであり、
申込時におけると同様、Aの担当者の言動に基因する困惑した状況のもとに、
納品確認書に署名押印したことが認められる。この引渡しの手続は、Aの債

務履行のためになされたものであり、申込時における契約と一体をなすものであると考えられる（因みに、鑑賞のために購入したはずの絵画が、飾る場所がないからという理由でその後も引き続き販売店において保管されている事実は、Yには当初から絵画の購入意思がなかったことを推認させるものである。）。したがって、取消権行使期間も、この時から進行すると解するのが相当である。そうすると、Yの取消権行使は、行使期間である6カ月間の期間内になされたということになる」。

(E) 解　説

(a) 退去妨害

　消費者契約法4条3項2号は、消費者が事業者により勧誘を受けている場所から「退去する旨の意思表示」をしたにもかかわらず、事業者が消費者を退去させなかった結果（退去妨害）、困惑して契約を締結した場合に、その契約を取り消すことができる旨を定めています。ここでいう「退去する旨の意思表示」とは、実際に帰りたいと告げることのみならず、「事業者の不退去」に関する同項1号における「退去すべき旨の意思表示」と同様に、時間的な余裕がない、または契約締結をするつもりはない旨の明確な告知をする場合、さらに、口頭以外の手段による場合（たとえば、身振り手振りで「契約を締結しない」という動作をしながら椅子から立ち上がった場合）も含まれます。

　本判決では、Aの担当者の執拗な勧誘に対して、Yは帰宅したいとは告げていませんが、絵画を購入するつもりはないと何度も拒絶していることが、「退去する旨の意思表示」があったと認定しています。また、逆にAの担当者は退去させないと明言しているわけではありませんが、一連の言動からYが退去しにくい状況をつくったとして退去妨害があったことを認定しています。

(b) 消滅時効

　すでに(B)で述べたように、本判決の当時は、消費者契約法4条3項2号に基づく契約取消権は、追認ができる時から6カ月間行使しないと時効により消滅すると定められていました（同法7条旧1項）。本判決では、取消しの意思表示をした日が、契約書に署名をした日から6カ月と8日が経過していたため、時効消滅の有無が争われることになりました。しかし裁判所は、契約締結から1カ月ほど後に、Yが絵画の引取りを求められAの店舗を訪れた時まで「困惑」した状態が続いていたため、その時から消滅時効期間が進行する（すなわち、その時が消滅時効期間の起算点となる）と判示しました。

契約取消権の消滅時効期間は、民法の定める場合よりも取消しを広く認めることとのバランスをとるという理由で民法の定める期間（5年〔民法126条〕）よりも短く設定されましたが、立法当初から短すぎるとの批判がありました。そのため、裁判実務では、起算点を後ろにずらすことによって消滅時効の主張を封ずるという試みがいくつかみられます。本判決もその1つです。

消滅時効期間は、平成28年の改正で6カ月から1年に伸長されましたが、消費者にとっては、それでも十分な期間とはいえません。したがって、本判決の処理は、改正後にも大いに参考になるものと考えられます。

(c) クレジット契約と消費者契約法4条・5条の適用

ところで、直接の争点ではありませんが、本判決ではAとYとの間の絵画の売買契約ではなく、XとYとの間のクレジット契約の取消しが認められています。退去妨害をしたのは、契約の直接の相手方であるXではなく、間に入って（＝Xからの委託を受けて）契約書に署名・押印させたA（の担当者）です。本判決は、クレジット契約の締結にあたってその基本的な部分を販売業者であるAが担っているという実態を踏まえて、このような判断をしたものと思われます。

もっとも、Aは、上記の状況を考慮すると、■(6)で述べた「媒介の委託を受けた第三者」にあたるという評価も可能ですので、本判決の事案では消費者契約法5条1項を適用することも考えられます。なお、平成20年の割賦販売法改正によって、特定商取引法の対象となる取引（通信販売を除く）に関する個別クレジット契約（個別信用購入あっせん関係受領契約）の締結に際して不実告知または故意による事実の不告知があった場合には、当該個別クレジット契約を取り消すことができるという規定（割賦販売法35条の3の13〜35条の3の16）も設けられたことに注意する必要があるでしょう。

（宮下　修一）

〈**参考文献**〉

宮下修一「消費者契約法4条の新たな展開(3)──「誤認類型」・「困惑類型」をめぐる議論と裁判例の動向」国民生活研究50巻4号38頁、宮下修一「誌上法学講座　新時代の消費者契約法を学ぶ　第5回」ウェブ版国民生活67号36頁

第4章 消費者契約法(2)
──不当条項規制

1 契約内容の適正化──消費者契約法8条から10条

(1) 概 説

　消費者契約では、大量の契約処理の要請から、契約内容は事業者があらかじめ作成した約款によって定められ、その拘束力が法的にも認められています。しかし、約款は事業者が一方的に作成するため、おのずと事業者に有利、消費者に不利な内容になりがちです。これを交渉によって是正することは、事業者と消費者との間に情報や交渉力の格差があることや、生活のため当該契約を拒否できないなどの理由から、事実上不可能となっています。私的自治の尊重や契約自由の原則は、民法の基礎となる重要な原則ですが、このような格差のある当事者間の契約である消費者契約においては、これを貫徹することによって不当な結果を招くことがあります。

　そこで、消費者契約法では、消費者契約において、①損害賠償責任の免責条項、②解除権を放棄させる条項、③後見開始等を理由とする解除条項、④損害賠償額の予定条項等、⑤消費者の利益を一方的に害する条項について、それぞれ一定の場合に無効となることを定めました（同法8条から10条）。同法10条は不当条項を無効とする場合の一般規制であり、8条および9条は無効となる不当条項の例示という関係にあります。

(2) 消費者契約法8条

　「当スポーツセンターにおける行動はお客様において管理していただき、発生した事故について当社は一切責任を負いません」「本商品についてはいかなる理由があろうとも一切の返品はできません」など、事業者の債務不履行責任、不法行為責任、瑕疵担保責任を全部免責する条項は無効です（消費者契約法8条1項1号・3号・5号。瑕疵担保責任について同条2項）。また、債務不履行責任、不法行為責任では、「お預かりした商品についての損害賠償の上限は10万円を限度とします」など、その一部を免責する条項であっても、故意または重過失の場合を免除する条項は無効です（同条1項2号・4号）。

また、平成30年の改正により、損害賠償責任は認めるものの、事業者にその責任の有無を決定する権限を付与する条項も無効とされました（消費者契約法8条1項1号）。

　免責条項が無効となると、民法の損害賠償規定（民法415条・709条など）が適用されることになります。

(3)　消費者契約法8条の2

　事業者に債務不履行や瑕疵担保責任があり民法では解除権が認められる場合でも、消費者に解除権を放棄させる条項は無効としました、また、解除権は認めていてもその解除権の有無を決定する権限を事業者に付与するような条項も無効となります。

(4)　消費者契約法8条の3

　高齢化社会の進展の中で、高齢者とのトラブルを避けるため、建物賃貸借契約などで消費者が後見開始、保佐開始、または補助開始の審判を受けたことのみを理由に解除できる条項が見受けられ、本来高齢者を保護する成年後見制度の趣旨を没却することから無効とされました。

(5)　消費者契約法9条

　継続的な講習を転勤や病気などのために解約しても、支払った前払受講料をいっさい返してもらえなかったり、結婚式場など将来のサービスの解約料が多額であるなど、約款に定められた解約料が実際に発生する損害より過大であるとの消費者トラブルが従来から多発していました。そこで、消費者契約法9条1号によって、消費者契約の解除に伴う損害賠償額の予定や違約金の条項について、これらを合算した額が、当該条項において設定された解除の事由・時期等の区分に応じ、当該消費者契約と同種の消費者契約の解除に伴い当該事業者に生ずべき平均的な損害の額を超えるものについては、超える部分について無効とされました。

　また、消費者契約法9条2号は、代金を支払わない場合の損害賠償の予定や違約金の条項について、年14.6％を超える額の定めを無効としています。ただし、金銭消費貸借については特別法である利息制限法が優先されます（消費者契約法11条2項）。

(6)　消費者契約法10条

　無効となる不当条項を条文に例示して列挙することは、予測可能性が高まり有用です。しかし、不当条項をすべて列挙することは困難であり、日々新

しくなる契約条項に対応することができません。そこで、一般的な条項として、消費者契約法10条が定められました。

消費者契約法10条は、①公の秩序に関しない規定（任意規定）を適用する場合に比べて、消費者の権利を制限する、または消費者の義務を加重する消費者契約の条項であって（前段要件）、②信義誠実の原則（民法１条２項）に反して消費者の利益を一方的に害するもの（後段要件）を無効としました。そして、前段要件の例示として、消費者の不作為（たとえば、お試し使用商品を一定の期限までに返品をしないことなど）をもって消費者が新たな消費者契約の意思表示をしたものとみなす条項をあげています。

2 裁判例の蓄積

消費者契約法８条から10条によって、消費者契約には契約内容の適正化が強く求められています。裁判例も蓄積されており、約款の見直しも進んできています。

最高裁判例も出されています。代表的なものは、入学辞退者が大学に納めた学納金を不当利得であるとして返還を求めた学納金返還請求事件や、居住用建物の賃貸借契約条項をめぐる事件の判決です。

(1) 学納金返還請求事件判決

裁判例⑧ 最判平成18・11・27（平成17年㊤第1158号・1159号、民集60巻9号3437頁）

(A) 当事者

原告 X₁、X₂（大学の入学試験に合格し、入学手続をして入学金、授業料などを大学に納めたが、その後、入学を辞退した学生）

被告 Y（原告が受験した大学）

(B) 事 案

Ｘらは、所定の学納金を納付するなどの入学手続をした後、Ｙ大学に対して、X₁は平成14年３月13日に書面で、X₂は同月29日頃にまず電話で、その後同年４月３日に書面で、それぞれ入学を辞退する申し出をしました。Ｙ大学の入学試験要項および入学手続要項には、「学納金はいかなる理由があっても返還しない」という旨が記載されていました。

Ｘらはｙ大学に対し、在学契約を解除したとして学納金の返還を求めましたが、Ｙ大学は上記不返還特約を根拠にこれに応じないため、ＸらからＹ

大学に対して学納金の返還を求める訴訟が提起されました。

原審（東京高判平成17・3・10〔民集60巻9号3514頁〕）は、X₁については、平成14年3月13日に在学契約が解除されたとして授業料等相当額の返還請求を認容し、入学金については棄却しました。また、X₂については、大学が在学契約上の義務である教育役務の提供後である同年4月3日の解除であるとして、請求を全部棄却しました。

(C) 争 点

①　大学と当該大学の学生との間の在学契約の性質

②　大学の入学試験の合格者が納付する入学金の性質

③　大学と在学契約等を締結した者が当該在学契約等を任意に解除することの可否

④　大学の入学試験の合格者による書面によらない在学契約の解除の意思表示の効力

⑤　入学試験の合格者が当該大学との間で在学契約等を締結して当該大学に入学金を納付した後に同契約等が解除された場合等における当該大学の入学金返還義務の有無

⑥　入学試験の合格者と当該大学との間の在学契約における納付済みの授業料等を返還しない旨の特約の性質

⑦　入学試験の合格者と当該大学との間の在学契約等の消費者契約該当性

⑧　入学試験の合格者と当該大学との間の在学契約における納付済みの授業料等を返還しない旨の特約に関する消費者契約法9条1号所定の平均的な損害等の主張立証責任

⑨　入学試験の合格者と当該大学との間の在学契約における納付済みの授業料等を返還しない旨の特約に対する消費者契約法9条1号の適用の効果

(D) 判決（要旨）

(a) 大学と当該大学の学生との間の在学契約の性質

大学と当該大学の学生との間で締結される在学契約は、大学が学生に対して、講義、実習および実験等の教育活動を実施するという方法で、大学の目的にかなった教育役務を提供するとともに、これに必要な教育施設等を利用させる義務を負い、他方、学生が大学に対して、これらに対する対価を支払う義務を負うことを中核的な要素とするものであり、学生が部分社会を形成

する組織体である大学の構成員としての学生の身分・地位を取得・保持し、大学の包括的な指導・規律に服するという要素も有し、教育法規や教育の理念によって規律されることが予定されている有償双務契約としての性質を有する私法上の無名契約である。

(b) 大学の入学試験の合格者が納付する入学金の性質

大学の入学試験の合格者が納付する入学金は、その額が不相当に高額であるなど他の性質を有するものと認められる特段の事情のない限り、合格者が当該大学に入学しうる地位を取得するための対価としての性質を有し、当該大学が合格者を学生として受け入れるための事務手続等に要する費用にもあてられることが予定されているものである。

(c) 大学と在学契約等を締結した者が当該在学契約等を任意に解除することの可否

大学と在学契約またはその予約を締結した者は、原則として、いつでも任意に当該在学契約またはその予約を将来に向かって解除することができる。

(d) 大学の入学試験の合格者による書面によらない在学契約の解除の意思表示の効力

大学の入学試験に合格し当該大学との間で在学契約を締結した者が当該大学に対して入学辞退を申し出ることが、その者の確定的な意思に基づくものであることが表示されている以上は、口頭によるものであっても、原則として有効な在学契約の解除の意思表示であり、入学試験要項等において所定の期限までに書面で入学辞退を申し出たときは入学金以外の所定の納付金を返還する旨を定めている場合や、入学辞退をするときは書面で申し出る旨を定めている場合であっても、解除の効力は妨げられない。

(e) 入学試験の合格者が当該大学との間で在学契約等を締結して当該大学に入学金を納付した後に同契約等が解除された場合等における当該大学の入学金返還義務の有無

大学の入学試験の合格者が当該大学との間で在学契約またはその予約を締結して当該大学に入学しうる地位を取得するための対価としての性質を有する入学金を納付した後に、同契約またはその予約が解除され、あるいは失効しても、当該大学は当該合格者に入学金を返還する義務を負わない。

(f) 入学試験の合格者と当該大学との間の在学契約における納付済みの授業料等を返還しない旨の特約の性質

大学の入学試験の合格者と当該大学との間の在学契約における納付済みの授業料等を返還しない旨の特約は、在学契約の解除に伴う損害賠償額の予定または違約金の定めの性質を有する。

(g) **入学試験の合格者と当該大学との間の在学契約等の消費者契約該当性**

大学の入学試験の合格者と当該大学との間の在学契約またはその予約は、消費者契約法2条3項所定の消費者契約に該当する。

(h) **大学の入学試験の合格者と当該大学との間の在学契約における納付済みの授業料等を返還しない旨の特約に関する消費者契約法9条1号所定の平均的な損害等の主張立証責任**

大学の入学試験の合格者と当該大学との間の在学契約に納付済みの授業料等を返還しない旨の特約がある場合、消費者契約法9条1号所定の平均的な損害およびこれを超える部分については、事実上の推定が働く余地があるとしても、基本的には当該特約の全部または一部の無効を主張する当該合格者において主張立証責任を負う。

(i) **大学の入学試験の合格者と当該大学との間の在学契約における納付済みの授業料等を返還しない旨の特約に対する消費者契約法9条1号の適用の効果**

大学の入学試験の合格者と当該大学との間の在学契約における納付済みの授業料等を返還しない旨の特約は、国立大学および公立大学の後期日程入学試験の合格者の発表が例年3月24日頃までに行われ、その頃までには私立大学の正規合格者の発表もほぼ終了し、補欠合格者の発表もほとんどが3月下旬までに行われているという実情の下においては、同契約の解除の意思表示が大学の入学年度が始まる4月1日の前日である3月31日までにされた場合には、原則として、当該大学に生ずべき消費者契約法9条1号所定の平均的な損害は存しないものとして、同号によりすべて無効となり、同契約の解除の意思表示が同日よりも後にされた場合には、原則として、上記授業料等が初年度に納付すべき範囲内のものにとどまる限り、上記平均的な損害を超える部分は存しないものとして、すべて有効となる。

(E) **解　説**

(a) **最高裁判決の社会的意義**

入学辞退者の学納金返還請求については、下級審でも多くの判決があり、その判断はさまざまでした。本件と同日に、同じ最高裁判所第二法廷で事案

の異なる入学辞退者の複数の判決がされ、これにより学納金返還請求事件に関する最高裁判所の統一的判断が示されたことになります。

最高裁判所の結論は、①入学金は入学しうる地位を取得する対価であるとして返還を認めず、②授業料、後援会費、教育充実費等（以下、あわせて「授業料等」という）に関してはこれを返還しないことは公序良俗違反とはいえないが、③消費者契約法が施行された平成13年4月以降の受験生については、一部専願の推薦入学等の例外を除き、4月1日を基準としてこれより前に口頭あるいは書面で入学を辞退していれば不返還特約は消費者契約法9条1項の適用を受け、原則として大学に平均的損害は生じていないとして、全額返還すべきとしました。

この結論は、大学だけでなく、その他の教育契約に関しても大きな影響を及ぼすもので、この分野の約款の適正化に大きく寄与するものです。

(b) 「平均的損害」（消費者契約法9条）の主張立証責任

最高裁判所は、「平均的損害」の主張立証責任は消費者である合格者側にあると判断しました。ただし、3月31日までに辞退の意思を表示した場合には、大学側は補欠入学者をとるなど平均的損害の発生を回避できることなどから、事実上の推定が働く余地があるとしています。

もっとも、その推定が及ばない場合、事業者が損害に関する証拠提出に非協力的である場合には、消費者による立証は著しく困難となります。「平均的損害」の主張立証責任を消費者に負わせることは、消費者契約法が、消費者と事業者との間の情報の質および量並びに交渉力の格差に鑑み消費者の利益擁護を目的としていることからすれば、妥当ではないといえ、立法的解決が必要であると考えます。裁判官も指摘しているように、少なくとも、今後の実務においては、事業者は消費者の主張を単に「否認する」等と認否するだけではなく、その理由として、平均的損害の具体的内容（少なくともいかなる種類の損害がどの程度発生するのか）にまで踏み込んだ認否をし、消費者契約法3条の趣旨等を踏まえて反証として証拠を提出すべきです（朝倉佳秀「『平均的な損害』の主張立証責任の所在に決着」NBL849号12頁）。

(c) 授業料等の不返還特約と消費者契約法9条1号

最高裁判決は、学校法人も法人その他の団体であり、在学契約には消費者契約が適用されるとしています。そして、在学契約にある授業料の不返還特約について、在学契約の解除に伴う損害賠償額の予定または違約金の定めの

性質を有するとして、消費者契約法9条1号を適用しています。

これに対しては、授業料等の不返還特約は、本来、解除による不当利得返還請求と捉えるべきであり、本件では対価保持条項の不当性として捉え、帰責事由がある場合を除き学生の利益を一方的に害するとして消費者契約法10条で無効とすべきとの見解もあります（潮見佳男「『学納金返還請求』最高裁判決の問題点：民法法理の迷走㊦」NBL852号55頁）。

〈参考文献〉

「〈特集〉『学納金返還請求』最高裁判決を読んで」NBL849号8頁以下、潮見佳男・NBL851号74頁、潮見佳男・NBL852号55頁、加藤正男・曹時61巻5号252頁、野澤正充「学納金返還請求と消費者契約法」ジュリ平成19年度重判解79頁、松本恒雄・消費者法判例百選90頁

---

(2) 居住用建物の賃貸借契約条項をめぐる判決

居住用建物の賃貸借契約は身近な契約です。賃借人の債務の基本は賃料の支払いですが、退去時に敷金（保証金）から一定額を差し引く特約や、契約期間満了後の更新時に更新料を支払う特約など、賃料以外に賃借人に金銭的負担を求める特約があります。これらの特約による負担が、消費者契約法10条により無効となるのではないかということが争われ、平成23年に3つの最高裁判決が出されました。

(A) 敷引特約により控除された敷引金返還請求事件判決(1)

裁判例⑨ 最判平成23・3・24（判時2128号33頁、判タ1356号81頁）

(a) 当事者

上告人　X（第1審原告、賃借人）

被上告人　Y（第1審被告、賃貸人）

(b) 事 案

Xは、平成18年8月21日、Yとの間で、マンションの1室を平成20年8月20日まで、賃料1カ月9万6000円で賃借しました。Xは保証金として40万円を支払いましたが、これについては賃借建物の明渡し後、契約経過年数に応じて定められた一定額の金員を控除し、その残額をXに返還するという敷引条項が特約（敷引特約）として定められました。なお、通常損耗や自然損耗は敷引金でまかなわれるという特約もあわせて定められました。

平成20年4月30日に契約が終了し、建物は明け渡され、Yは敷引特約に基づき保証金から21万円を控除し、残額19万円をXに返還しました。

　Xは、本件敷引特約が消費者契約法10条により無効であるとして、敷引金の返還を求めて提訴しました。第1審および原審は、いずれも本件敷引特約は同条により無効とはならないと判示したため、Xが上告受理申立てをしました。

(c) 争　点
① 　本件敷引特約は、消費者の権利を制限または義務を加重するか（消費者契約法10条前段要件）。
② 　本件敷引特約は、信義則（民法1条2項）に反して消費者の利益を一方的に害するものか（消費者契約法10条後段要件）。

(d) 判　決
　「居住用建物の賃貸借契約に付された敷引特約は、契約当事者間にその趣旨について別異に解すべき合意等のない限り、通常損耗等の補修費用を賃借人に負担させる趣旨を含むものというべきである」。

　「賃借物件の損耗の発生は、賃貸借という契約の本質上当然に予定されているものであるから、賃借人は、特約のない限り、通常損耗等についての原状回復義務を負わず、その補修費用を負担する義務も負わない。そうすると、賃借人に通常損耗等の補修費用を負担させる趣旨を含む本件特約は、任意規定の適用による場合に比し、消費者である賃借人の義務を加重するものというべきである」。

　「消費者契約である居住用建物の賃貸借契約に付された敷引特約は、当該建物に生ずる通常損耗等の補修費用として通常想定される額、賃料の額、礼金等他の一時金の授受の有無及びその額等に照らし、敷引金の額が高額に過ぎると評価すべきものである場合には、当該賃料が近傍同種の建物の賃料相場に比して大幅に低額であるなど特段の事情のない限り、信義則に反して消費者である賃借人の利益を一方的に害するものであって、消費者契約法10条により無効となると解するのが相当である」。

　敷引金が、補修費用として通常想定される額を大きく超えるものとはいえず、賃料の2倍ないし3.5倍強にとどまり、更新料のほかは礼金等他の一時金を支払う義務を負っていないことを踏まえると「本件敷引金の額が高額に過ぎると評価することはできず、本件特約が消費者契約法10条により無効で

あるということはできない」。

(B) 敷引特約により控除された敷引金返還請求事件判決(2)

裁判例⑩ **最判平成23・7・12**（判時2128号43頁）

(a) 当事者

上告人　　X（第1審被告、賃貸人）

被上告人　Y（第1審原告、賃借人）

(b) 事　案

Yは、平成14年5月23日、Aとの間で、マンションの1室を平成16年5月31日まで、賃料1カ月17万5000円の約定で賃借しました。Yは保証金として100万円を預託しましたが、これについては、賃借建物の明渡しを完了したときは、Aが敷引分60万円を取得し、預託分40万円をYに返還するという敷引条項が特約として定められていました。その後、賃貸人たる地位はAからXに移転し、更新されてきた契約は平成20年5月31日に終了し、建物は明け渡され、Xは敷引特約に基づき保証金から60万円を控除し、さらに原状回復費用として20万8074円を控除して、残額19万1926円をYに返還しました。

Yは本件敷引特約が消費者契約法10条により無効であるとして、敷引金等の返還を求めて提訴しました。第1審および原審は、いずれも本件敷引特約は同条により無効となると判示したため、賃貸人であるXが上告受理申し立てをしました。

(c) 争　点

本件敷引特約は、信義則（民法1条2項）に反して消費者の利益を一方的に害するものか（消費者契約法10条後段要件）。

(d) 判　決

「賃貸人が契約条件の1つとしていわゆる敷引特約を定め、賃借人がこれを明確に認識した上で賃貸借契約の締結に至ったのであれば、それは賃貸人、賃借人双方の経済的合理性を有する行為と評価すべきものであるから、消費者契約である居住用建物の賃貸借契約に付された敷引特約は、敷引金の額が賃料の額等に照らし高額に過ぎるなどの事情があれば格別、そうでない限り、これが信義則に反して消費者である賃借人の利益を一方的に害するものということはできない」。

「Yは、本件契約によって自らが負うこととなる金銭的な負担を明確に認

識した上で本件契約の締結に及んだものというべきである。そして、本件契約における賃料は、契約当初は月額17万5000円、更新後は17万円であって、本件敷引金の額はその3.5倍程度にとどまっており、高額に過ぎるとはいい難く、本件敷引金の額が、近傍同種の建物に係る賃貸借契約に付された敷引特約における敷引金の相場に比して、大幅に高額であることもうかがわれない」。

「以上の事情を総合考慮すると、本件特約は、信義則に反して被上告人の利益を一方的に害するものということはできず、消費者契約法10条により無効であるということはできない」。

この判決には、補足意見と反対意見があります。

(C) 解　説

建物賃貸借契約において、目的物の使用の対価である賃料以外に、さまざまな名目で賃借人が金銭負担をする特約があり、その法的性質、合理性、効力をめぐって紛争となっています。退去時に返還されるべき敷金や保証金から一定の金額が控除される敷引特約もその1つです。敷引特約が消費者契約法10条により無効となるか否かは下級審で結論が分かれていましたが、上記2つの最高裁判決によって、敷引金の額が賃料の額等に照らし高額に過ぎるなどの事情がない限り、無効とはならないと結論づけられました（以下、裁判例⑨ を「3月判決」、裁判例⑩ を「7月判決」といいます）。

下級審では、敷引特約の法的性質が合理性の判断の前提として重要な争点となっていましたが、最高裁判所では、3月判決で、当該敷引特約について「賃借人に通常損耗の補修費用を負担させる趣旨を含む」と認定した以外、法的性質は何ら明確にはされませんでした。いずれも、金額が明確に読み取れる条項が置かれているので、賃借人において負うことになる金銭的負担を明確に認識していた、として敷引特約の法的性質に言及せずに認定がされています。しかし、合意といえるためには、単に金額が明記された条項があるだけでは不十分で、当事者間の意思解釈として、敷引条項のもつ意味や内容が明確になっている必要があると解されるところです。賃借人の負担に関する合意の成立について厳格な説明や賃借人の認識を求めた最判平成17・12・16（判時1921号61頁）とは判断が異なっていると思われます。

判決では、敷引条項の法的性質を十分に検討することなく、消費者契約法10条後段要件については、主として賃借人が金銭的負担とその額を認識して

いたかどうか、および敷引額が高額に過ぎないかということが検討されています。同条後段要件の該当性の判断においては、消費者と事業者間の情報の質および量並びに交渉力の格差の存在が前提とされなければなりません（消費者契約法1条）。情報・交渉力に劣位にある賃借人に対して、金額を定めた条項が明確に記載されているだけで賃借人に不利益はないと評価することは、この格差の存在を十分に考慮したものとはいえないでしょう。また、高額に過ぎるか否かの判断においても、7月判決では100万円のうち60万円が敷引金として控除されたうえに原状回復費用も賃借人が負担していることから、高額に過ぎるとした反対意見も傾聴できるものです。

(D) 更新料返還請求事件判決

裁判例⑪　最判平成23・7・15（判時2135号38頁、判タ1361号89頁）

(a) 当事者

上告人　　X（第1審被告、賃貸人）

被上告人　Y（第1審原告、賃借人）

(b) 事　案

Yは、平成15年4月1日、Xから共同住宅の1室を平成16年3月31日まで、賃料1カ月3万8000円、1年ごとの更新時の更新料を賃料の2カ月分とする約定で賃借しました。Yは、平成16年から平成18年まで、3回にわたり、Xと本件賃貸借契約の1年間の更新合意をして、そのつど更新料7万6000円を支払いました。

Yは本件更新料条項が消費者契約法10条により無効であるとして、支払済みの更新料の返還を求めて提訴しました。第1審および原審は、本件更新料条項は同条により無効となると判示し、Xが上告受理申立てをしました。

(c) 争　点

① 建物賃貸借契約における更新料の法的性質。

② 本件更新料条項は、任意規定の適用による場合に比べて、消費者の権利を制限または義務を加重するか（消費者契約法10条前段要件）。

③ 本件更新料条項は、信義則（民法1条2項）に反して消費者の利益を一方的に害するものか（消費者契約法10条後段要件）。

(d) 判　決

「更新料は、賃料と共に賃貸人の事業の収益の一部を構成するのが通常であり、その支払により賃借人は円満に物件の使用を継続することができるこ

とからすると、更新料は、一般に、賃料の補充ないし前払、賃貸借契約を継続するための対価等の趣旨を含む複合的な性質を有するものと解するのが相当である」。

消費者契約法10条前段にいう「任意規定には、明文の規定のみならず、一般的な法理等も含まれると解するのが相当である。そして、賃貸借契約は、賃貸人が物件を賃借人に使用させることを約し、賃借人がこれに対して賃料を支払うことを約することによって効力を生ずる（民法601条）のであるから、更新料条項は、一般的には賃貸借契約の要素を構成しない債務を特約により賃借人に負わせるという意味において、任意規定の適用による場合に比し、消費者である賃借人の義務を加重するものに当たるというべきである」。

「更新料が、一般に、賃料の補充ないし前払、賃貸借契約を継続するための対価等の趣旨を含む複合的な性質を有すること」から、「更新料の支払にはおよそ経済的合理性がないなどということはできない」。

「一定の地域において、……更新料の支払をする例が少なからず存すること……、従前、裁判上の和解手続等においても、更新料条項は公序良俗に反するなどとして、これを当然に無効とする取扱いがされてこなかったこと……からすると、更新料条項が賃貸借契約書に一義的かつ具体的に記載され、賃借人と賃貸人との間に更新料の支払に関する明確な合意が成立している場合に、賃借人と賃貸人との間に、更新料条項に関する情報の質及び量並びに交渉力について、看過し得ないほどの格差が存するとみることもできない。

そうすると、賃貸借契約書に一義的かつ具体的に記載された更新料条項は、更新料の額が賃料の額、賃貸借契約が更新される期間等に照らし高額に過ぎるなどの特段の事情がない限り、消費者契約法10条にいう『民法第1条第2項に規定する基本原則に反して消費者の利益を一方的に害するもの』には当たらないと解するのが相当である」。

「これを本件についてみると……特段の事情が存するとはいえず、これを消費者契約法10条により無効とすることはできない」。

(E) 解 説

本判決は、消費者契約法10条前段にいう任意規定が明文の規定に限られるか否かについて、明文規定に限らず一般的な法理等も含まれると結論づけました。更新料条項の同条該当性においては、その特約がない場合と比べて消費者の権利の制限または義務の加重があるかがまず検討されるべきであり、

妥当な結論です。

　他方、下級審では、更新料条項の法的性質とされている①賃料の補充、②更新拒絶権放棄の対価、③賃借権強化の対価の各性質が、合理性を有するかどうかが詳細に議論されてきたにもかかわらず、本判決では「複合的な性質を有する」との結論を述べるだけでその理由は不明であり、原審の判断を覆した説得性に欠けています。

　また、本判決は、消費者契約法10条後段要件については、①更新料の支払いに経済的合理性がないとはいえないこと、②一定の地域で例が少なからずあること、③従前、裁判所が無効とする取扱いをしてこなかったこと、④更新料条項が一義的かつ具体的に記載されていることをあげて、賃借人と賃貸人に看過し得ないほどの格差はないとしています。しかし、①については、更新料条項の法的性質について説得力ある理由を示していないし、②については、消費者契約法10条で検討する条項は実際に使用されている条項が対象となるのであって、例が少なからずあることをもって無効とならない理由とすることは、現状維持を肯定するものであり、同条の存在意義を後退させるものです。③については、消費者契約法制定以前の民法において無効と判断されなかったことを理由とするものであり、民法では不十分であった消費者契約における条項の適正化に、信義則を基準として司法が積極的に判断していくという消費者契約法制定の意義を後退させるものです。④については、一義的かつ具体的に記載してあるからといって、当該条項について情報・交渉力をもっており格差がないとは言い切れず、本件の具体的事案における検討がされるべきですが、これがされていないという問題点があります。

（野々山　宏）

〈**参考文献**〉

　島川勝「敷金・更新料についての最近の最高裁判決と消費者契約法10条」法時84巻 2 号107頁

第5章　消費者団体訴訟制度

1　概　説

（1）　消費者契約法改正による創設

団体訴訟制度は、一定の要件を満たした団体に、不当な行為の差止めや損害賠償などの請求訴訟をする権利（訴権）を付与し、集団的な利益のために、その団体が当事者となって訴訟をすることを認める制度です。日本では、平成18年に消費者契約法が改正されて、適格性を有する消費者団体に事業者の不当な勧誘行為や不当な契約条項の使用を差し止める実体法上の請求権を付与する制度が、まず創設されました。契約当事者間の民事ルールを定めるだけでは、同種の被害が多数生じる消費者紛争・被害の予防・拡大防止に十分ではないことから、加害行為の差止権限を消費者全体の利益のために活動していると認定された適格消費者団体に付与したのです。

創設された制度は、①訴権の主体を、内閣総理大臣の認定を受けた適格消費者団体とし（消費者契約法2条4項・13条）、②訴権の内容を、行為の停止・予防に必要な措置をとることを求める差止請求とし（同法12条）、③差止めの対象は、事業者等による、ⓐ不特定かつ多数の消費者に対する、ⓑ消費者契約法4条各項規定の不当勧誘行為あるいは同法8条〜10条規定の不当契約条項を含む契約締結行為が、ⓒ現に行われ、または行われるおそれがある場合（同法12条）です。

適格消費者団体では、①会員や会員外の消費者から寄せられた情報、被害110番（電話相談）の実施、行政公表の案件から被害事例を収集し、その中から取り組む案件を決定し、②会員などで構成される検討グループを選出して案件の事実関係の調査や法的問題点を検討し、③法的に問題であることが明確となれば、当該事業者への問題点の指摘と契約書等の変更などを求める申入書を作成し、理事会等で検討のうえでこれを当該事業者に送付し、④申入書を受領した事業者は内容を検討して、適格消費者団体に回答し、⑤適格消費者団体と事業者の法務担当者との間で内容の議論を実施し、⑥改善がなされればそれで終了しますが、事業者が改善を拒否したり、不十分であった

りした場合には差止訴訟が提起されることになります。適格消費者団は全国
で認定されています（消費者庁ウェブサイトで確認できます）。

(2) 景品表示法・特定商取引法、食品表示法への拡大

　平成20年に景品表示法、特定商取引法が改正されて、差止請求の対象が、
①景品表示法30条で定める優良誤認表示、有利誤認表示、②特定商取引法58
条の18〜58条の24に定める不当勧誘行為（不実告知、故意の不告知、契約時や
クーリング・オフ権利行使時の威迫困惑行為、不実・誤認広告など）や不当条項
（クーリング・オフをできなくする条項、解約に関する規定に反する条項など）に
よる契約行為に、平成25年に食品表示法が改正されて原材料や添加物など重
要な事項の著しく事実に相違する表示にも拡大されています。消費者契約法
の改正によって不当勧誘や不当条項が増えることによっても差止請求の対象
は拡大しています。

　消費者団体訴訟度の創設は、市場における消費者の権利を具体化し、消費
者団体の役割を実効化したといえるもので、事業者が、監督官庁である行政
機関だけでなく、消費者や消費者団体の意見にも耳を傾ける消費者指向の姿
勢を強化する契機となっています。これにより、公正な消費者取引のあり方
を、消費者団体、事業者・事業者団体、行政機関が協議しながら実現してい
く関係が生まれています。

(3) 集団的消費者被害回復制度

　平成25年に創設され、平成28年から施行されている集団的消費者被害回復
制度についての詳細は、第6章を参照してください。

2　裁判例

　制度の創設以降、適格消費者団体による訴訟外および訴訟による数多くの
差止請求がなされ、契約条項の公正化が実現しています。

　適格消費者団体による差止請求訴訟の全事件の判決概要は、消費者庁ウェ
ブサイトで情報提供されています（消費者契約法39条）。

(1) 冠婚葬祭互助会等の解約金条項使用差止請求事件判決

　裁判例⑫　京都地判平成23・12・13（判時2140号42頁）

(A) 当事者

原告　X（消費者契約法13条に基づき内閣総理大臣の認定を受けた適格消費者
　　　団体）

被告　Y₁（冠婚葬祭の相互扶助や儀式設備の提供等を業とする株式会社）

Y₂（旅行業や相互扶助的冠婚葬祭の儀式施行に関する募集業務等を業とする株式会社）

(B) 事　案

適格消費者団体であるＸが、冠婚葬祭の相互扶助や儀式設備の提供等を業とするY₁および旅行業等を業とするY₂に対し、①Y₁およびY₂が消費者から、代金の分割払いを受けている互助契約または積立契約において、それぞれ契約解約時に支払済金額から「所定の手数料」などの名目で解約金を差し引くとの条項（以下、「解約金条項」といいます）を設けていることに関し、同条項は消費者契約法9条1号または同法10条に該当するものであり、消費者に対し解約金を差し引くことを内容とする意思表示を行わないこと、②上記①が記載された契約書雛形が印刷された契約書を破棄すること、③従業員らに対し、①の意思表示を行うための事務を行わないことおよび②の契約書の破棄を指示することを求めたものです。

(C) 争　点

① 消費者契約法9条1号の「平均的損害」とは何か。

② 冠婚葬祭互助契約における「平均的損害」の算定方法。特に、会員募集費、会員管理費、物的設備準備費に相当する損害は平均的損害の算定において考慮されるべきか。

③ 業界の標準約款に準拠した条項は合理的と判断されるのか。

④ 旅行等に利用できる利用券を代金分割払方式により取得する積立契約における「平均的損害」の算定方法。特に、業務維持や販売促進のための費用については、平均的損害の算定において考慮されるべきか。

(D) 判　決

(a) Y₁についての判断

「消費者契約法9条1号にいう『平均的な損害』とは、契約の解除の事由、時期等により同一の区分に分類される複数の同種の契約の解除に伴い、当該事業者に生じる損害の額の平均値をいうと解される。

本件互助契約は、一人の消費者とY₁との間で締結される消費者契約であるから、同号にいう平均的な損害の解釈にあたっても、一人の消費者が本件互助契約を解約することによってY₁に生じる損害を検討する必要がある」。

「Y₁は、本件互助契約の締結により冠婚葬祭にかかる抽象的な役務提供義

務を負うものの、消費者から請求があってはじめて、当該消費者のために冠婚葬祭の施行に向けた具体的な施行準備を始めるものといえる」。

「Y₁の主たる収入源は、本件互助契約の月掛金総額ではなく、実際に葬儀が施行される際の追加代金によっていることが強く窺われる。そうすると、結局は本件互助契約の会員募集、会員管理、物的設備準備といった作業も、葬儀が施行される際の追加役務の注文獲得を主たる目的に行われる営業活動の一環と位置づけるのが合理的であるともいえる。

そうなると、Y₁解約手数料の定めも、将来の葬儀施行時の注文を減らさないようにするためにできるだけ解約を阻止しようとする目的で、割高に定められている可能性が窺えてくるところである」。

「本件互助契約締結時の支払を除き月掛金を1回支払う毎に一定の費用をY₁が負担するものと考えられ、……また、Y₁が会員から少額の月掛金を100回又は200回という多数回徴収していることからすれば〔筆者注：自動振替が通常の方法であると考えられ〕、……月掛金の徴収にY₁が通常要する費用は、平均すると1回当たり58円の振替費用であるとみることができる」。

「業界団体が作成した標準約款については、その内容が合理的である場合には平均的損害の算定にあたって考慮する余地もあるものの、……契約金額から解約手数料を算定するに至った根拠について具体的に明らかとなっていない上記標準約款をもって直ちに合理的な規定として考慮することはできない」。

「本件互助契約に関して消費者から冠婚葬祭の施行の請求があるまでにされた解約によって、月掛金を1回振替える毎にY₁が負担した振替費用（1回58円）をもってY₁に損害が生じているというべきであり、上記の限度で、解約手数料を定める解約金条項は、消費者契約法9条1号により無効である」。

したがって、「Y₁は、消費者との間で、冠婚葬祭の互助会契約を締結するに際し、消費者が冠婚葬祭の施行を請求するまでに解約する場合、解約時に支払済金額から『所定の手数料』などの名目で、58円に第1回目を除く払込の回数を掛けた金額を超える解約金を差し引いて消費者に対し返金する旨を内容とする意思表示を行ってはならない」。

あわせて、判決は、解約金条項が記載された契約書雛形が印刷された契約書を破棄すること、従業員らに対し必要な指示をすることも認容しました。

(b)　Y$_2$ についての判断

「本件積立契約は、……結局は旅行、交通、医療という一般的な役務の利用にすぎないといえる」。

「会員募集費、会員管理費のうち、訪問販売員に対して支払う基本給、会員管理用コンピュータ導入費、同維持管理費については、不特定多数の消費者との関係で Y$_2$ の業務維持及び販売促進のための費用であり、一人の消費者による契約の解約にかかわらず常に生じるものといえるため、平均的な損害には含まれない」。

「その他の費用については、当該一人の消費者が契約し、又は当該契約を解約することがなければ Y$_2$ が支出することがなかった費用といえるのであるから、平均的な損害に含まれうる。しかしながら、Y$_2$ は上記費用の算定につき、損益計算書記載の額を Y$_2$ の１年間の入会総本数で割る算定方法を採っており、契約締結に至らなかった者の数が想定できない以上、この算定方法をもって会員募集費及び会員管理費を認定することはできない」。

本件積立契約においては、事務手数料が Y$_2$ に支払われており、外交員の集金手当、振替費用等は上記事務手数料をもってまかなわれているとみるべきであり、「解約手数料を徴収するとする解約金条項は消費者契約法９条１号により無効である」。

「したがって、Y$_2$ は、消費者との間で、利用券取得加入申込契約を締結するに際し、解約時に支払済金額から『所定の手数料』などの名目で解約金を差し引いて消費者に返金する旨を内容とする意思表示を行ってはならない」。

あわせて、判決は、解約金条項が記載された契約書雛形が印刷された契約書を破棄すること、従業員らに対し必要な指示をすることも認容した。

(E)　解　説

消費者契約法９条１号に定められた、解除に伴う損害賠償の予定条項の効力の基準となる「平均的損害」は、抽象的には、本判決でも述べているように、契約の解除の事由・時期等により同一の区分に分類される複数の同種の契約の解除に伴い、当該事業者に生じる損害の額の平均値であるといえますが、実際の当該事業者における具体的な算定は困難な判断であり、考え方はまだ定まっているとは言い難いところです。本判決以後に、携帯電話の通信サービス契約の契約期間中の解除に伴う解約料条項に関して、いずれも京都地方裁判所において、３社に対して差止訴訟が提起されましたが、ほとんど

同一の解約料条項にかかわらず、裁判所の判断は3者3様でした（京都地判平成24・3・28〔判時2150号60頁〕、同平成24・7・19〔判時2158号95頁〕、同平成24・11・20〔判時2169号68頁〕）。

　金銭請求を行う個別訴訟では、解約料を支払った当該当事者をもとに平均的損害を具体的に判断することが可能ですが、差止請求では、その解約条項が適用される消費者契約全体に関して当該事業者に生ずべき平均的損害を算定しなくてはならないことから、算定が抽象的にならざるを得ず、さまざまな考え方が生じることとなります。

　本判決では、Y_1は、消費者から請求があって初めて、当該消費者のために冠婚葬祭の施行に向けた具体的な施行準備を始めるものと捉え、冠婚葬祭をいまだ施行していない1人の消費者が解約することによってY_1に生じる損害を検討するとしています。このことから、当該消費者の解約があってもなくても他の会員等のために実施しなくてはならない会員募集費・会員管理費・葬祭用の物的設備準備費は、葬祭等が未施行段階の解約における平均的損害にはあたらないこととなります。消費者にとっては、その解約によって直接因果関係のある事業者の損害については負担する必要がありますが、解約自体から直接生じない事業者の損害まで負担する必要はなく、本判決の判断は首肯できます。

　本判決は、さらに当該事業の利益構造を分析して、Y_1の主たる収入源は、本件互助契約の月掛金総額ではなく、実際に葬儀が施行される際の追加代金によっていることが強くうかがわれるとして、会員募集費・会員管理費・物的設備準備費が、月掛金の支払いを中心とする互助契約の解約によって無駄とはならないことを明らかにしています。このように、差止請求における平均的損害の判断には、当該事業全体の分析が不可欠となります。

　なお、本判決は、標準約款に準拠していることだけでは、当該条項が合理的であるとは直ちにはいえず、標準約款がどのような根拠で解約料を算定したのかを明らかにすることが必要であることを明確にしており、評価できます。

　本判決は、控訴審（大阪高判平成25・1・25〔判時2187号30頁〕）で、ニュース発行料など一部が平均的損害に含まれるとされたものの基本的に維持され、上告も不受理とされました（最決平成27・1・20〔判例集未登載〕）。

(2) 健康食品チラシ配布差止請求事件判決

裁判例⑬ 最判平成29・1・24（民集71巻1号1頁、判時2332号16頁）

(A) 当事者

上告人（第1審原告）　　Y（消費者契約法13条に基づき内閣総理大臣の認定を
　　　　　　　　　　　　　　受けた適格消費者団体）

被上告人（第1審被告）　X（健康食品の小売り販売業を営む株式会社）

(B) 事　案

Xが、Yに対し、Yが自己の商品の原料には免疫力を整え細胞の働きを活発にするなどの効用がある旨の記載や、摂取することにより高血圧、腰痛、糖尿病等のさまざまな疾病が快復した旨の体験談などの記載をした新聞折込チラシ（以下、「本件チラシ」といいます）を配布することが、消費者契約の締結について勧誘をするに際し消費者契約法4条1項1号に規定する不実告知を行うこと、あるいは景品表示法10条1号（現30条1号）の優良誤認表示にあたるとして、Yが自らまたは第三者に委託するなどして新聞折込チラシに上記の記載をすることの差止め等を求めました。第1審はXの主張を認め、チラシの配布を差し止める判決をしました（京都地判平成27・1・21〔判時2267号83頁〕）。その後、Yは本件チラシの配布をやめ、上記効用や体験談の記載のないチラシを配布し、今後は本件チラシを一切行わないことを明言する一方で、訴訟では本件チラシの消費者契約法、景品表示法の該当性については争っていました。控訴審は、Yのかかる対応によってYが消費者契約法12条1項および2項にいう本件チラシを配布する「おそれ」があるとはいえないし、また、消費者契約法12条1項および2項にいう「勧誘」には不特定多数の消費者に向けて行う働きかけは含まれないところ、本件チラシの配布は新聞を購読する不特定多数の消費者に向けて行う働きかけであるから上記の「勧誘」にあたるとは認められないと判断して、Xの請求を棄却したため（大阪高判平成28・2・25〔判時2296号81頁〕）、Xは上告しました。

(C) 争　点

① 本件チラシの配布が消費者契約法12条1項および2項にいう「勧誘」にあたるか。

② 本件チラシ配布を事実上やめるなど上記事実関係があっても、訴訟では適法性を争っている場合には、消費者契約法12条1項および2項にいう「現に行い又は行うおそれがある」といえるのか。

(D) 判　決

(a) 本件チラシの配布が消費者契約法12条1項および2項にいう「勧誘」にあたるか

「〔筆者注：消費者契約〕法は、消費者と事業者との間の情報の質及び量並びに交渉力の格差に鑑み、消費者の利益の擁護を図ること等を目的として（1条）、事業者等が消費者契約の締結について勧誘をするに際し、重要事項について事実と異なることを告げるなど消費者の意思形成に不当な影響を与える一定の行為をしたことにより、消費者が誤認するなどして消費者契約の申込み又は承諾の意思表示をした場合には、当該消費者はこれを取り消すことができることとしている（4条1項から3項まで、5条）。そして、法は、消費者の被害の発生又は拡大を防止するため、事業者等が消費者契約の締結について勧誘をするに際し、上記行為を現に行い又は行うおそれがあるなどの一定の要件を満たす場合には、適格消費者団体が事業者等に対し上記行為の差止め等を求めることができることとしている（12条1項及び2項）」。

「上記各規定にいう『勧誘』について法に定義規定は置かれていないところ、例えば、事業者が、その記載内容全体から判断して消費者が当該事業者の商品等の内容や取引条件その他これらの取引に関する事項を具体的に認識し得るような新聞広告により不特定多数の消費者に向けて働きかけを行うときは、当該働きかけが個別の消費者の意思形成に直接影響を与えることもあり得るから、事業者等が不特定多数の消費者に向けて働きかけを行う場合を上記各規定にいう『勧誘』に当たらないとしてその適用対象から一律に除外することは、上記の法の趣旨目的に照らし相当とはいい難い」。

「したがって、事業者等による働きかけが不特定多数の消費者に向けられたものであったとしても、そのことから直ちにその働きかけが法12条1項及び2項にいう「勧誘」に当たらないということはできないというべきである。
5　以上によれば、本件チラシの配布が不特定多数の消費者に向けて行う働きかけであることを理由に法12条1項及び2項にいう『勧誘』に当たるとは認められないとした原審の判断には、法令の解釈適用を誤った違法がある」。

(b) Yは本件チラシ配布を事実上やめるなどしたが、訴訟では適法性を争っている場合には、「現に行い又は行うおそれがある」といえるのか

「前記事実関係等によれば、本件チラシの配布について上記各項にいう『現に行い又は行うおそれがある』ということはできない」。

⒠ 解　説

　消費者契約法の立法担当者の消費者契約法の解説では、従来同法４条にいう「勧誘」とは、「消費者の契約締結の意思の形成に影響を与える程度の勧め方」をいうとされ、広告の表示、チラシ配布、備え付けパンフレットなど不特定多数向けの、特定の消費者に働きかけて個別の契約形成に直接影響を与えているとは考えられない場合には「勧誘」にあたらないと説明されていました。これに対して、学説や実務家からは反対の解釈が主張されていたところ、本判決は事業者等が不特定多数の消費者に向けて働きかけを行う場合を消費者契約法にいう「勧誘」にあたらないとしてその適用対象から一律に除外することは、同法の趣旨目的に照らし相当とはいえないとして、これらも「勧誘」にあたりうることを明確にしました。同法４条の解釈の論点に決着をつけたこと、また、インターネットによる消費者契約が増加していることからも、消費者契約の勧誘の適正化にとって本判決の影響は大きいといえます。また、適格消費者団体が同法の解釈に大きな影響を与える判決を得たこともその存在意義を高める結果となりました。

　本判決は、いかなる不特定多数向けの働きかけが個別の消費者の意思形成に直接影響を与えることになるかについて明確な基準をあげてはいませんが、「その記載内容全体から判断して消費者が当該事業者の商品等の内容や取引条件その他これらの取引に関する事項を具体的に認識し得るような新聞広告により不特定多数の消費者に向けて働きかけを行うとき」との例をあげて、「当該働きかけが個別の消費者の意思形成に直接影響を与えることもあり得る」としているとして、１つの適用される例を示しています。今後は、本判決の射程範囲が問題となってきます。

　個別の消費者の意思形成に直接影響を与える表示等か否かを判断する際に基準となる消費者は、一般的平均的な消費者とするのが原則ですが、特に高齢者など限定した属性の消費者を販売対象とする場合には、当該属性の一般的平均的な消費者が基準になると考えられます。記載内容については、商品等の内容や取引条件その他これらの取引に関する事項を具体的に認識しうるような記載、すなわち商品や役務などの内容、その品質、価格など取引条件の基本事項が記載されていれば、全体から判断して消費者が当該事業者の勧誘する契約の目的、取引条件を認識することができるので、個別の消費者の意思形成に直接影響を与えることになると考えられます。テレビ広告によく

見られるイメージ広告はこれにあたらない場合が多いと考えられ、折込チラシやインターネット広告の多くはこれにあたる可能性が高いと考えられます。ただし、媒体やイメージ広告など広告種別で一律に判断されるのではなく、各媒体の記載内容全体から当該働きかけが個別の消費者の意思形成に直接影響を与えているか否かを総合判断することになります。今後の裁判例や実務の蓄積が重要となります。

（野々山　宏）

〈**参考文献**〉

　消費者庁ウェブサイト（消費者契約法逐条解説）、消費者庁消費者制度課編『逐条解説　消費者契約法〔第3版〕』（商事法務、2018年）113頁・278頁、日本弁護士連合会消費者問題対策委員会編『コンメンタール消費者契約法〔第2版増補版〕』（商事法務、2015年）69頁・285頁、後藤巻則「不特定多数の消費者に向けられた事業者等による働きかけと消費者契約法12条1項および2項にいう『勧誘』（最判平29・1・24）」現代消費者法37号61頁。

第6章　集団的消費者被害回復制度

1　被害回復制度

　消費者団体訴訟制度として差止請求（第5章参照）がありますが、これまで消費者が受けた被害について、団体が被害を回復する制度はありませんでした。

　消費者団体による集団的消費者被害回復制度として、平成25年に消費者裁判手続特例法が成立しました。この法律によれば、消費者庁の認定を受けた消費者団体（特定適格消費者団体）は、集団的消費者被害回復訴訟を提起することができます。

　この訴訟制度は2段階の手続からなっています（〈図1〉参照）。

　第1段階は、特定適格消費者団体が被害を受けた消費者に代わり、事業者に対し、損害賠償義務を負うことの確認を求める訴訟を提起します。これを共通義務確認訴訟手続といいます。第1段階において、被告（事業者）に対して共通義務確認の判決があり、判決が確定すると（あるいは請求の認諾、和解が成立する場合もあります）第2段階に移行します。第2段階では、被害を受けた消費者の債権を確定する手続がなされます。これを簡易確定手続といいます。

　第2段階では、判決の内容を特定適格消費者団体が消費者に通知し公告します（消費者裁判手続特例法25条）。被告も判決を公表し（同法27条）、第1段階の判決によって被害回復を受けうる対象消費者の情報を開示します（同法28条）。

　被害を受けた消費者は、特定適格消費者団体に債権届出を授権することができ、その場合、特定適格消費者団体が債権届出をします（消費者裁判手続特例法30条）。被告がこの債権を認めると債権が確定し、被害回復金が特定適格消費者団体に交付され、当該金額から特定適格消費者団体が要した費用、報酬を差し引いた金額が消費者に交付されます。

　被告が簡易確定手続で届出債権額を争うと、裁判所は簡易確定決定をし、債権額が確定します。この裁判は口頭弁論を経ないですることができます

(消費者裁判手続特例法13条)。特定適格消費者団体あるいは事業者は、この決定に対し異議の申立てができます(同法46条)。破産手続における債権確定手続に似た制度です。債権額が確定されると、事業者から特定適格消費者団体を通じて消費者に対し賠償金が支払われます。

　第1段階の共通義務確認判決の効力は、第2段階で消費者が債権届出をしてこの制度を利用する意思を表示することを前提としています。いわゆるオプトイン方式です。

　オプトインをしない(制度利用の意思を表示しない)消費者は、判決の効力を受けることなく(既判力が及ばない)、別に訴訟を提起することもできることになります。

　アメリカで行われている「クラスアクション」は、クラス(被害などが共

〈図1〉　2段階型訴訟制度

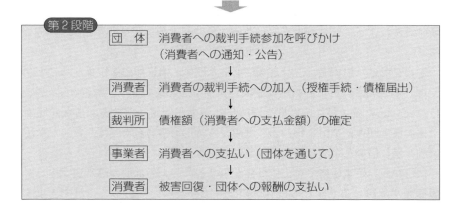

通する集団）に対する判決の効力を受けない意思表示を消費者がしない限り、その効力を受けるもので、いわゆるオプトアウト方式です。消費者裁判手続特例法はアメリカのクラスアクションとも異なる制度です。

フランスでの「グループ訴権」も日本と同様の2段階型で、かつオプトイン方式であり、平成26年に法案が可決され施行されています。日本のように3年の期間をおかずに法案成立とともに施行されています。

2 法の適用要件

共通義務確認訴訟の訴えを提起できるのは、事業者が消費者に対して負う金銭支払義務であって、消費者契約に関する債務の履行請求、不当利得、債務不履行、瑕疵担保責任、不法行為に基づく各請求です（消費者裁判手続特例法3条1項）。

ただし、前記金銭支払義務で除外されるのは、①財産や役務の提供で目的物や役務以外の財産が滅失し、損傷した場合の損害（消費者裁判手続特例法3条2項1号・3号。いわゆる拡大損害）、②物や役務の提供で目的となるものが提供されれば得られるはずであった利益の喪失（同項2号・4号。いわゆる逸失利益）、③生命・身体損害（同項5号）、④精神上の苦痛を受けたことによる損害（同項6号。慰謝料）です。

また、共通義務確認訴訟においては、訴訟要件として、Ⓐ「相当多数に生じた財産的被害」であること（多数性）、Ⓑ「消費者の財産的被害について、事業者が、これらの消費者に対して、消費者に共通する事実事実上及び法律上の原因に基づき金銭支払義務を負う」ものであることが必要です（共通性。消費者裁判手続特例法2条4号）。

さらに、裁判所において、「共通義務確認の訴えにかかる請求を認容する判決をしたとしても、事案の性質、当該判決を前提とする簡易確定手続きにおいて予想される主張及び立証の内容その他の事情を考慮し、簡易確定手続きにおいて対象債権の存否及び内容を適切かつ迅速に判断することが困難である」と判断するときには、共通義務確認の訴えの全部または一部を却下することができます（支配性。消費者裁判手続特例法3条4項）。

3 法施行前の事案

消費者裁判手続特例法附則2条は、同法の経過措置として、法律施行前に

締結された消費者契約に関する請求に関する金銭の支払義務には適用しないとしています。

　平成28年10月１日が施行日ですので、施行日前に締結された消費者契約は消費者裁判手続特例法による消費者被害の救済から取り残されることになります。

　そこで、消費者裁判手続特例法附則６条では、政府は、国民生活センター法の重要消費者紛争解決手続等の裁判外紛争解決手続の利用の促進その他の必要な措置を講ずるものとするとしています。したがって、施行前の事案について、国民生活センターでの紛争解決手続によることができることになります。

4　法施行後の課題

　平成28年10月に消費者裁判手続特例法が施行されてから令和元年７月末日現在まで訴訟提起は２件ですが、訴訟提起に至る前の特定適格消費者団体から事業者への申入れ等により、被害回復が図られている事案もあります。

　今日までのところ、訴訟案件が少ないのは、法制定前から指摘されていたように損害賠償の範囲が極めて限定されたものであること、債権確定手続が煩雑であること、債権者への通知・公告等の手続費用が特定適格消費者団体の負担となっており、被害者多数の場合には経済的負担が大であり、団体を維持できなくなるおそれがあること等の原因があります。

(1)　適用範囲の限定

　消費者裁判手続特例法により、損害の内容として拡大損害、逸失利益や慰謝料請求ができないこと、法施行前事案の請求が除外されているなど、適用要件が極めて限定されています。

　また、訴訟の相手方を事業者に限定しているので、法人の代表者や実質的な代表者である個人に対して訴訟提起ができなく、消費者に対する詐欺事件等についての真の救済ができません。

(2)　費用の団体負担

　消費者裁判手続特例法による制度を維持するには、共通義務確認訴訟の訴訟費用、弁護士費用、簡易確定手続申立費用、対象債権者への通知・公告費用、対象債権者への説明や授権契約を締結するまでの費用等が必要になります。

これらの費用負担については、この制度を通じて債権確定、事業者からの損害額の支払いがあれば、あらかじめ締結された特定適格消費者団体と消費者との契約に基づいて損害金から差し引くことで支払いを受けることができます。しかし、訴訟手続中は、特定適格消費者団体の負担で進めなければなりません。

その費用の負担が大きく、仮に1万人の消費者被害者がいるとすれば、通知の郵送費用だけでも数百万円となります（町村泰貴「集団的消費者被害回復裁判手続のコスト負担のあり方」現代消費者法40号21頁）。

少額、多数の消費者の被害回復については、特定適格消費者団体の財政規模が弱いので、団体そのものの存続が危うくなる懸念があり、提訴をためらう原因ともなっています。日本と同時期に法律が制定されたフランスのグループ訴訟では、通知・公告費用は事業者負担となっており、第2段階目の手続も事業者の負担でなされるので、訴訟提起についての負担は少ないという違いがあります。

5 適用事案

消費者裁判手続特例法による認定を受けている特定適格消費者団体は、現在のところ、①特定非営利活動法人消費者機構日本（COJ）、②特定非営利活動法人消費者支援機構関西（KC's）、③特定非営利活動法人埼玉消費者被害をなくす会の3消費者団体です。3団体はそれぞれにおいて被害情報を集め、対象事案とするか否かを検討しています。

令和元年7月末日までの訴訟提起は2件ですが、訴訟提起に至る前に訴訟を前提として事業者に被害回復の申入れをしている事例があります。

以下では、特定適格消費者団体の活動のうち、訴訟提起した事案と、訴訟提起前の段階で特定適格消費者団体より事業者へなされた申入れ活動により被害回復された事案について紹介します。

(1) 訴訟提起した事例

消費者機構日本は、学校法人東京医科大学に対し、平成30年12月17日、入学検定料等の返還を求める共通義務確認訴訟を東京地方裁判所に提起しました。同大学が入学試験の判定において、女性や浪人生に不利となる採点を行ったことによる損害賠償を求めるものです。

この訴訟によって被害回復をめざす消費者は、平成29年度、同30年度の被

告医学部医学科の一般入学試験およびセンター試験利用入学試験の志願者であって、女性、浪人生または高等学校等コード51000以上の志願者（大検合格者、外国の学校の卒業者、国際バカロレア資格取得者、大学において個別に入学資格審査により高等学校を卒業した者と同等以上の学力があると認めた者、在外教育施設の卒業生などが含まれる）で、二次試験において合格の認定を受けなかった者です。

　請求の内容は、平成29年度、同30年度の対象受験生が要した入学検定料、受験票送料、送金手数料、郵便料、受験に要した旅費、宿泊費および対象消費者が特定適格消費者団体に支払うべき報酬および費用相当額についての損害賠償請求などです。

　請求の原因として、①被告は入学試験を公平かつ妥当な方法で行う義務があり、②教育を受ける権利は憲法上平等であること、③被告は、入学試験の採点において、平成29年度は小論文の採点を0.833倍して、現役男性には5点加点したが、女性、男性3浪以上および高等学校等コード51000番以上の者には加算せず得点調整し、同30年度は、小論文の点数を0.8倍し、現役、1浪、2浪の男性については10点を加点したこと、一方、3浪の男性は5点加点し、女性、4浪以上の男性および高等学校等コード51000点以上の者には加点しない得点調整を行ったということが主張されました。これらの得点調整は、大学設置基準が公正かつ妥当な選抜を求めていることからすれば、公正妥当とはいえず、裁量を逸脱する行為であり不法行為にあたります。また、大学入学試験契約に特定の定めがなくとも大学設置基準は最低限の基準ですから、基準を満たしていることが契約の内容になっているというべきですので、これに違反することは入学試験契約の債務不履行といえます。

　消費者裁判手続特例法を適用するための要件である多数性は、女性受験者の数から満たしています。

　支配性の要件については、得点調整により不利になる属性は明らかであり、かつ得点調整した者については被告において把握しています。

　損害についても入学検定料、受験票送料、出願書類郵送料は一律です。送金手数料、宿泊費および対象消費者が特定適格消費者団体に支払うべき報酬および費用は書面により容易に確定でき、要件をいずれも満たしています。

　裁判は東京地方裁判所に係属しており、平成31年2月15日に第1回目の口頭弁論が開かれました。

⑵　訴え提起前の被害回復事例

　訴え提起前に団体から事業者に対する質問や要請によって、実質的に被害回復するこが実現できるケースもあります。消費者支援機構関西の事例です。

　消費者庁は、平成29年11月7日、葛の花イソフラボンを機能性関与成分とする機能性表示食品を販売していた16社に対し、景品表示法に違反する優良誤認表示を行っていたとして措置命令をなし、9社に対しては課徴金納付命令を出しました。商品名は「葛の花イソフラボン」、「葛の花減脂粒」、「青汁ダイエットン」などさまざまです。表示の例は、脂肪の肉がはみ出してズボンのウエストのボタンとファスナーが閉まらない写真とともに、「葛の花イソフラボンならもう失敗は繰り返さない」、「体重やお腹の脂肪を減らす」、「飲むだけで痩せる」等、対象商品を摂取するだけで、誰でも容易に内臓脂肪（および皮下脂肪）の減少による、外見上、身体の変化を認識できるまでの腹部の痩身効果が得られるかのような表示をしていました。

　消費者庁は、景品表示法7条2項に基づき、16社に対し、それぞれ当該表示の裏づけとなる資料の提出を求めたところ、16社から資料が提出されました。しかし、当該資料にはいずれも、表示についての裏づけとなるような合理的な根拠を示すものとは認められませんでした。

　消費者支援機構関西は、このような販売は、消費者契約法4条1項1号にいう「不実告知」に該当し、誤認して購入した消費者は契約の取消しができるとして、対象事業者に対し購入代金の消費者への返金を求めました。

　具体的には、事業者に対し、①誤認して商品を購入した場合は、すでに消費した分も含めて返金を求めることができる旨を消費者に対して個別に通知すること、また、それと同時に、事業者から消費者に対し、負担の少ない返金方法を提供すること、②消費者支援機構関西に対し返金等実施方法を定期的に報告することを求めました。

　その結果、平成30年12月31日現在、1万6297名の購入者に返金がなされたとの報告があります。この例は、訴訟提起には至らないものの、多数の消費者被害が実質的に回復されたものといえます。

（島川　勝）

第7章 約款と民法、消費者法

1 「約款」に適用される民事ルール

(1) 「約款」に関する包括的な民事ルールの不存在

　現代社会では、電車に乗る、携帯電話を使う等の日常生活の多くの場面で事業者が作成した「約款」に基づく取引が広く行われています。そこでの「約款」とは、「多数の契約に用いるためにあらかじめ定式化された契約条項の総体」等と定義されています。

　しかし、契約の拘束力は当事者の合意にその根拠があるというのが民法の原則的な考え方であるところ、「約款」を使用した取引では個々の契約条項に関する契約当事者間の個別交渉は予定されておらず、相手方が約款条項の内容を認識していないことも少なくありません。また、事業者が一方的に作成する「約款」は、事業者に一方的に有利な契約内容になっていることもあります。そのような事情から、「約款」については、当事者間で法的拘束力の存否・範囲が問題となり得ます。

　ところが、従来の民法には、「約款」に関する包括的な民事ルールを定めた規定は存在しませんでした。また、特別法においても、消費者契約法や特定商取引法の不当条項規制が「約款」にも適用されうる点を除いては、約款に関する民事ルールを定めた規定は存在しませんでした。

　そこで、「約款」をめぐる問題事例については、実務上、信義則、公序良俗、契約の合理的解釈等の手法によって、個別事案ごとに手続の適正化や契約内容の適正化（個別救済）が図られてきています。

(2) 「約款」に関する裁判例

(A) 約款の組入れに関する裁判例

　事業者が一方的に定めた「約款」がいかなる根拠や要件のもとで契約内容になりうるのかという問題（いわゆる約款の組入れ問題）については、下記のような判例などが存在します。

　裁判例⑭ 大判大正4・12・24（民録21輯2182頁）

　火災保険について、保険加入者は反証のない限り約款の内容による意思で

契約をしたものと推定すべきであるとした。

裁判例⑮ 札幌地判昭和54・3・30（判時941号111頁）

自動車保険の約款中に、満26歳以上の者が運転し事故が惹起された場合のみ保険会社が損害保険金を負担するという特約が付されていた事案で、この特約の存在を明記した保険証券を契約締結後に保険契約者に送付したのみで、保険契約者と保険会社の間の契約内容にこの特約が含まれていると解することは相当でないとした。

(B) 不意打ち条項に関する裁判例

約款取引の相手方が約款に含まれていることを合理的に予測することができないような約款条項（いわゆる不意打ち条項。典型例は「ある商品を購入したら約款において継続的なメンテナンス費用の支払いを要するといった思いがけない規定が定められていた」といった事例）の法的拘束力は否定されるべきではないかという問題（いわゆる不意打ち条項の問題）については、下記のような判例などが存在します。

裁判例⑯ 最判平成17・12・16（判時1921号61頁）

賃借建物の通常損耗について賃借人に原状回復義務を負わせる契約条項につき、「建物の賃借人にその賃貸借において生ずる通常損耗についての原状回復義務を負わせるのは、賃借人に予期しない特別の負担を課すことになるから、賃借人に同義務が認められるためには、少なくとも、賃借人が補修費用を負担することになる通常損耗の範囲が賃貸借契約書の条項自体に具体的に明記されているか、仮に賃貸借契約書では明らかでない場合には、賃貸人が口頭により説明し、賃借人がその旨を明確に認識し、それを合意の内容としたものと認められるなど、その旨の特約（以下「通常損耗補修特約」という。）が明確に合意されていることが必要であると解するのが相当である」。

「本件についてみると……通常損耗補修特約の成立が認められるために必要なその内容を具体的に明記した条項はないといわざるを得ない。被上告人は、本件契約を締結する前に、本件共同住宅の入居説明会を行っているが、……上記説明会においても、通常損耗補修特約の内容を明らかにする説明はなかったといわざるを得ない。そうすると、上告人は、本件契約を締結するに当たり、通常損耗補修特約を認識し、これを合意の内容としたものということはできないから、本件契約において通常損耗補修特約の合意が成立しているということはできないというべきである」。

第7章　約款と民法、消費者法

(C)　不当条項に関する裁判例

　民法等の原則的な権利義務関係に比較して約款取引の相手方に著しく不利益な内容の約款条項（いわゆる不当条項。典型例は「いかなる場合でも解約や返品には応じない」、「もし解約する場合には過大な違約金が発生する」、「いかなる場合も事業者は責任を負わない」といった契約条項）の法的拘束力は否定されるべきではないかという問題（いわゆる不当条項問題）については、下記のような判例などが存在します。

　裁判例⑰　**最判平成15・2・28（判タ1127号112頁）**

　ホテルの宿泊客がフロントに預けなかった物品等で事前に種類および価額の明告のなかったものが滅失、毀損するなどしたときにホテルの損害賠償義務の範囲を15万円の限度に制限する宿泊約款の定めにつき、「本件特則は、宿泊客が、本件ホテルに持ち込みフロントに預けなかった物品、現金及び貴重品について、ホテル側にその種類及び価額の明告をしなかった場合には、ホテル側が物品等の種類及び価額に応じた注意を払うことを期待するのが酷であり、かつ、時として損害賠償額が巨額に上ることがあり得ることなどを考慮して設けられたものと解される。このような本件特則の趣旨にかんがみても、ホテル側に故意又は重大な過失がある場合に、本件特則により、被上告人の損害賠償義務の範囲が制限されるとすることは、著しく衡平を害するものであって、当事者の通常の意思に合致しないというべきである。したがって、本件特則は、ホテル側に故意又は重大な過失がある場合には適用されないと解するのが相当である」と判示した。

(D)　約款変更に関する裁判例

　事業者が一方的に行った約款条項の変更によって従来の約款を前提に契約を締結した相手方は拘束されうるのかという問題（いわゆる約款変更の問題）については、下記のような裁判例が存在します。

　裁判例⑱　**福岡高判平成28・10・4（金法2052号90頁）**

　銀行が預金取引約款に暴力団排除条項を追加し、既存の預金契約を上記条項に基づき解除した事案について、預金契約は定型の取引約款により契約関係を規律する必要性が高い、必要に応じて合理的な範囲において変更されることも契約上当然に予定されている、暴力団排除条項には目的の正当性が認められ、その目的を達成するために反社会的勢力に属する預金契約者に対し解約を求めることにも合理性が認められる、預金者への不利益は限定的で、

かつ、預金者が暴力団等から脱退することによって不利益も回避できる等といった理由から、合理的な取引約款の変更にあたり、既存顧客の個別の合意がなくとも、既存の預金契約に変更の効力を及ぼすことができる、預金契約の解約も有効であると判示した。

(E) 小　結

このように、「約款」をめぐる問題事例については、実務上、信義則、公序良俗、契約の合理的解釈等の手法によって、個別事案ごとに手続の適正化や契約内容の適正化が図られてきています。

しかし、あくまで個別事案ごとの個別救済ですので、新たに問題事例が発生した場合においては、当該約款条項の法的拘束力の存否・範囲に関する予見可能性は低くなっています。

2 民法（債権法）改正による「定型約款」規定の制定

(1) 「約款」と「定型約款」との関係

令和2年4月1日から施行される改正民法では、「定型約款」に関する民事ルールが規定されています（改正民法548条の2～548条の4）。

この民法改正（債権法改正）に至る経緯において、当初は「約款」に関する包括的な民事ルールの制定が議論されていました。しかし、「約款」という言葉でイメージされている契約条項群は必ずしも一義的に明確ではないことや、労働契約や事業者間契約への適用に反対する意見が強かったことなどから、改正民法では、いわゆる「約款」のうち下記のような「定型約款」の定義を満たす契約条項群に適用対象を限定した民事ルールが規定されることになりました。

「定型約款」の要件のうち、〔表2〕②の双方合理的画一性要件は特に重要です。これは、定型約款を細部までは認識していない者を拘束することが許

〔表2〕定型約款の定義

定型取引	①　特定の者が不特定多数の者を相手方として行う取引であって（不特定多数要件）
	②　その内容の全部または一部が画一的なことがその双方にとって合理的なもの（双方合理的画一性要件）
において、③契約の内容とすることを目的としてその特定の者により準備された条項の総体（補充目的要件）	

容されるのは、定型約款を利用しようとする定型約款準備者だけでなく相手方（顧客）にとっても取引の内容が画一的なことが合理的であると客観的に評価することができる場合に限られるということを表す要件です。

したがって、事業者が自らの事業活動上の便宜のために顧客や取引先との取引内容を画一化すべく「約款」を作成していたとしても、約款を利用して画一的な契約内容を定める客観的な必要性に乏しい取引は取引内容の画一性が「双方にとって合理的」とはいえないので、「定型約款」には該当しないとされます。

具体的に、「定型約款」の典型例とされているのは、電気供給契約における電気供給約款、鉄道の旅客運送取引における運送約款、宅配便契約における運送約款、預金取引における預金規定、保険取引における保険約款、インターネットを通じた物品売買における購入約款、インターネットサイトの利用取引における利用約款、市販のコンピュータソフトのライセンス契約などです。

これに対し、本来的に事業者間の交渉で契約内容が決められる事業者間取引や相手方の個性に注目して契約内容が決められる労働契約で使用されている契約書や契約書のひな形は「定型約款」に該当しないとされます。

賃貸借契約書のひな形、銀行取引約定書、住宅ローン契約書などは、事案や論者によって結論が別れています。

(2) 「定型約款」に関する新たな民事ルールの概要

(A) 概　要

改正民法が新たに定めた「定型約款」に関する民事ルールの概要は以下のとおりです（改正民法548条の２〜548条の４）。

① 「定型約款」の定義（改正民法548条の２第１項） 　「定型約款」という新しい概念を創設し、これに関する民事ルールを規定した。
② みなし合意規定（改正民法548条の２第１項） 　定型約款が契約内容となる要件（組入要件）を定める「みなし合意規定」を置いた。
③ みなし合意除外規定（改正民法548条の２第２項） 　不当条項・不意打ち条項の法的拘束力を否定する「みなし合意除外規定」を置いた。
④ 約款内容の開示義務規定（改正民法548条の３） 　約款内容の開示義務と不開示の場合の効力規定を置いた。

⑤　変更規定（改正民法548条の４）
　定型約款を変更するための規定を置いた。

(B)　みなし合意規定（改正民法548条の２第１項）

　改正民法が定める「みなし合意規定」の概要は下記のとおりです。

> 　定型約款は、下記①または②が満たされる状況で「定型取引合意」がなされた場合には、契約内容となる。
>
> ①　定型約款を契約の内容とする旨の「合意」をしたとき
>
> ②　定型約款準備者があらかじめその定型約款を契約の内容とする旨を相手方に「表示」していたとき

　「定型取引合意」とは、定型取引を行おうとする合意であり、約款全体を了解して行う契約の意思とは異なります。たとえば、コインロッカーに手荷物を保管する際には、コインロッカー使用約款の詳細を認識しないものの、手荷物を保管するために対価を支払ってコインロッカーを使用することについては認識があります。このような状態での合意が「定型取引合意」とされます。

　上記①の「定型約款を契約の内容とする旨の合意」とは、特定の定型約款を契約の内容として組み入れる旨の合意であり、黙示の合意も含まれます。

　上記②の「表示」に関する規定は、定型約款を契約内容とする旨の定型約款準備者の「表示」に対して相手方が異議をとどめずに定型取引合意をした場合を、約款取引の安定を図る観点から、黙示の合意がされた場合と同様に、定型約款の個別の条項に合意があったものとみなす規定です。

　上記の「表示」の内容・程度は、実務的に重要です。取引を実際に行おうとする際に、顧客である相手方に対して、定型約款を契約の内容とする旨が個別に表示されていると評価ができるものでなければならず、定型約款準備者のウェブサイトなどで一般的にその旨を公表するだけでは足りません。

　具体的には、インターネットを介した取引であれば、契約締結画面までの間に同一画面上で認識可能な状態に置くことを要します。また、対面での取引であれば、その取引が行われる場所にその旨を記載した札を立てておく、自動販売機などを利用するケースでは販売機にその旨を記載したシールを貼っておくといった対応が考えられます。さらに、改正民法548条の２第１項第２号の「合意」の場合とは異なり、定型取引合意の時点で「表示」がなさ

れていることが必要であり、その時点で定型約款の存在が必要であり、当該取引に適用される定型約款が具体的にどの約款なのかが他と認識可能なものである必要があります。

もっとも、鉄道・軌道・フェリー・飛行機・バス等による旅客の運送に係る取引、高速道路等の通行に係る取引、電気通信役務の提供に係る取引その他の一定の取引については、「民法の一部を改正する法律の施行に伴う関係法律の整備等に関する法律」（いわゆる整備法）において、定型約款準備者が定型約款によって契約の内容が補充されることを「公表」していた場合には、「表示」までしていなくとも、組入れを認める旨の特則規定が設けられています。

改正民法は、定型約款の組入要件として、契約締結前の約款内容の開示や認識可能性を要件として規定していません（548条の2第1項）。相手方の開示請求を拒絶した場合に関する組入除外を規定しているのみです（同法548条の3）。

しかし、改正民法は、相手方がおよそ知り得ないような定型約款を契約内容とすることを無制約に認めるものではありません。

第1に、もし定型約款準備者が相手方に対して重要な約款条項を説明しなかった場合には、信義則上の説明義務の義務違反となり得ます（平成28年11月25日衆議院法務委員会・小川秀樹政府参考人発言〔同委員会議事録第11号14頁〕、平成29年5月23日参議院法務委員会・小川秀樹政府参考人発言〔同委員会議事録第13号33頁〕）。

第2に、改正民法548条第2項の「みなし合意除外規定」は「不意打ち条項」にも適用されるとされていますので、もし問題の約款条項が具体的な事実関係のもとで通常一般人であれば約款に含まれていることを合理的に予測することができない契約条項（いわゆる不意打ち条項）に該当し、当該契約条項の効力をそのまま肯定することが信義則に反すると認められる場合には、上記の「みなし合意除外規定」に基づき、当該契約条項は契約内容とならない旨を主張することができます。

(C) みなし合意除外規定（改正民法548条の2第2項）

改正民法が定める「みなし合意除外規定」の概要は下記のとおりです。

改正民法548条の2第1項の組入要件を満たす定型約款の条項であっても、下

記①・②の要件をともに満たす契約条項は、合意をしなかったものとみなす。

① 相手方の権利を制限し、または相手方の義務を加重する条項であること。

② その定型取引の態様およびその実情並びに取引上の社会通念に照らして改正民法1条2項に規定する基本原則（いわゆる信義則）に反して相手方の利益を一方的に害すると認められること。

　上記①の要件は、問題となる契約条項が存在しなかった場合と比較して、当該条項が存在する場合のほうが、相手方の権利の制限または義務の加重があると認められる場合を意味します。

　いわゆる付随条項に関する不当条項審査においては、民法等の任意規定、判例、一般的な法理などから導かれる原則的な権利義務関係との対比において、相手方の権利制約ないし義務加重をもたらす契約条項であれば、①の要件を満たすといえます。これに対し、代金額等を合意した中心条項に関する不当性の存否については、原則として、不当条項規制ではなく、公序良俗（暴利行為）の問題となります。もっとも、たとえば携帯電話の複雑な料金決定の方法に関する契約条項など、代金額を決める契約条項ではあっても単純な対価合意とも言い難い契約条項（いわば中心条項と付随条項の中間的な性格を有する契約条項）については、不当条項規制や不意打ち条項規制が及ぶ余地があり得ます。

　上記②の要件は、定型取引の態様、定型取引の実情、取引上の社会通念といった考慮要素に照らして、問題となる定型約款の契約条項が信義則に反して相手方の利益を一方的に害すると認められる場合を意味します。該当しうる約款条項の典型例は、過大な違約罰を定める条項、損害賠償義務を故意・重過失のある場合にまで免責する条項等の「不当条項」と、不当な抱き合わせ販売条項等の「不意打ち条項」です。

　問題の条項が「不当条項」に該当するかどうかを審査する場合と、「不意打ち条項」に該当するかどうかを審査する場合において、審査方法や重視すべき要素が異なりうる点については注意が必要です。

　第1に、問題の条項が「不当条項」として法的効力が否定されるか否かを検討する場合には、当該条項が存在することによって相手方が被る不利益の内容や程度（＝原則的な権利義務関係からの乖離の大きさ）と、当該条項の法的効力を否定された場合に定型約款準備者が被る不利益の内容や程度（＝当該約款条項の事業活動上の必要性・相当性）を比較衡量して、両者が均衡を失

していると認められるような場合に、信義則違反として当該条項の法的効力が否定されます。

第2に、問題の条項が「不意打ち条項」として法的効力が否定されるか否かを検討する場合には、当該定型取引の態様や実情、同種の他の契約の内容、取引通念等に照らして当該条項の存在を通常は予測し得ないと認められるような場合に、信義則違反として効力が否定されることになります。ただし、相手方に大きな実害をもたらさないような契約条項の場合には、信義則違反とまで評価されないことはあり得ます。相手方である顧客にとって客観的にみて予測しがたい内容の条項が置かれ、かつ、その条項が相手方に重大な不利益を課すものであるときは、相手方においてその内容を知りうる措置を定型約款準備者が講じておかない限り、そのような条項は不意打ち的なものとして信義則に反することになる蓋然性が高いといえます。

第3に、問題の条項が「不当条項」、「不意打ち条項」の双方の性質を有する契約条項の場合には、それら2つの問題点において信義則に反して相手方の利益を一方的に害していると認められるか否かを検討することになります。この点、不当条項性、不意打ち条項性の一方の問題点だけでは信義則に反するとまで評価できない場合であっても、両方の問題点をあわせ考慮した場合には信義則に反すると評価できる場合もあり得ます。

不当条項性、不意打ち条項性の判断にあっては、個別具体的な相手方ごとに諸事情が考慮されるため、特定の相手方との関係でのみ合意をしなかったものとみなされることもあります。

「合意をしなかったものとみなす」とは「契約の内容とならない」という意味です。詳細は解釈に委ねられていますが、みなし合意除外規定が本来的に無効を効果とする不当条項規定と組入除外を効果とする不意打ち条項規定を1本化した規定であることを考えれば、その効果については、不当条項規制と不意打ち条項規制の双方の性格に適合しうる点で「当該条項は契約の内容として効力を生じないということを意味するだけである」という考え方で理解するのが整合的です。

(D) 約款内容の開示義務規定（改正民法548条の3）

改正民法が定める開示義務に関する規定の概要は下記のとおりです。

① 定型約款準備者は、定型取引合意の前、または、定型取引合意の後相当の期

2 民法（債権法）改正による「定型約款」規定の制定

間内に、相手方から請求があった場合には、遅滞なく、相当な方法で当該定型約款の内容を示さなければならない。ただし、書面交付やウェブサイトでの開示等をしたときを除く。
　　※　違反の効果は、履行強制、損害賠償請求

② 定型約款準備者が、定型取引合意の前において、上記①の請求を拒んだときは、定型約款は契約内容とならない。ただし、一時的な通信障害等の正当事由がある場合を除く。
　　※　違反の効果は、組入除外

　定型約款準備者は、開示請求があった場合には、遅滞なく、相当な方法でその定型約款の内容を示さなければなりません。重要事項のみを抜粋した説明資料を提供しても開示義務を果たしたことにはなりません。また、顧客の開示請求権を特約で排除することはできません。

　上記の「相当な方法」としては、定型約款を書面または電子メールで送付する方法や、定型約款を面前で示す方法のほか、自社のウェブサイトにあらかじめ定型約款を掲載し、請求があった場合にはそのウェブサイトを閲覧するように促す方法等が想定されています。もっとも、請求者がインターネットでは閲覧できないと述べているのに、ウェブサイトに定型約款を掲載しているとだけ答えてそれ以上に対応しない場合には、契約の内容や相手方の属性によっては開示義務を履行しなかったと評価されることがあり得ます。

　開示手続に要する費用は、基本的に定型約款準備者が負担すべきものです。費用を相手方に負担させる特約を締結することは考えられますが、不意打ち的な要素が強いので、別途、その条項を顧客に明示して費用負担の定めがあることを理解させておく必要があります。また、高額すぎる費用負担を求める特約は、不当条項として効力を否定される可能性があります。

⒠　変更規定（改正民法548条の４）

　改正民法では、定型約款準備者は、下記の実体要件と手続要件をともに満たした場合は、個別に相手方と合意をしなくとも、定型約款の変更をすることにより、契約内容を変更することができる旨が規定されています。

　契約締結後の一方的な契約内容の変更である約款変更を安易に許容することは、定型取引の相手方の権利・利益を著しく不安定にします。改正民法548条の４はあくまでも例外的に約款変更ができる場合を定めた規定であり、厳格に運用される必要があります（平成28年11月25日衆議院法務委員会・小川政府参考人発言〔同委員会議事録第11号15頁〕）。

第 7 章　約款と民法、消費者法

　上記の観点から最も重要な要件は、〔表 3 〕の実体要件②です。

　まず、「契約の目的」に反するような約款変更は認められません。この契約目的は、相手方の主観的な意図を意味するのではなく、契約の両当事者で共有された当該契約の目的を意味するものです。

　これに加えて、変更に係る諸事情に照らして変更が合理的といえることが要件とされています。ここにいう「合理性」とは、定型約款準備者にとってそのような変更をすることが合理的かどうかではなく、客観的にみて当該変更が合理的といえるかという問題です。合理性の有無の判断にあたっての考慮事情として、条文上、「変更の必要性、変更後の内容の相当性、変更条項の有無・内容その他の変更に係る事情」があげられています。

　第 1 に、「変更の必要性」としては、なぜ定型約款の変更を行う必要が生じたかに加えて、個別の同意を得ることが困難な事情も考慮されます。約款変更が本来的に「すでに成立した契約の内容を相手方の同意なく一方的に変更する」という性格のものである以上、そのような例外的な手続によって変更した約款内容の法的拘束力が肯定されるためには、「相手方から個別の同意を得ることが困難」という事情は必要不可欠と思われます。

　第 2 に、「変更後の内容の相当性」も、相手方の同意なく一方的に変更した約款内容の法的拘束力が肯定されるためには、必要不可欠な事情です。変更の必要性に照らして相当な変更内容であること、相手方に過度の不利益を与える変更内容でないことが必要です。

〔表 3 〕 定型約款の変更要件

定型約款準備者は、下記の要件をみたすときに限り、相手方の個別合意なく、定型約款を変更することによって契約内容を変更できる。
〈実体要件〉 　約款変更が、次の①・②のいずれかに該当するとき。
①　相手方の一般の利益に適合するとき。
②　契約をした目的に反せず、変更の必要性、変更後の内容の相当性、変更条項の有無・内容その他の変更に係る事情に照らして合理的なものであるとき。
〈手続要件〉 　効力発生時期を定め、約款変更する旨・変更後の約款内容・当該発生時期を、インターネットの利用など適切な方法で周知しなければならない。 　※　上記②の規定による約款変更をするときは、効力発生時期の到来までに上記周知をしなければ約款変更の効力が生じない。

第3に、「変更条項の有無・内容」については、単に定型約款を変更することがある旨を規定しておくのみでは、合理性を肯定する事情としては考慮されません。事業者が「自由に約款を変更できる」と定型約款に定めても、包括的な約款変更権を事業者に与える約款条項は本条の規定の趣旨を没却させるものであり、法的に無効な不当条項です（法律構成としては、本項の規定の性格に照らして、強行法規違反と考えることが相当でしょう）。本条の規定内容に適合した「事業活動上の合理的な変更の必要性がある場合に、当該必要性に照らして相当な範囲・内容での約款変更を、事前開示など適正な手続のもとで実施できる」といった変更条項があり、かつ、実際に上記条項にそった手続が履践されている場合にのみ合理性を肯定する事情として考慮しうるといえます。

第4に、「その他の事情」という考慮要素としては、変更によって相手方が受ける不利益の程度や性質、このような不利益を軽減させる措置（例、解除権の付与、猶予期間などの不利益回避措置）がとられているかなどが考慮されます。解除権を付与していても、高額な違約金を支払う必要がある等としていた場合には、不利益の低減の程度は低く、変更は認められにくくなります。

(3) 「定型約款」に該当しない「約款」に関する民事ルールと改正民法との関係

「定型約款」に該当しない「約款」については、「約款」に関するこれまでの考え方や運用が今後も妥当します。すなわち、組入れに関しては前述した大判大正4・12・24（裁判例⑭）のような考え方（いわゆる意思推定説的な考え方）での対応、不当条項や不意打ち条項に関しては信義則、公序良俗、契約の合理的解釈といった手法での対応、約款変更に関しては相手方の承諾やその擬制といった対応を継続することになります。

もっとも、改正民法に「定型約款」に関する民事ルールができたことで、その規定内容によって影響を受ける場面や類推適用がなされる場面が出てくると思われます。具体的には、下記のとおりです。

(A) 組入要件

改正民法548条の2第1項が定める「みなし合意規定」の要件や考え方は、「定型約款に該当しない約款」についても組入要件の下限ないし必要条件としての役割を果たすようになると考えられます。すなわち、「約款」の中で

も特に相手方が不特定多数で取引内容の画一性の要請が強い定型取引で使用される「定型約款」ですら改正民法のみなし合意要件を満たす場合しか約款内容の組入れが認められないということは、改正民法のみなし合意（組入れ）の要件すら満たしていない場合に「定型約款に該当しない約款」の組入れを認めてよいのかといった形で意味をもつようになってくると思われます。

(B) 不当条項、不意打ち条項

また、改正民法548条の2第2項に内包される不当条項規制および不意打ち条項規制という考え方は、「定型約款に該当しない約款」について信義則、公序良俗、契約の合理的解釈などといった手法によって約款取引の手続の適正化や契約内容の適正化が図られる場面において、その判断のあり方に影響を与えると思われます。

(C) 約款変更

さらに、改正民法548条の4が定める約款変更の実体要件と手続要件は、「定型約款に該当しない約款」についても、「約款」の変更要件の下限ないし必要条件としての役割を果たすようになると考えられます。すなわち、「約款」の中でも特に相手方が不特定多数で取引内容の画一性の要請が強い定型取引で使用される「定型約款」ですら、改正民法が規定する実体要件と手続要件を満たす場合しか約款変更が認められないということは、改正民法の約款変更の要件すら満たしていない場合に「定型約款の要件を満たさない約款」の約款変更を認めてよいのかといった形で意味をもつようになっていくと思われます。

また、改正民法548条の4の変更規定は、「約款」の中でも特に相手方が不特定多数で取引内容の画一性の要請が強い定型取引で使用される「定型約款」の変更手続であること、個別承諾の取得の困難さや取引内容の画一性確保の高度の必要性等といった基礎事情を特に考慮した規定であることに鑑みれば、少なくともそのような基礎事情があてはまらない「定型約款に該当しない約款」に同条の類推適用を認めるのは適切でないと考えられます。

(4) みなし合意除外規定（改正民法548条の2第2項）と消費者契約法10条の適用関係

改正民法548条の2第2項と消費者契約法10条の要件をともに満たす事案では、消費者は約款条項の効力を否定するいずれの主張も選択的に行使することができます。

もっとも、実務上は、消費者契約における「不当条項」については、消費者契約法が不当条項リストを伴う改正民法より詳細な不当条項規制を定めていることから、消費者契約法が活用されると思われます。一方、「不意打ち条項」については、消費者契約法の不当条項規制は当然には不意打ち条項を射程に入れていないことから、消費者契約においても改正民法のみなし合意除外規定を活用して法的効力を争うことになるでしょう。

　適格消費者団体等による消費者契約法10条に基づく無効主張に対し、事業者が改正民法548条の2第2項に基づく組入除外を抗弁として主張することは許されません。実際上も、問題のある不当条項を定めた事業者に「改正民法548条の2第2項の要件を満たす不当条項であるから、消費者契約法に基づく差止請求はできない」といった反論を認める必要性も、相当性もありません。

（山本　健司／清和法律事務所）

〈参考文献〉

　筒井健夫＝村松秀樹編著『一問一答・民法（債権関係）改正』（商事法務、2017年）、村松秀樹＝松尾博憲『定型約款の実務Q&A』（商事法務、2018年）、日本弁護士連合会編『実務解説・改正債権法』〔弘文堂、2017年〕、山本敬三＝深山雅也＝山本健司「債権法改正と実務上の課題11・定型約款」ジュリ1525号86頁、山本敬三「改正民法における『定型約款』の規制とその問題点」消費者法研究3号71頁、民法〔債権法〕改正検討委員会『債権法改正の基本方針』（商事法務、2009年）、第192回国会衆議院法務委員会議録11号（平成28年11月25日）、第193回国会参議院法務委員会会議録第13号（平成29年5月23日）

第8章 特定商取引法(1)
──訪問販売、クーリング・オフ

1 クーリング・オフの書面性

(1) 概　説

(A) 特定商取引法

　特定商取引法とは、①訪問販売、②通信販売、③連鎖販売取引（マルチ商法）、④特定継続的役務提供契約、⑤業務提供誘引販売、⑥訪問購入について規制が定められている法律です（〔表4〕参照）。これらは、事業者による悪質な手口が使われやすく、かつ、大きな社会問題となりました。法律は、これらの取引で消費者が被った被害を前提にして、取引を特定し、その取引を行う事業者に対してさまざまな規制を設けました。

　取引が特定されていますから、規制の対象となっていない悪質な商法については規定されていません。また、問題の多かったキャッチセールスやアポイントメントセールスについては訪問販売の類型として規制されるようになっています。さらに、かつて通信販売は手紙や雑誌などを利用したものだけが対象でしたが、インターネットなどの情報通信技術の発展に伴って、これらを利用したものも規制の対象とされています。さらに、通常の通信販売では規制できなかった直接の悪質な電話勧誘に対しては、電話勧誘販売として規制の対象とされました。今後も、悪質な手口については、新たにその規制の対象となることが想定されます。

　また、訪問販売、通信販売、電話勧誘販売については、対象となる商品、役務、権利が政令によって指定される指定商品制がとられていました。しかし、平成20年改正で、商品、役務については指定制が廃止され、政令で適用除外とされたもの以外のすべての商品と役務とが法適用の対象とされました。権利については指定制が維持されていましたが、平成28年改正で、政令で指定される権利に加えて、株式や社債などが法の規定で追加され、その名称が特定権利と改められています。

(B) 特定商取引法が規定している規制内容

〔表４〕　特定商取引法による取引類型ごとの規制の概要

	適用対象取引		行政規制			民事ルール			
	定義	指定商品制	勧誘規制	広告規制	書面交付義務	クーリング・オフ	損害賠償額の制限	取消権	過量解除権
訪問販売	2条1項	特定権利	3条・3条の2・6条・7条	—	4条・5条	8日間（9条）	10条	9条の3	9条の2
通信販売	2条2項	特定権利	—	11条・12条・12条の3・12条の4・12条の5	13条	—※ただし、返品条項（15条の3）	—	—	—
電話勧誘販売	2条3項	特定権利	16条・17条・21条・22条	—	18条・19条・20条	8日間（24条）	25条	24条の3	24条の2
連鎖販売取引	33条	—	33条の2・34条・38条	35条・36条・36条の3・36条の4	37条	20日間（40条）	40条の2（中途解約権）	40条の3	—
特定継続的役務提供	41条	7業種	44条・46条	43条	42条	8日間（48条）	49条（中途解約権）	49条の2	—
業務提供誘引販売取引	51条	—	51条の2・52条・56条	53条・54条・54条の3・54条の4	55条	20日間（58条）	58条の3	58条の2	—
訪問購入	58条の4	58条の4（政令での除外）	58条の5・58条の6・58条の10・58条の12		58条の7・58条の8	8日間（58条の14）。なお、58条の15等	58条の16		

（坂東俊矢監修『特定商取引のトラブル相談Q&A』〔民事法研究会、2018年〕270頁を参照して作成）

　このように、対象となる取引を特定してさまざまな規制規定が設けられており、主たる規制方法は、行政的な規制です。すなわち、個々の類型の取引ごとに種々の禁止事項が定められています。そして、規定違反に対しては主務大臣などが指示・勧告を行い、場合によっては事業停止などの処分も課されます。また、罰則の対象となることもあります。

　さらに、特定商取引法の大きな特徴は、違反行為が行われた取引については、消費者自らが契約を取り消したりできる民事的な効力が規定されていることです。代表的なものが、クーリング・オフと、事業者が違反行為を行った場合に消費者が契約を取り消すことができるという権利が付与されたことです。そのほか、特定継続的役務提供契約については、違約金などの契約の内容について事業者が一方的に定めた不当な条項については、適正な内容に

第 8 章　特定商取引法(1)──訪問販売、クーリング・オフ

〔表 5 〕　現行法での主要なクーリング・オフ規定

	条文	期間	取引
特定商取引法	9 条	8 日間	訪問販売
	15条の 3		通信販売
	24条		電話勧誘販売
	48条		特定継続的役務提供
	58条の14		訪問購入
	40条	20日間	連鎖販売取引
	58条		業務提供誘引販売取引
割賦販売法	35条の 3 の10、35条の 3 の11	8 日間	個別信用購入あっせん
宅地建物取引業法	37条の 2	8 日間	店舗外の宅地建物取引
保険業法	309条	8 日間	保険契約
ゴルフ場会員契約適正化法	12条	8 日間	ゴルフ会員権契約
金融商品取引法	37条の 6	10日間	投資顧問契約
特定商品預託取引法	8 条	14日間	預託取引契約
不動産特定共同事業法	26条	8 日間	不動産特定共同事業

（作成：坂東俊矢）

是正する規定も設けられています。

(C)　クーリング・オフとは

　クーリング・オフとは、契約締結時（厳密には契約文書の交付時）から一定期間内であれば（〔表 5 〕参照）、消費者は無条件に契約から離脱できるという権利です。このクーリング・オフの規定は、特定商取引法が「訪問販売に関する法律」として制定された昭和51年から定められていました。成立した契約には法的拘束力があり、契約の解消をするためには一定の事情が必要であるという民法の原則を考慮すると、一定期間内に限られますが無条件で契約からの離脱を認めるというもので、当時としては画期的な制度でした。

　ただ、事業者にとっては、契約してから一定期間は契約関係が安定しない（消費者から一方的に解消を告げられるかもしれない）という制度です。ですから、その要件が認められる範囲は厳格に考えるべきであると主張されるでしょう。しかし、そもそも、悪質な手口で事業者の勧誘を受けた消費者を救済する制度で、悪質な事業者ほどその抜け道をいろいろと考慮するものです。つまり、消費者保護の観点からは、できるだけ広くクーリング・オフを認め

るのが相当であると考えられます。

　たとえば、法律ではクーリング・オフは書面で行うべきと規定されていますが（特定商取引法9条など）、書面がなくても事業者がクーリング・オフが行われたことを明らかに知っていたような場合、消費者保護の観点からは書面がなくてもクーリング・オフを認めるべきであると考えられます。

(2)　事　案

裁判例⑲　福岡高判平成6・8・31（判時1530号64頁）

(A)　当事者

原告　X（信販会社。販売店に対してクレジット契約に基づいた立替払い金を
　　　　支払済み）

被告　Y（訪問販売によって袋帯ほか1点を30万円で購入した消費者。購入後、
　　　　思い直して、販売店の支店長個人に対し、支払うことができないから
　　　　解約する旨を口頭で伝えた〔口頭で伝えた方法は不明〕）

(B)　事　案

　Yは、訪問販売で袋帯等を販売店Aから金30万円で購入し、その支払いについてXとクレジット契約（立替払契約）を締結しました。しかし、その直後に、クレジットの支払いを継続できる見込みがないと考え直して、口頭で、AのB支店の支店長Cに対してクーリング・オフの意思表示をしました。ところが、この意思表示に基づいた解約の手続が行われることはなく、その後に、Xは、Yが締結していたクレジット契約に基づいて商品代金をAに立替払いし、XがYに対して、クレジット契約に基づいた割賦払金を請求し、提訴しました。

(C)　争　点

口頭によるクーリング・オフの意思表示の効力

(D)　判　決

「確かに、割賦販売法30条の6、4条の3第1項〔編注：現35条の3の10・35条の3の11〕が、購入者に、一方的意思表示により割賦購入あっせん関係販売の申込みの撤回又は契約の解除（以下『申込みの撤回等』という。）を行うことができる旨規定していることはいうまでもない。しかしながら、同条項が申込みの撤回等を行う場合には『書面により』行うことを要するとしているのは、申込みの撤回等について後日紛争が生じないよう明確にしておく趣旨であって、書面によらない場合の申込みの撤回等の効力については、同

条項はその申込みの撤回等は書面によらなければその効力がない旨を明文で定めているわけではなく、その結論は、同条項の立法の趣旨を踏まえての解釈の問題に帰着するというべきである。そこで検討すると、同条項は、訪問販売等においては購入意思が不安定なまま契約してしまい後日紛争が生じる場合が多いので、その弊害を除去するため、一定の要件のもとで申込みの撤回等を行うことできることにしたものであって、その申込みの撤回等は書面を発した時に効力を生じることにする（同法4条の3第2項）、またこれらの規定に反する特約であって購入者に不利なものは無効とする（同法4条の3第4項）等、いわゆる消費者保護に重点を置いた規定であること、書面を要する理由が申込みの撤回等について後日紛争が生じないよう明確にしておく趣旨であるとすれば、それと同等の明確な証拠がある場合には保護を与えるのが相当である（なお、仮に購入者がその立証ができなければ、その不利益は購入者が負うのは当然である。）こと、から考えると、同条項が、書面によらない権利行使を否定したものと解釈するのは問題があるというべきである。

これを本件についてみると、上告人は、本件売買契約の直後、右代金を払えないことから、本件販売店B支店長のCに右売買契約を解消する旨の意思を口頭で伝えたというのであるから、割賦販売法30条の6、4条の3第1項による申込みの撤回は有効になされたというべきである」。

(3) 解　説

(A) はじめに

クーリング・オフは、条文上「書面により」申込みの撤回あるいは契約の解除（クーリング・オフの意思表示）を行うことができると規定されています（訪問販売の場合は特定商取引法9条）。しかし、本件では、書面ではなく、口頭で意思表示が行われました。この「口頭によるクーリング・オフの意思表示」の効力が争点となっています。

なお、本判決のクーリング・オフの根拠条文は、平成20年の改正で削除された割賦販売法旧4条の3（旧30条の6で準用）です（現行の割賦販売法でも、個別クレジット契約については、同法35条の3の10・35条の3の11でクーリング・オフが規定されています）。しかし、その規定の内容は特定商取引法9条等とほぼ同一で、特定商取引法でも同様の問題となります。

(B) クーリング・オフ

クーリング・オフとは、一定期間、無条件で、申込みの撤回や契約の解除

を行うことのできる制度です。

　民法の原則では、契約は一度締結されれば、相手方の債務不履行等といった特別の事情がなければ解除できないのが原則です。また、契約申込みの意思表示も、詐欺や強迫等の法定の要件がなければ取り消すことはできませんし、錯誤等がなければ無効になることもありません。

　しかし、訪問販売等の場合、セールスマンが突然やってきて、心構えのできていない消費者に対して、有利なことばかり並べたセールストークを駆使したり、強引な態度で勧誘する場合があります（不意打ち的勧誘）。そのため、消費者は、勘違いをさせられたまま購入したり、中には業者が怖くなって帰ってもらうためにやむなく契約したりすることもあります。こういった被害を回復するためには、契約を取り消すなどすることになりますが、前述した民法の原則に従うと、詐欺や強迫による契約であることを消費者が主張主証しなければならず、それは容易なことではありません。

　そこで、このような業者による不意打ち的な勧誘による契約から消費者を無条件で解放するために設けられたのが、クーリング・オフ制度です。業者が帰った後、頭を冷やして（cooling）考え直す（off）機会を消費者に与えた制度です。

　このような制度ですから、消費者が契約を解消するためには、クーリング・オフ期間内に意思表示をすれば足り、他の法的要件はありません。たとえば詐欺による取消しであれば、①業者が故意に欺罔行為を行ったこと、および②欺罔行為によって錯誤に陥ったことを消費者が証明することが必要ですが、そのような要件はクーリング・オフにはありません。

　訪問販売に関するクーリング・オフを規定した特定商取引法9条の場合であれば、①訪問販売であること（営業所以外の場所で契約したこと）、②8日以内に意思表示を行ったこと（および③権利の場合は特定権利であること）という要件を満たせば、契約は解消されます。

　ところで、平成24年改正により、事業者が消費者のところに押しかけて強引に貴金属等を買い取る「訪問購入（押し買い）」が特定商取引法の規制の対象とされました。巧みなセールストークや強引な勧誘は訪問販売と変わるところはありませんから、クーリング・オフの規定も設けられています（同法58条の14）。要件は、訪問販売の場合とほぼ同じですが、クーリング・オフの効果を確実にするために、消費者は、クーリング・オフ期間は商品の引

渡しを拒絶できるとされています（同法58条の15）。

(C) 書面性

　ところで、クーリング・オフを規定した条文は、いずれも、明確に「書面により」という文言を付しています（たとえば特定商取引法9条）。そこで、クーリング・オフの要件として書面によることが必要であり、たとえば電話で伝えてもクーリング・オフとしての法的効力は認められないのではないかということが問題になります。たとえば、民法における債権譲渡の第三者対抗要件としての債務者に対する確定日付のある書面による通知（民法467条2項）と同様の効力要件があるかどうかという問題です。

　この点について、従前は裁判所の判断も分かれており、「訪問販売法第6条第1項〔筆者注：現特定商取引法9条1項〕は、クーリングオフは、『書面により』行うことができると規定しているのであり、その趣旨は、そもそもクーリングオフ制度は、契約当事者の一方の単独行為により合意による拘束を免れることを認めるものであるから、その行使の方式を厳格にし、かつ、その効果の発生について後日紛争が生じないようにするにあるものと解される。それゆえクーリングオフの方式に関する同条の規定は、これを厳格に解することが必要であり、被告の主張する右電話による本件売買契約の解除は、かりにその事実があるとしても、右売買契約を失効させるものでなかったといわなければならない」（大阪地判昭和62・5・8〔判夕665号217頁〕）として、口頭のクーリング・オフを否定した裁判例もありました。

　しかし、クーリング・オフは消費者保護のための規定であり、知識・経験・交渉力において消費者より優位にある事業者が、不意打ち的に勧誘し契約させた場合に、消費者を契約の拘束から解放しようとする制度です。そのような制度において厳格な要式を求めることは、法律の趣旨と相容れるものではないと考えられます。

　そのようなことから、本件福岡高裁判決では、「書面によること」を要求したのは、後日の紛争を避けるために明確にしておくためであり、他の方法で口頭でのクーリング・オフを証明できる場合にも、厳格に要式を要求してクーリング・オフを認めないということまで規定したものではないとしています。そして現在では、福岡高裁判決の考え方に基づいて実務上の取扱いが行われています。

　ただし、本判決でも述べられているとおり、書面以外の方法でクーリン

グ・オフの意思表示をしても、そのことを証明できなければ、裁判ではクーリング・オフは行われなかったとされてしまいます。福岡高裁判決の事案では、幸い口頭でのクーリング・オフが行われたことを消費者側が立証できたようですが、多くの場合は「言った・言わない」の争いとなり、録音があるなど特別の事情がある場合以外、証明は不可能といっても過言ではありません。ですから、口頭でのクーリング・オフが認められるとしても、意思表示は書面で（できれば配達証明付きの内容証明郵便で）行うべきでしょう。

(D) クーリング・オフ妨害

クーリング・オフ妨害とは、消費者がクーリング・オフを行おうとしたときに、事業者がそれを妨げようとする行為のことです。特定商取引法6条では、そのような行為を行うことは禁止されています。

たとえば、電話等でクーリング・オフを伝えても、事業者が消費者に対して、クーリング・オフを認めない旨の発言をしたり、聞くだけ聞いて実行しなかったりすることもあります。

電話でクーリング・オフの意思を伝えたことを明確に証明できる場合には、このような事業者の態度は、消費者のクーリング・オフの意思表示に対する妨害行為と考えられます。書面でクーリング・オフを行うべきであるならば、事業者には、口頭で伝えられたクーリング・オフについては書面で意思表示すべきであると消費者に伝える義務があると考えるべきでしょう。

そのことを考慮すると、やはり口頭によるクーリング・オフも有効であると考えるべきと思われます。

〈参考文献〉
　池田真朗・判タ885号46頁、石川正実・消費者法判例百選112頁

２　交付書面の不備とクーリング・オフの起算点

(1) 概　説

特定商取引法および特定商取引法施行規則では、訪問販売業者が訪問販売の方法で契約締結した際には、以下の事項を記載した書面を交付しなければならないとされています（特定商取引法4条・5条、特定商取引法施行規則3条・4条）。

① 商品もしくは権利の販売価格または役務の対価
② 商品もしくは権利の代金または役務の対価の支払いの時期および方法
③ 商品の引渡時期もしくは権利の移転時期または役務の提供時期
④ 特定商取引法 9 条 1 項の規定による売買契約もしくは役務提供契約の申込みの撤回または売買契約もしくは役務提供契約の解除に関する事項（同条 2 項～ 7 項の規定に関する事項〔クーリング・オフに関する事項〕を含む）
⑤ 販売業者または役務提供事業者の氏名または名称、住所および電話番号並びに法人にあっては代表者の氏名
⑥ 売買契約または役務提供契約の申込みまたは締結を担当した者の氏名
⑦ 売買契約または役務提供契約の申込みまたは締結の年月日
⑧ 商品名および商品の商標または製造者名
⑨ 商品に型式があるときは、当該型式
⑩ 商品の数量
⑪ 商品に隠れた瑕疵がある場合の販売業者の責任についての定めがあるときは、その内容
⑫ 契約の解除に関する定めがあるときは、その内容
⑬ 上記⑪⑫のほか、特約があるときは、その内容

　特定商取引法がこのような書面の交付を事業者に対して義務づけている趣旨は、消費者に対し、契約に関する正確な情報を提供させて、消費者が熟慮する機会を与え、取引を公正なものとして消費者を保護する趣旨であるとされています。そうすると、書面交付義務は、消費者のクーリング・オフの権利と関連させる必要があります。

　つまり、訪問販売の場合、クーリング・オフ期間は書面交付の時から 8 日間とされていますが（特定商取引法 9 条）、記載事項に不備のある書面は、交付されていても、クーリング・オフの起算点とはならないとする必要があるのです。

(2)　事　案

裁判例⑳　**東京地判平成 5・8・30**（判タ844号252頁）

(A)　当事者

原告　X（消費者。Y のセールスマンである A の訪問を受けて、自宅で、自己所有の自宅の外壁にアルミサイディングを取り付けることを内容とする取付け工事付帯売買契約を Y との間で締結した）

被告　Y（株式会社ベストライフ。建築一式工事等の設計管理施工並びに内装および外装用建築資材の販売等を目的とする会社）

訴外　A（Yの従業員）

(B) 事　案

平成 4 年 6 月13日、A の訪問を受けた X は、自宅にアルミサイディングの取付け工事附帯売買契約を Y と締結し、A は X に契約書を交付しました。

同年 6 月16日、Y はアルミサイディングの取付け工事に着手し、7 月16日頃までにアルミサイディング取付けを終了しました。

同年 7 月16日、X は Y に対して、代金373万円のうち350万円を振込送金の方法で、支払残金23万円は同月20日限りで支払うことを合意しました。

同年 8 月31日、X は Y に対して、訪問販売法 6 条 1 項（現特定商取引法 9 条 1 項）に基づき解約する旨の意思表示の書面を発信しました。

なお、X は、A が、Y がパナホームの代理店であるかのようなセールストークを用いて巧みに勧誘した結果、本件の商品がナショナル（現パナソニック）の製品であると誤信していましたが、Y が納入し工事した商品は全く別の事業者の製品でした。

(C) 争　点

① 事業者が交付した法定書面において、品名（規格、仕様）欄に「ユニウォール21」、数量欄に「一式」、小計欄と合計欄にそれぞれ「3730000」、商品引渡しおよび工事予定欄に「6 月16日〜 6 月30日迄」、備考（附帯事項）欄に「アイボリー」という記載しかなかったが、このような書面が、特定商取引法（当時は訪問販売法）4 条・5 条に規定されている交付書面に該当するか。

② ①書面が交付されたことで、クーリング・オフ期間が進行するかどうか。

(D) 判　決

「法が訪問販売を行う販売業者又は役務提供事業者に前示……のような事項を記載した書面を契約の申込み又は契約締結の相手方に交付することを義務づけている趣旨は、販売する商品又は提供する役務について購入者等に正確な認識を与えることにより、取引を公正なものにし、購入者等の利益を保護しようとしているものであると考えられる（法 1 条）」。「したがって、販売業者又は役務提供事業者が、法の趣旨に反して不公正な取引をし、かつ、

契約の目的たる商品又は役務について購入者等が当該商品の製造者名……や
その販売価格又は当該役務の対価につき正確な認識を得られないような記載
しかしていない書面を交付した場合には、右書面は、法6条1項1号〔筆者
注：現9条1項1号〕にいう『第5条の書面』に該当せず、同項に基づく解
除の期間は進行しないものと解するのが相当である」。

　「以上の事実によれば、Yは『パナホーム』の代理店であるかのように欺
き、かつ、本件商品についてナショナルの製品であるかのように偽って、そ
の旨Xを誤信させ、本件契約を締結し、契約代金の内350万円を支払わせ、
他方でXに前示のような記載しかしていない書面を交付したことが明らか
である。このような取引は、正に法がその制定により購入者等の損害の防止
を図っている不公正な取引に該当し、かつ、YがXに交付した書面は、本
件契約に係る商品及び役務について購入者等が当該商品の製造者名やその販
売価格及び当該役務の対価につき正確な認識が得られないような記載しかし
ていないものというべきである」。「そうすると、Xはいまだ法6条1項1号
にいう『第5条の書面』に該当する書面を受領したものとはいえないから、
同項に基づく解除権を失ったものとはいえない」。

(3) 解　説

(A) 交付書面

　1で述べたとおり、クーリング・オフは、不意打ち的勧誘を受けた消費者
を不公正な取引から離脱させることのできる、消費者保護にとって極めて重
要な意義を有するものです。そして、このクーリング・オフのシステムを現
実的な意義を有するものとするためには、消費者に対し、現実的にこのクー
リング・オフを行使することのできる機会を保障する必要があります。

　特定商取引法が、商品の販売業者や役務の提供事業者に書面の交付を義務
づけたのは、単に取引の内容を消費者に知らせるというだけの意味ではなく、
実質的にクーリング・オフの機会を保障しようという意味をもつものです。
クーリング・オフ期間の進行の開始がこの書面の交付の時とされている点が、
このことを意味しています。

　ところで、事業者の交付書面の内容は、(1)に記載したとおりです。これら
の事項に不備があれば、法定の交付書面とは認められません。商品や役務の
具体的な内容、販売価格等は、上記の交付書面の意義を考慮すると、当然の
ことでしょう。つまり、購入を契約した商品や提供を受けることにした役務

の具体的な内容が記載されていなければ、勧誘を受けた後に契約の内容を熟慮することは困難です。また、クーリング・オフについても記載することが義務づけられています。クーリング・オフについて知らない消費者もいるわけですから、そのような消費者に対して、クーリング・オフの権利があることを知らしめることも必要なのです。

そして、特定商取引法9条1項1号では、書面交付を受けた日から8日間を経過するとクーリング・オフができなくなる旨が規定されています。つまり、書面交付の日から8日間はクーリング・オフすることができるということです。

このことは、書面の交付がなければクーリング・オフ期間は進行しない、つまり、書面の交付を受けていなければ、8日間が経過した後にもクーリング・オフすることが可能であるということです。書面交付がなければ、消費者としては、どのような契約をしたのかという手がかりもなく、クーリング・オフという権利があることも知らないのですから、この権利を行使する機会さえ与えられていないということができ、当然の結論でしょう。

そして、本判決は、たとえ書面が交付されていても、その内容に不備がある場合には、書面が交付されていないのと同様であるから、クーリング・オフ期間は開始していないと判断したものです。

(B) 書面不備の場合

書面不備にあたるどうかの判断基準については、上記の本規定の趣旨を考慮すると、消費者のクーリング・オフを行使する機会が奪われていないかどうかという観点から具体的に検討すべきことになるでしょう。

たとえば、エステの契約をしたのに「化粧品一式」という商品名しか記載されていなかったり、英会話学校の契約をしたのに「参考書一式」としか記載されていなかったりする場合などがあります。このような記載では、本来の契約の内容が記載されているとはいえず、書面不備に該当すると考えられます。

商品については、実際に契約した商品名だけでなく、契約の内容がわかるような具体的な記載も必要と考えられます。

本件では、商品については具体的な商品名である「ユニウォール」という記載があり、さらに工事期間についての記載があるわけですから、商品に関する一定の記載はされていると考えられます。しかし、裁判所は、訪問販売

員がセールストークでナショナルの関係会社であるかのようなことを述べたことを重視しています。他方、法定の交付書面では、「商品名及び商品の商標又は製造者名」が記載事項とされているところ（特定商取引法施行規則3条・4条4号）、これは、本来の製造者名を表示させることで、本件のような消費者の誤信を防止するものと考えられます。本件では、商品の真の製造者についてXは全く知らされず、パンフレットにも製造者名等は記載されていなかったということですから、販売員には、当初から「ナショナルの製品」と誤信させて契約しようという意図があったのかもしれません。本判決では、このような勧誘過程を詳細に判断して、「不備な書面である」と判断しているのです。

そのような観点を考慮すると、たとえば、担当者の記載漏れということだけで不備書面になるかなどという問題が生じます。

この点について、契約担当者の氏名は契約の適否を判断するために影響を及ぼすような事項ではない（清水巖・消費者取引判例百選6頁）という考え方と、広い意味で責任主体の特定に関する事項とみるべき（池本誠司・消費者法判例百選115頁）という考え方があります。そして、近年の裁判例は、書面の記載事項のみで判断する傾向にあり、記載不備を厳格に判断しているようです。

（久米川　良子）

〈参考文献〉
　池本誠司・消費者法判例百選114頁

1 概 説

第9章 特定商取引法(2)
──継続的役務

1 概 説

　外国語教室やエステティックサロン等の継続的な役務提供契約においては、契約時に期待した役務が提供されない、解約時に返金がなかったり高額の違約金を請求される、高額の対価を前払いさせた業者が倒産する等のトラブルがありました。

　そのため訪問販売法の平成11年改正（同年10月22日施行）において、上記2業種を含む4業種（その後、平成15年改正〔平成16年1月1日施行〕で6業種、同28年改正〔同29年12月1日施行〕で7業種に増加）を「特定継続的役務提供契約」として規制の対象とし（〔表6〕参照）、不実の告知等の行為を禁止し、違反者を行政処分の対象としました。また、同契約をクーリング・オフの対象とする一方、クーリング・オフ期間経過後でも中途解約権を認めるとともに、中途解約時の違約金の額を制限しました。

　ところが、業界最大手の外国語教室運営会社である株式会社NOVA**(注)**が、授業を受ける権利（ポイントチケット）について大量購入（600ポイント分の場合が多い）を推奨する一方、その契約条項において、1ポイントごとの単価について契約時と解約時の清算時に異なる計算方法を用いるなどして、解約時の返金額を抑制しようとしました。しかし、これを不服とする消費者との間でトラブルになり、一部は訴訟に発展しました。

　また、同社に対しては、「授業の予約がとりにくい」等の苦情が寄せられていました。

　ここでは、同社の中途解約清算規定の適法性が問題となった最判平成19・4・3（後掲 **裁判例㉑**）の事例と、同社に対する行政処分の内容について、背景事情を含めて検討します。これは、特定商取引法において繰り返し問題となってきた、規制→その潜脱→潜脱の克服という過程や、「対価の相当性に

───────────

(注)　後記のとおり同社は平成19年に事業譲渡により経営主体が変更される等、令和元年現在「NOVA」の商号で活動している英会話学校とは別法人です。

第9章　特定商取引法(2)——継続的役務

〔表6〕　特定商取引法で特定継続的役務提供として規制の対象となるための要件

役務の種類	提供期間	支払金額
エステティック	1カ月を超えること	5万円を超えること
美容医療		
外国語会話教室	2カ月を超えること	
学習塾		
家庭教師派遣		
パソコン教室		
結婚相手紹介サービス		

（作成：坂東俊矢）

法は介入しない」という法原則をどう克服するかという消費者法分野に典型的な問題解決の過程を概観することを目的としています。また、行政規制法規としての特定商取引法の執行の実例とその問題点について検討します。

2　本件判決および行政処分に至る経緯・背景等

(1)　特定継続的役務提供契約の規制の背景

　特定継続的役務提供契約として語学教室の受講契約が規制対象となった背景には、上記のとおり、①解約に関するトラブル、②サービスの質に関するトラブル、③事業者の倒産によるトラブルがありました。特定商取引法では、同役務提供契約について、大量の契約を直接的には規制していないものの、受講生の中途解約権を保障し、大量販売による事業者側のメリットを減殺することで、過量販売を間接的に抑制し、①のみならず③に関するトラブルを抑止しようとしました。また、事業者が継続的契約関係を維持するためには、消費者が満足する対価に見合ったサービスを提供しなければならないしくみをつくることで、サービスの質が維持され、②に関するトラブルが減少することを期待したといえます。

　実際に経済産業省は、語学教室が受講生に販売するチケットの量についておおむね1年分程度を上限とするように事実上要請しており、この要請を受けて、業界団体（社団法人全国外国語教育振興協会。NOVAは未加入）が、これに沿う倫理規定を定めたこともあり、NOVA以外の事業者の多くはおおむね1年分の範囲で役務契約を締結していました。

(2) NOVA の商法の問題点

　他方、NOVA はおおむね 3 年分程度（600ポイント）のチケットの一括販売を継続したほか、以下のような契約条項を用いて、解約を事実上抑制する方針をとりました。NOVA の契約条項は数次の改訂を経ていますが、ここでは後記の最高裁判決の事例（以下、「本件清算規定」といいます）を例に説明します。

(A)　受講契約時のレッスンポイント単価

　NOVA の受講契約時のレッスンポイント単価は、購入ポイントの数量に応じて以下のとおりとなっていました。

ポイント	600	500	400	300	250	200	150	110	80	50	25
単価(円)	1200	1350	1550	1750	1850	1950	2050	2100	2300	3000	3800

(B)　NOVA の解約時の清算方法

　NOVA は、受講者に対し、受講料等の受領金の総額から、受講者が解除するまでに使用したポイント（「使用済みポイント」）の対価額、中途登録解除手数料等を控除した残額を返還します。

　使用済みポイントの対価額は、使用したポイント数に、料金規定に定める各登録ポイント数のうち使用したポイント数以下でそれに最も近い登録ポイント数のポイント単価を乗じた額とその消費税相当額を合算した額とします（α）。ただし、その額が、使用したポイント数を超えそれに最も近い登録ポイント数の受講料の額を超える場合には、その受講料の額（β）とします。

　100ポイント使用した場合、80ポイントの単価である2300円×100×1.05＝24万1500円（α）か、110ポイントの単価である2100円×110×1.05＝24万2550円（β）の安いほうが使用済みポイントの単価となります。

　中途登録解除手数料は、受領金の総額から使用済みポイントの対価額等を控除した残額の 2 割に相当する額とします。ただし、その額が 5 万円を超える場合には、 5 万円とします。

　これ以外にも、NOVA は 3 年分購入させたチケットについて有効期限を定め、 1 年ごとにその一部についてその権利を喪失する旨の定めを置くなどして、受講生からの返金請求を抑制しようとしました（この規定については後日裁判で争われましたが、東京地判平成16・7・13〔判時1873号137頁〕におい

て、同規定が無効との判断を受けてからは、NOVA はその有効性を積極的に主張しませんでした）。

当時 NOVA は急激にその規模を拡大しており、受講生から無利息で前受金を受領できることは、その経営上大きなメリットでした。他方で、一般消費者から巨額の前受金を受領してこれを運転資金にあてた場合、企業が破綻に至れば大量消費者被害に直結します。実際に、アトニー外語学院（平成 6 年）、トーザ外語学院（平成10年）等、多額の前受金債務を負ったまま破産した例は多数存在します。

(3) 東京都による行政指導と経済産業省平成16年11月14日通達

(A) 東京都の指導

東京都は、特定商取引法における特定継続的役務提供契約の規制以前から、平成 9 年 4 月、条例に基づく外国語教育サービスにかかる表示基準を施行し、同年 6 月、都消費者被害救済委員会が公表した「外国語会話スクールの中途解約に係る紛争案件報告書」において、NOVA と思われる事業者について、予約をとりにくい場合があることや、授業内容が受講生の希望と一致していないこと、行き過ぎた勧誘といった事実があったことを指摘するなどしていました。

そして、東京都は平成14年 2 月、NOVA に対し、特定商取引法および東京都消費生活条例に基づく行政指導を行いました。指導の根拠となる特定商取引法の違反事由としては、①迷惑な解除妨害（同法46条 1 項 4 号、特定商取引法施行規則39条 1 号）、②不実告知（同法44条 1 項）、③重要事項不告知（同法46条 1 項 2 号）、④書面不備（同法42条 2 項）、⑤無効な解約金（同法49条 2 項）が含まれていました。⑤については、本件清算規定と同様の計算方法を問題視したものです。

NOVA は、これに対し、同年 3 月に業務改善計画を提出しています。

(B) 経済産業省の見解と NOVA の対応

ところが、平成14年 6 月、経済産業省は、契約時と清算時において異なる対価を用いた清算方法について、それ自体が「合理性がないとはいえない」という見解を公表しました。

その後、平成16年11月 4 日付けの同省通達においては、「同項〔筆者注：特定商取引法49条 2 項〕第 1 号イの『提供された役務の対価』については、契約締結時の書面に記載された方法に基づき算出することになるが、その際

用いる方法、単価については合理的なものでなければならない。すなわち、単価については、契約締結の際の単価を用いることが原則であり、合理的な理由なくこれと異なる単価を用いることはできない」としています。したがって、経済産業省は、同通達においては、合理性があればこれら計算方法を許容する余地を認めたにすぎず、NOVAの清算方法について無条件に許容していたわけではありません。

しかし、NOVAはこれら経済産業省の見解を同社の清算方法が適法であることの「お墨付き」と捉え、既払金の返還を求める元受講生や、これをあっせんする消費生活センターに対する態度を硬化させました。また、判断基準として「合理性」という評価の余地の大きい概念が用いられたため、各地の消費生活センターの相談員があっせんに困難を来すという影響もありました（国民生活センター発表資料「NOVAへの苦情が急増し、未だ解決されないケースも多数全国の消費生活センターへの緊急アンケート調査結果より」〔平成19年8月2日〕によると、NOVAとの消費生活センターによるあっせん解決率は平成14年度をピークに低下に転じています）。

(4)　既払金返還請求訴訟の増加とNOVAの対応

(A)　元受講生による提訴とNOVAの当初の対応

他方で、NOVAに対しては、清算規定は特定商取引法に違反して無効として、既払金の返還を求める元受講生が訴訟を提起する動きが生まれます。

これに対し、NOVAは当初、裁判所により本件解約清算規定に関する法的判断がなされることを回避しようとしたのか、口頭弁論期日において、請求額全額を弁済提供ししたり、請求額全額を支払って和解するなどしていました（たとえば、日本弁護士会連合会消費者問題ニュース98号〔平成16年1月〕における長野浩三弁護士報告）。

(B)　受講生側弁護士による判決等の獲得活動

上記の訴訟においては、和解等により訴訟の当事者本人の被害は回復されました。しかし、NOVAは、「清算規定の違法性を認めたわけではない」というロジックの下で、他の案件については相変わらず清算規定の正当性を主張し続けました。そのため、同種被害拡大防止のため、判決による判断を得ようという動きが生まれます。

前掲東京地判平成16・7・13の事例では、NOVAが口頭弁論期日に原告の元受講生に対し弁済提供をしたものの、元受講生が和解を拒絶し判決を求め

ました。その結果、弁済の提供を理由に請求は棄却されたものの、判決理由において、NOVA の解約清算方法が違法である旨の判示がされました。

その後、NOVA は清算規定の有効性について訴訟で積極的に主張する方針に転じますが、東京高判平成17・7・20（判タ1199号281頁）、東京高判平成18・2・28（判例集未登載）、大阪高判平成18・9・8（判例集未登載）等、NOVA の清算規定を無効とする判断が相次ぎました。

(C) 消費者団体等による申入れ活動

当時、消費者団体訴訟制度の導入に向けた議論が進められており、各地で法律施行後にこの担い手（適格消費者団体）となることを目的とする消費者団体が活動していました。そのうち、特定非営利活動法人京都消費者契約ネットワーク（KCCN）が平成16年12月に、特定非営利活動法人消費者機構日本（COJ）が同17年9月に、NOVA に対し、本件清算規定の削除等を申し入れています（いずれも同団体ウェブサイト参照）。

しかし、NOVA はこれらの申入れには応じませんでした。

3 継続的役務提供契約の中途解約と損害金

裁判例㉑ 最判平成19・4・3（民集61巻3号967頁）

(1) 事案の概要

(A) 当事者

原告　X（Y の元受講生）

被告　Y（NOVA）

(B) 争　点

外国語会話教室の受講契約の解除に伴う受講料の清算について定める約定が、特定商取引法49条2項1号に定める額を超える額の金銭の支払いを求めるものといえるか。

(C) 事　案

NOVA の受講契約時のレッスンポイント単価、NOVA の解約時の清算方法については上記のとおりです。

このような計算方法を主張する NOVA と、契約時単価による清算を主張する元受講生との間で訴訟となりました。原審（東京高判平成17・7・20〔判タ1199号281頁〕）は、契約時単価による清算によるべきと判示し、NOVA が上告しました。

(D) 判 決

上告棄却。

「(1) 上記各規定〔筆者注：特定商取引法49条〕の趣旨は、特定継続的役務
提供契約は、契約期間が長期にわたることが少なくない上、契約に基づいて
提供される役務の内容が客観的明確性を有するものではなく、役務の受領に
よる効果も確実とはいえないことなどにかんがみ、役務受領者が不測の不利
益を被ることがないように、役務受領者は、自由に契約を将来に向かって解
除することができることとし、この自由な解除権の行使を保障するために、
契約が解除された場合、役務提供事業者は役務受領者に対して法定限度額し
か請求できないことにしたものと解される。

(2) 本件料金規定においては、登録ポイント数に応じて、1つのポイント
単価が定められており、受講者が提供を受ける各個別役務の対価額は、その
受講者が契約締結の際に登録した登録ポイント数に応じたポイント単価、す
なわち、契約時単価をもって一律に定められている。本件契約においても、
受講料は、本件料金規定に従い、契約時単価は一律に1200円と定められてお
り、被上告人〔筆者注：元受講生〕が各ポイントを使用することにより提供
を受ける各個別役務について、異なった対価額が定められているわけではな
い。そうすると、本件使用済ポイントの対価額も、契約時単価によって算定
されると解するのが自然というべきである。

上告人〔筆者注：NOVA〕は、本件使用済ポイントの対価額について、本
件清算規定に従って算定すべきであると主張する。しかし、本件清算規定に
従って算定される使用済ポイントの対価額は、契約時単価によって算定され
る使用済ポイントの対価額よりも常に高額となる。本件料金規定は、契約締
結時において、将来提供される各役務について一律の対価額を定めているの
であるから、それとは別に、解除があった場合にのみ適用される高額の対価
額を定める本件清算規定は、実質的には、損害賠償額の予定又は違約金の定
めとして機能するもので、上記各規定の趣旨に反して受講者による自由な解
除権の行使を制約するものといわざるを得ない。

そうすると、本件清算規定は、役務提供事業者が役務受領者に対して法49
条2項1号に定める法定限度額を超える額の金銭の支払を求めるものとして
無効というべきであり、本件解除の際の提供済役務対価相当額は、契約時単
価によって算定された本件使用済ポイントの対価額と認めるのが相当であ

る」。

(2) 論点についての解説

(A) 特定商取引法の適用の可否とその根拠

(a) 本件判決の立場と評価

特定商取引法49条1項は、特定継続的役務提供契約における役務受領者の中途解約権を、同条2項1号は、同解除の際役務提供事業者は役務受領者に対し、損害賠償額の予定または違約金の定めがあるときにおいても、法定限度額を超える額の金銭の支払いを請求することができない旨を定めています。

もっとも、NOVAは、形式的には、解約時における損害賠償金や違約金を請求したのではなく、解約時においてすでに消化されたレッスンポイントの単価の計算式を契約時の単価とは異なる方法により計算して清算をしていたにすぎません。

そのため、このような清算方法が特定商取引法上の規制を受けるのか、受けるとしてその根拠がどこにあるのかが問題となりました。

① A説は、本件におけるNOVAの主張と同様に、本件清算規定は特定商取引法49条の対象にはならず、消費者契約法10条、民法90条との関係で適法性が問題となるにすぎないと考えます。その背景には、契約当事者が決定した対価について、法が介入することには謙抑的であるべきであるという考え方があります。

② B説は、本件清算規定は、機能的には違約金条項の実質を有するものであり、特定商取引法49条の規律を受けると考えます。その根拠については、ⓐ同条に違反すると考えるものと、ⓑ同清算規定は実質的に中途解約権を制約するものであり、同条の趣旨に反する脱法行為であるから無効とするものとがあります。B説を、効果に着目して整理すると、以下のとおりとなります。

　　ⅰ B₁説　　同清算規定は、同条2項1号の定めに抵触する場合、当然に無効である（京都地判平成18・1・30〔裁判所HP〕）。

　　ⅱ B₂説　　同清算規定は、同条2項1号の定めに抵触する場合、原則として無効であるが、清算方法に合理性が認められる場合には、例外として有効となる（本件原審判決東京高判平成17・7・20ほか）。

最高裁判所は、このうちB₁説を採用しました。すなわち、上記のとおり特定商取引法49条の趣旨を詳細に判示したうえで、本件清算規定が、法の定

〔表7〕 特定商取引法による特定継続的役務提供が中途解約された場合の清算規定

	上限金額	
役務の提供開始後 （1号）	下記の①と②とを合計した金額 ①提供された役務の対価に相当する額 ②通常生ずる損害額として役務ごとに政令で定める金額（下記のいずれか低い額）	
	エステティック	2万円または契約残額の10%
	美容医療	5万円または契約残額の20%
	外国語教室	
	家庭教師派遣	5万円または1カ月分の役務の対価
	学習塾	2万円または1カ月分の役務の対価
	パソコン教室	5万円または契約残額の20%
	結婚相手紹介	2万円または契約残額の20%
役務の提供開始前 （2号）	契約の締結および履行のために通常要する費用の額として政令で定める額	
	エステティック	2万円
	美容医療	
	外国語教室	1万5000円
	家庭教師派遣	2万円
	学習塾	1万1000円
	パソコン教室	1万5000円
	結婚相手紹介	3万円

（作成：坂東俊矢）

める中途解約権の趣旨を没却するものとして、同清算規定が同条2項に違反することを明確に判示しています。

　消費者保護の観点からは、消費者保護法令による規制をその形式的要件から外れることで回避しようとする動きを、その趣旨に立ち返った法解釈により克服したものといえるでしょう。

　また、本判決は、本件清算規定を特定商取引法49条の問題と捉えることで、契約対価の妥当性そのものに裁判所が介入したのではないとの立場をとっています。

　なお、本判決に関しては、定期券等、一定の役務提供を受ける権利をまとめて販売する場合の解約清算規定の適法性にどのような影響を与えるかという、それ自体重要かつ非常に興味深い論点があり、上記の学説上の対立もこ

の問題を視野に入れたものとなっているのですが、冒頭に述べた本稿の直接のテーマと外れるため、ここでは記載を割愛します。

(b) 通達の変更

経済産業省は本判決を受け、平成19年4月12日付けの通達をもって、特定商取引法49条2項1号イに規定する「提供された特定継続的役務の対価」を算定する際、単価については契約締結時の単価を上限とする、解除があった場合にのみ適用される高額の「対価」を定める特約は実質的に損害賠償額の予定または違約金の定めとして機能するものであって無効であるとし、上記平成16年通達を変更しています。

〈参考文献〉

千葉恵美子・判時1996号168頁、鎌田薫ほか・NBL858号12頁、山本豊・ジュリ臨時増刊1354号82頁、石田剛・消費者法判例百選126頁

---

4 NOVAに対する経済産業省の行政処分

行政処分 経済産業省平成19・6・13

(1) 事案の概要

(A) 当事者

処分者 経済産業省（なお、同日付けで東京都によるNOVAに対する指示もありましたが、ここでは割愛します）

被処分者 NOVA

(B) 処分内容

① 1年を超えるコースおよび授業時間数が70時間を超えるコースの新規契約に関する勧誘、申込受付および契約締結の各業務について、処分の翌日から6カ月間の停止命令（更新契約は対象外）（特定商取引法47条1項）

② 役務提供期間が1年以内かつ授業時間70時間以内のコースの契約、子ども英会話等に関して、業務改善を指示（特定商取引法46条）

(C) 処分事実

(a) 特定商取引法違反行為

NOVAは、外国語会話レッスンの契約に関する業務を行うに際して、以

下の特定商取引法の違反行為を行っていました。

① 書面記載不備（特定商取引法42条1項・2項違反）　概要書面および契約書面において、関連商品についてクーリング・オフできる旨の記載や中途解約事項についての記載などに不備等がありました。

② 誇大広告（特定商取引法43条）　年間を通じて恒常的に入学金全額免除を実施していたにもかかわらず、期間中に入学すれば入学金を全額免除する旨のキャンペーンを行い、実際のものより著しく有利であると消費者に誤認させるような表示を行っていました。

③ 不実告知（特定商取引法44条1項）

　ⓐ 実際には、時間帯等によってはレッスンの予約がとりにくい状況であったにもかかわらず、勧誘の際、「レッスンの予約は好きなときに入れればいい」等と不実のことを告げていました。

　ⓑ 契約内容を決めず住所・氏名等のみ登録した日から8日以上経過すると、実際の契約締結後に契約書面を交付された日から8日を経過していなくても、「もうクーリング・オフできません」と告げていました。また、この点について、経済産業省が許可した事実がないにもかかわらず、「この考え方で経済産業省の許可を得ている」等と告げていました。

　ⓒ 入学金が無料になるとして契約したにもかかわらず、消費者が契約解除を申し出ると「入学金の分は授業料から差し引いており、契約書には入学金が記載されているので、解約時に入学金の一部を初期費用としていただいております」と説明していました。

④ 重要事項の不告知（特定商取引法44条2項）　多くの教室において時間帯等によってはレッスンの予約がとりにくい状況があり、同社としてその状況を把握していたにもかかわらず、勧誘時にその事実を消費者に告げていませんでした。

⑤ 役務提供契約の解除によって生ずる債務の一部の履行拒否または不当遅延（特定商取引法46条1項1号）

　ⓐ 入学金は無料であると言われて契約した消費者が中途解約した場合、清算金額に入学金を含めて計算し、本来中途解約によって消費者に返還すべき入学金相当額の一部の返還を拒否しました。

　ⓑ 同社では、ポイント（1ポイントで40分間のレッスンを受けることが

できる権利）の一定割合を一定の期間ごとに失効させる制度としていましたが、その際、予約がとれないなどの同社側の責めに帰すべき事由により中途解約に至った場合についても当該ポイントを失効したものとして清算し、消費者に返還すべき金銭を返還していませんでした。なお、NOVA は、消費者が契約を解除するときにのみ同制度を適用していました。また、予約がとれないなどの同社側の責めに帰すべき事由により中途解約に至った場合について、契約時のポイント単価よりも高い単価を用いて精算する合理的理由がないにもかかわらず、契約時のポイント単価を用いて計算していれば消費者に返還すべき金銭を返還していませんでした。

ⓒ　NOVA への支払いにクレジットを利用した消費者が中途解約した場合、同社と信販会社との加盟店契約に基づき、いわゆるキャンセル処理方式で清算が行われる場合において、本来同社が負担すべき費用までも消費者に請求しており、消費者に返還すべき金銭を返還していませんでした。

⑥　関連商品販売契約の解除によって生ずる債務の履行拒否（特定商取引法46条１項４号、特定商取引法施行規則39条７号）

ⓐ　契約時に、同社からレッスンを受けるに際して購入する必要があると告げられて消費者が購入したテレビ電話装置について、中途解約時には、必ずしも購入する必要はなく関連商品には該当しないとして解除に応じていませんでした。

ⓑ　消費者が購入した教材について消費者がその中途解約を申し出た場合に、消費者がその教材のパッケージの一部を開封していたのみの場合や未使用の状態で返品が可能である場合にも、同社は、返金に応じていませんでした。

(b)　こども英会話にかかる特定商取引法違反

NOVA が行っていた「こども英会話」は、月謝制ながら、契約時に入学金・月謝３カ月分等の合計５万円超を請求していたため、特定商取引法上の特定継続的役務に該当していたにもかかわらず、同社は、同法の適用外であるとして、クーリング・オフに応じなかったほか、法定書面も交付していませんでした。

(D) 全社的な違反行為

NOVA は、各教室において、本社が作成したマニュアルや本社からの業務通達・指導に基づき消費者との契約等の業務を行っていたものであり、上記違反行為は全社的に行っていたものと認められます。

なお、同社に対しては、今後2年間にわたり、四半期ごとに勧誘、契約および解除に関して同社に寄せられた苦情並びに同社の苦情対応等について報告させることとし、当該報告を踏まえて、必要に応じて指導を行うこととしています。

(2) 論点についての解説

(A) 特定継続的役務提供契約に関する特定商取引法上の規制および行政処分等

特定継続的役務の提供事業者には、書面交付義務（特定商取引法42条）、広告規制（同法43条）、禁止行為（同法44条）等の行為規制があり、これに違反すると、主務大臣の指示（同法46条）や業務停止処分（同法47条）の行政処分を受けます。

また、何人も、特定商取引の公正および購入者等の利益が害されるおそれがあるときは、主務大臣に対し、行政処分を含む適切な措置をとることを求める旨を申し出ることができます（特定商取引法60条）。本件では、消費者機構日本が平成17年11月に、特定商取引法60条に基づく申出を東京都知事に行っています。

本件は、国内最大手の外国語教室運営会社であった NOVA に対し、広範な特定商取引法違反の事実を認定し、業務停止処分を課した実例です。

(B) 行政処分の傾向

主務官庁である経済産業省（現在は消費者庁）等による特定商取引法関係の行政処分は、平成12年度まではおおむね年間10件以下で推移していましたが、平成13年度に20件（指示19件、業務停止1件）を記録して以降増加傾向に転じ、平成22年度には188件（指示45件、業務停止143件）に達しています。とりわけ業務停止処分の増加が顕著です。本件処分も、これら主務官庁による積極的な行政処分傾向の流れの一端に位置づけられます。しかし、その後の処分件数は再び減少に転じ、平成29年度は69件（指示30件、業務停止39件）となっています。

(C) 行政処分と最高裁判決との関係

本件処分と前掲最高裁判決とでは、清算条項に関する部分が重なりますが、本件処分では、本件清算条項を用いることが違法となる場合について、NOVA の責めによる契約解除の場合に限定しています。

(D) 評価等

本件処分は NOVA による広範な特定商取引法違反事実を認定し、長期の業務停止処分を課した点で画期的なものです。

また、本件処分で認定された NOVA の法違反には、①役務提供の不十分さ（たとえば、レッスンの予約がとりにくい）を原因とするものと、②解約時の清算規定等解約を抑制しようとした結果、法に触れたものがありますが、消費者の自由な解約権を抑制しようとする事業者は、役務提供の質に問題を生ずるという、特定継続的役務提供契約の規制の前提となっている仮説が裏づけられる結果となっています。

他方、① NOVA に関する消費生活センターへの相談事例は、平成11年度以降毎年500件以上、同14年度以降は毎年800件以上で推移していたこと（国民生活センター「NOVA への改善要望に対する回答及び最近の相談状況について」〔平成19年10月5日〕）、②本件処分にかかる事例には前記の東京都による平成14年の指導において認定した事実と共通の法違反事由が含まれていることを考えれば、処分は遅きに失したものと言わざるを得ないでしょう。

NOVA は本件行政処分後、事実上支払停止の状態に陥り、元受講生に対する既払金の返還等をほとんど行うことのできないまま、平成19年10月に会社更生手続開始の申立てをするに至りました。

引き続き受講を希望する受講生に対しては、同社の事業譲渡先が救済措置を講ずる等して、一定の救済が図られました。他方、NOVA は平成20年3月末期の決算の第1四半期（同19年6月末）の時点では債務超過ではないとされていたにもかかわらず、会社更生手続（同年10月）およびその後移行した破産手続において、元受講生に対しては、全く配当がされませんでした。チケットが未消化である NOVA の元受講生は30万人とも40万人ともいわれており、被害者数において空前絶後の消費者被害といえます。行政による法執行や行政指導が時期を失したことも一因となって、特定商取引法が防止しようとした、前払金の貸倒れによる大量消費者被害が繰り返される結果となっています。

その意味で、行政が適切なタイミングで法執行等を行うことは消費者被害の防止において極めて重要といえるでしょう。

5 最後に

本件訴訟や関連訴訟で争いとなった訴額は数十万円のものがほとんどです。これは特定商取引法に関する他の紛争についてもみられる傾向です。法的論点が問題となっている場合、事業者側は1つの勝訴判決を他の訴訟に事実上援用することにより、訴訟活動に投下したコストを回収することができますが、消費者側にはそのような転嫁はできません。そのため、消費者は提訴を躊躇しがちであり、また、訴訟に至った場合にも、長期化を避けるためには、和解による解決を指向せざるを得ません。

したがって、消費者救済における判決の獲得のためには、①自分個人の問題にとどまらず広く問題の解決を図ろうとする強い意思をもった消費者、②それを支える弁護団体制を含む代理人側の体制の充実が不可欠といえるでしょう。さらに、③これらの活動について経済的な支援を含む支援体制の確立が必要ですが、当事者や代理人・弁護団の個人的努力に依存しているのが実情でした。

このような状況を改善するために、平成28年10月1日、消費者裁判手続特例法が施行されました。同法では、事業者と消費者間の紛争において、消費者契約の有効性等多数の消費者に共通する争点について、消費者を代表する団体（特定適格消費者団体。消費者機構日本を含む3団体〔令和元年7月末日現在〕）が共通義務確認の訴えを提起し、訴えが認められた場合に、消費者は簡易な手続により被害救済を受けられるという制度設計になっており（2段階型手続）、集団的な消費者被害を一括して実効的に解決することをめざしています（詳細は第6章参照）。

また、行政処分のみに頼らず、消費者の代表が被害防止のために活動するという観点から、平成19年に消費者団体訴訟制度が施行され、平成21年に差止めの対象に特定商取引法違反行為の一部が加えられました。本件でNOVAに申入れ活動をした2団体も差止請求権を行使する適格消費者団体（21団体〔令和元年7月末日現在〕）となり、その一翼を担っています（詳細は第5章参照）。

（五條　操）

〈**参考文献**〉

　国民生活センター「NOVA への苦情が急増し、未だ解決されないケースも多数——全国の消費生活センターへの緊急アンケート調査結果より——」（平成19年 8 月 2 日）、「NOVA への改善要望に対する回答及び最近の相談状況について」（平成19年10月 5 日）、経済産業省ニュースリリース「特定商取引法違反の特定継続的役務提供事業者（外国語会話教室）に対する行政処分について」（平成19年 6 月13日）

第10章　特定商取引法(3)
——マルチ商法とネズミ講

1　問題の所在

　怪しげな儲け話は、人の世からなくなることはありません。パチンコ攻略法から未公開株、情報商材の売買など、「ひょっとしたら」と思う人の気持ちに、儲け話がつけ込んできます。ネズミ講やマルチ商法（ネットワークビジネスと呼ばれることもあります）は、その典型的なものの1つです。平成30年2月には、消費者庁が健康用品を販売するジャパンライフ株式会社の販売方法が連鎖販売取引であり、目的を告げずに勧誘していたとして、1年間の業務停止命令を出しています。

　さて、昭和40年頃に熊本で始まった「天下一家の会」が、わが国で最初のネズミ講といわれています。ネズミ講は、昭和53年11月に議員立法で成立した無限連鎖講防止法で、その開設・運営・勧誘に刑事罰が科せられています。単なる金銭配当組織である限り、ネズミ講は、利益を上げるほんの少数の者と、損失を被る多数の被害者が生じます。公序良俗に反する違法な取引として、法律によって禁止されたのです。

　一方、マルチ商法は、法的には「連鎖販売取引」として、昭和51年に制定された訪問販売法（平成12年の改正で法律の名称が「特定商取引に関する法律」に変更されました）で規制されています。昭和50年代の半ば頃から、ホリディマジック社とかベストライン社といった海外からきた会社が営業を開始し、その被害が社会問題にもなりました。昭和51年には、公正取引委員会が、ホリディマジック社の取引を、独占禁止法の欺瞞的顧客誘引にあたるとして、排除命令を出しています。もっとも、ネズミ講が刑事罰を伴って全面的に禁止されているのに対し、マルチ商法はそれ自体が法によって明確に禁止されているわけではありません。それは、さまざまな形態のマルチ商法に対して、広く行為規制を及ぼすことで、実質的に禁止と同一の効果を生じさせようと意図したからでした。しかし、それゆえに「マルチ商法は法律で認められた取引である」といった誤った説明が勧誘の際になされ、被害を拡大させるこ

とになったのも事実です。特定商取引法は、度重なる改正によりマルチ商法の定義を見直すことで規制の対象を広げるとともに、20日間のクーリング・オフ（同法40条）や中途解約権（同法40条の2）、不実告知あるいは重要事項の不告知による取消権（同法40条の3）などを規定してきました。その結果、実質的には、マルチ商法を適法に行えば、契約を締結してもらうことは、ほとんど不可能になっています。

　無限連鎖講（ネズミ講）と連鎖販売取引（マルチ商法）とは、法的には、その定義が異なります。

　無限連鎖講は、2以上の倍率で後順位の加入者が増加する、金品（財産権を表彰する、証券または証書を含む）の配当を受ける組織です（無限連鎖講防止法2条）。

　一方、連鎖販売取引は、特定利益を収受しうることをもって誘引し、特定負担（商品・役務の対価の支払いまたは取引料の提供）を伴う商品の再販売、受託販売、販売のあっせんあるいは役務の提供、提供のあっせんをすることをいいます（特定商取引法33条）。「特定利益」とは、取引をするに際して、取引の相手方以外の者から、提供される金品や利益のことをいいます（特定商取引法施行規則24条）。「あなたの勧誘した者による取引料の20％を得ることができる」といった類のもので、「リクルート利益」といわれるものです。連鎖販売取引は単なる金品の配当組織ではなく、そこに商品の販売や役務の提供があります。もっとも、商品や役務は二の次で、特定利益（金銭）を得ることに重きが置かれるならば、もっぱら会員のリクルートだけに関心が払われることになります。それは「ピラミッド型販売組織」として、ネズミ講と同様、破綻が必至であると考えられます。たとえば、最初の加入者が3名ずつ勧誘をしていくとすれば、15層目にはおおよそ1500万人が加入していることになるのです。

　裁判では、そうした連鎖販売取引の違法性の法的評価が争われています。そこでは、理論的な問題に加えて、マルチ商法の被害者が「儲け損なった加害者」であるとする見方の正当性も実質的に問題とされています。

2　裁判での理論的な到達点

(1)　印鑑マルチ商法の法的性質
裁判例㉒　名古屋高裁金沢支判昭和62・8・31（判時1254号76頁）

2 裁判での理論的な到達点

(A) 当事者

第1審原告　X（訴外A社から印鑑および呉服をY社との立替払契約によって
それぞれ18万円で購入して、ジャパン・システム会に入会した者）

第1審被告　Y社（訴外A社を加盟店として、Xに対する与信を行った信販会
社）

訴外　A社（印鑑の販売を業とする会社。Y社の加盟店）

(B) 事案

Xは、昭和57年9月18日にA社から購入した印鑑の代金18万円について、
手数料込み20万3400円の20回払いのクレジット契約をY社と締結しました。
また、昭和58年1月5日、XはA社から購入した呉服の代金18万円につい
て、手数料込み20万3400円の20回払いのクレジット契約をY社と締結しま
した。いずれも契約の締結頃に、商品の引渡しを受けています。Xは昭和59
年6月6日までに、印鑑の契約については6万2000円を、呉服の契約につい
ては3万1700円をY社に支払いました。

A社は昭和57年6月頃、有限会社として設立した際に、商品販売促進のた
めの方策としてジャパン・システム会を決定していました。そのしくみは、
①顧客が印鑑、呉服等の商品を18万円で購入し、その代金はY社のクレジ
ット契約で支払う、②顧客が1000円を支払って、ジャパン・システム会の会
員となり、先に会員になった者が後続の会員3名を勧誘して、ジャパン・シ
ステム会に加入させれば、3名につき5万円の還元金を受領することができ、
最大5代目の子孫に相当する363名を基準として605万円まで受領できる（第
1期と称していました）というものでした。その後、昭和57年9月30日には
還元金支払最高額を120万円に（第2期）、同年11月16日には最高額を70万円
に（第3期）縮小しています。なお、昭和58年1月21日頃までに加入した会
員は1060名、商品代金合計額は約1億8000万円に達し、その段階で印鑑等の
販売は中止しました。Y社とのクレジット契約を利用した者も約850名に達
していましたが、購入代金18万円以上の還元金の支払いを受けた者はほとん
どいませんでした。

A社は、昭和56年6月頃、印鑑の訪問販売業を営んでいた頃にY社との
加盟店契約を締結していました。昭和57年6月頃までは、立替払契約の件数
は月1、2件程度にすぎませんでした。同年7月、A社の経営者らは、Y社
の福井営業所長に会い、ジャパン・システム会の運営方法を説明し、了承を

得ました。そして、その頃、有限会社 A 社として Y 社と加盟店契約を締結しました。

A 社およびその経営者らは、自らジャパン・システム会の原始会員となり、会員を募りました。その際、商品の品質等に関する説明はほとんどなく、いかにすれば還元金を入手できるのかというしくみの説明に終始していました。しかし、会員が増えるにつれ、A 社の商法に対して疑問をもつ者が出るようになり、昭和57年10月頃から福井県生活科学センターに問合せがなされるようになり、同年11月19日には新聞でも A 社の商法の問題点が指摘されました。Y 社福井営業所長は、顧問弁護士に相談のうえ、同年12月 7 日に年末をもって加盟店契約を解除する旨の通知をしましたが、A 社に継続を懇願され、結局は契約解除を撤回しました。

A 社が販売する印鑑は約 1 万8000円で仕入れられていました。A 社はそれを18万円で販売し、Y 社から 7 ％の手数料を控除した16万7400円を受領し、その中から還元金や経費などを控除して、なお10％の純益が出るものと計算していました。

(C) 争 点

① ジャパン・システム会という販売方法の法的な性質はどのようなものであるか。

② 販売契約が公序良俗に反して無効であるとして、その販売方法をクレジット会社が認識していた場合に、クレジット契約に基づく立替金債務はどのように考えられるか。

③ 新たな会員を募集できず、利得が得られなかったからといって、被害者として、本来別個の契約に基づく立替金の支払いを拒むことは信義則に反するといえるか。

(D) 判 決

「本件の金銭配当契約は、連鎖型金銭配当組織の一環としてなされたものであり、代金18万円を負担する購入者が無限に増加することを前提とし、先順位の購入者が後順位の購入者の購入代金名下に提供された原資から自己が支出した原資以上の金銭の配当を受けることを目的とした仕組みであって、商品の販売に名を借りた金銭配当組織であり、無限連鎖講の防止に関する法律により禁止された無限連鎖講の実体を備えるものと解するのが相当である。そうすると、X と A 社との間の本件各売買契約のうち、印鑑セット及び呉

服についての販売価格5万円とする通常の売買契約の部分は有効であるが、右金銭配当契約の部分については、無限連鎖講を禁止した法の趣旨に反する極めて射倖性の強い反社会的な契約というべきであるから、この部分は公序良俗に反する無効なものと認めるのが相当である。

Xは、契約は全体として無効であると主張するが、右通常の売買契約の部分については、現実に同原告が貴晶から右各商品の引渡を受けており、しかも右各商品はその商品本来の用途に従って同原告において使用しうるもので、対価としても5万円は相当である以上、私法上有効なものと認めるべきである」。

「A社とXの前記契約中、金銭配当契約部分は、公序良俗に反して無効であるから、Y社においてその事実を知りながら、右無効な契約の履行（立替払）を目的として立替払契約を締結した場合は、右立替払契約は、公序良俗に反する金銭配当契約の履行を支持・助長することになって、それ自体公序良俗違反性を帯び、これも無効とすべきものである」。

「結局Y社は、きわめて射倖性の強い反社会的なA社の営業遂行に協力し、もってこれを助長し、自らも利益を得るべく企図したというべきである。従って、購入者であるXが配当金目当てで契約したとしても、それはA社や第1審被告らの右営業活動の成果であり、射倖心をあおられた結果であって、その原因は右両社にあり、従って、当初配当金を得る目的で契約を締結しながら、その後に至って立替払金の支払を拒むことになっても、信義則に反するものとは認められない」。

(E) 裁判理論と消費者法理

(a) 特定商取引法における連鎖販売取引

特定商取引法が規制する連鎖販売取引は、その時々の被害実態に対応して、法改正という手段でその対象が見直されてきています。昭和63年改正では、それまでの「商品の再販売型」だけでなく、「販売あっせん型」「受託販売型」や役務を対象とするマルチ商法にも規制が広がりました。特定負担の金額的な制限について、2万円という下限金額が撤廃されたのは、平成12年改正です。平成16年には、従来からある20日間のクーリング・オフに加えて、不実告知等の際の取消権およびクーリング・オフ期間後の中途解約権が新たに規定されました。こうした改正の結果、特定商取引法に規定される連鎖販売取引を適法に行うことはほとんど不可能になっています。

(b) 連鎖販売取引の要件

　現行の特定商取引法で規制されている連鎖販売取引の定義は、「商品または役務に関する取引に関して（取引類型要件）、特定利益を収受しうることをもって誘引し（特定利益要件）、その加入者と特定負担を伴う取引をすること（特定負担要件）」とまとめることができます。

　本件取引は、ジャパン・システム会の入会には1000円の支払いが必要で、形式的には印鑑等の購入契約とは別個の形式になっています。しかし、実質的には印鑑等の購入契約がジャパン・システム会に入会する条件になっていますから、その売買契約についての支払いが特定負担であると評価することができます。また、その後、下位の会員が増えることで売買契約の代金を超える還元金を収受できるとする特定利益が提供されるわけです。したがって、この取引が現行の特定商取引法で規制される連鎖販売取引に該当することは間違いありません。もっとも、本件取引がなされた昭和57年の時点では、連鎖販売取引に該当するためには商品の再売買がなされる必要がありました。消費者が、本件でいえば印鑑などを大量に購入して、それを第三者に販売し、それに伴って特定利益を得ることが必要だったのです。そこで、本判決は、実質的に連鎖販売取引である本件取引を「適法な（適正価格による）売買契約」と「違法な金銭配当契約」に区分し、印鑑等の適正な売買契約価格を5万円とすることによって、その金額を超える部分について契約を無効と判示し、被害者の救済を図ったわけです。

(c) 連鎖販売取引における金銭配当組織

　この判断は、その段階での法的な評価として適切な判断だったと思われます。消費者法は、立法の点からも理論的な展開からも、発展途上にある法領域です。現在の立法や法理論が、その紛争解決時に使うことができたのかどうかにも留意する必要があります。

　ただし、本判決が、連鎖販売取引を適法な売買契約と違法な金銭配当契約に分けて評価していることには疑問が残ります。本件を含めて、連鎖販売取引に加入する者は、商品の売買などではなく、もっぱら、（本件では「還元金」という名称の）特定利益に関心をもちます。商品の売買などは特定利益を得るための条件にすぎません。適正な価格を事後的に評価することも実は簡単なことではありません。本件では印鑑等の適正価格を5万円としましたが、それは結果的には、クレジット会社Y社に対するXの既払金と見合う

金額になっています。法的構成の妥当性というよりは、結論の正当性を優先した判断だといえるかもしれません。

(d) 個別クレジット契約の効力

　クレジット会社に対するXの主張に関しても、当時の法的な状況を考慮する必要があります。割賦販売法において、「個品割賦購入あっせん取引」（現行の割賦販売法では、「個別信用購入あっせん取引」）について売買契約に生じた抗弁事由をクレジット契約にも対抗できるという抗弁の対抗が法的に規定されたのは昭和59年でした。本契約が締結された昭和57年には、割賦販売法の抗弁の対抗を主張することができなかったのです。そこで、本判決は、クレジット会社であるY社の福井営業所長がA社の違法な商法を認識できていたことを指摘して、クレジット契約そのものも公序良俗違反と評価されるとしました。クレジット契約そのものが無効になることで、XがY社に支払っている既払金も不当利得として返還の対象になります。もっとも、印鑑等の適正価格を5万円としてその範囲では契約を有効と判断していますので、既払金が6万円強と3万円強である本件では、実際には残り1万円弱をXがY社に支払うことになります。

　また、Xの請求が信義則に反するとのY社からの主張については、A社の違法な商法によって、クレジット会社であるY社自体も大きな利益を得ていたことを指摘して、採用していません。クレジット会社による信義則違反の主張は、いわゆる「儲け損なった加害者」論です。しかし、本件は、A社の違法な取引の実態についてY社が説明を受けていたという事情があります。平成20年の割賦販売法改正（平成21年12月1日施行）により、個別信用購入あっせん取引について、クレジット会社に加盟店調査義務が規定されました。加盟店の調査が法的に義務づけられることによって、たまたま知っていたかどうかではなく、消費者に被害が生ずるような問題ある加盟店を排除することがクレジット会社に課せられているのです。

〈参考文献〉
　植木哲・別冊ジュリ135号106頁、松本恒雄・法セ401号132頁

第10章　特定商取引法(3)——マルチ商法とネズミ講

(2) 連鎖販売取引の違法性と代表取締役・勧誘者の共同不法行為責任

裁判例㉓　さいたま地判平成18・7・19（裁判所 HP）——アースウォーカー事件

(A) 当事者

原告　A・B・C・D（被告 Y 社とオーナー契約を締結した大学生）

被告　Y 社（株式会社 EarthWalker）

　　　E（Y 社の勧誘員で A、B、C を勧誘した者）

　　　F（Y 社の代表取締役）

訴外　G（Y 社の勧誘員で D を勧誘した者）

(B) 事　案

　平成16年12月から翌17年2月の間に、大学生の A・B・C は E からの勧誘により、D は訴外 G からの勧誘を受け、Y 社に対し、A、B、C は51万8400円を、D は34万8400円を支払って、オーナー契約を締結しました。

　Y 社は、経営コンサルタント等を業とする株式会社ですが、「カタロくじ事業」というカタログの商品の販売をあっせんする事業を行っていました。もっとも、その売上規模は月250万円程度の実績しかなく、実質的な収益は、オーナー契約の締結による契約金がほとんどでした。

　オーナー契約は、1口17万円〜5口85万円のオーナー契約金と称する入会金等を特定負担として支払うことが必要とされていました。また、契約金のほかに、「ビジネススタートキット代金」および「月額システム利用料」の支払いが義務づけられ、システム利用料を通算2カ月分以上滞納すると強制退会処分とされていました。一方で、オーナーは、別の者をオーナーにすれば「オーナー募集コミッション」と称する特定利益を1人あたり2万円を受け取ることができるとともに、その勧誘したオーナーがさらにオーナーを勧誘すると1500〜1万円の間接募集料を受け取ることができるとされていました。下位のオーナーが12名になると総代理店として20万円の配当金を受け取ることができ、それは上位になればなるほど高額の配当金を受け取ることができるとの説明がなされていました。

　被告 E の下位には少なくとも200〜300人くらいのオーナーがいて、総代理店という地位にありましたが、「オーナー募集コミッション」と称する利益を得ることで月60万円程度の収入を得ていました。

原告Ａ・Ｂ・Ｃ・Ｄはいずれも大学生でしたが、「割のいいアルバイトがある」と言われて説明会に参加し、「オーナーになれば確実に利益が上がる」などと、Ａ・Ｂ・ＣはＥから、Ｄは訴外Ｇから説明を受けました。オーナー契約金の支払いについては、いずれも消費者金融を紹介され、契約金の大部分を消費者金融からの借入れによって支払っています。また、契約書に署名する際に、「学生はオーナー登録できない」ことなどが記載された誓約書に署名をしていました。

(C) 争 点

① 連鎖販売取引について、正当な取引であり、確実に利益が上がる等の説明をして、金銭を出捐させたことは不法行為に該当するか。

② 会社および勧誘者、代表取締役の行為は共同不法行為に該当するか。

③ 原告らが本件取引に関与し、事実に反する誓約書に署名したことをして過失相殺することが可能か。

(D) 判 決

「被告Ｙ社の『カタロくじ』事業は、通信販売事業としては実体がなく、オーナー契約金で収益を上げている事業であり、その契約金額自体異常に高額ということができ、次々にオーナー契約を締結し続けなければ、自己の利益を確保することもできないことが明らかであるのに、この点について十分な説明を行っておらず、また、前記認定のように毎月月額システム利用料を支払わないとオーナー資格を喪失してしまうのであり、多くの会員がオーナー契約金を支払った後中途で脱退していくことになるシステムとなっていることをも考え合わせると、被告らは、利益が上がらず、実体があるとはいえない通信販売事業があたかも実体があり利益が上がっているように説明して、オーナー契約を締結させ、高額なオーナー登録料を支払わせていたほか、実質的には無限連鎖講の防止に関する法律によって禁止されている金銭配当組織というしうるものであって、通信販売事業自体は、同法の適用を免れるための方便に過ぎず、オーナー契約自体公序良俗に反する違法な取引というべきである」。

「被告Ｆについても、組織的に違法な行為を指揮命令していたことが明らかであって、加害行為を行うことについて故意があったというべきである」。

「被告Ｅは、被告会社の違法な行為を利用して収益を上げていた者であって、上記認定のように被告会社の勧誘行為について、被告Ｅのような説明

者の存在が不可欠であって、そのことを前提としてシステムが作り上げられており、被告会社と一体となって、原告らを始め多数の者を騙して高額の収益を上げていたもので、被告会社と共同不法行為責任を負うものというべきである」。

「被告らは、一面では、犯罪行為と把握することもできるほどの違法性の高い取引行為を原告らに持ちかけて、不当な利益を得ようと企てたのであり、被告らの違法性に比して原告らのそれは非常に軽微であることはもとより、被告会社が目論んでいた違法な契約自体が、原告ら第三者に虚偽の事実を申し述べさせることを元々想定し、それを前提として仕組まれていたともいえるのであって、そのようなことを前提とすると、過失相殺の結果、被告らの責任を軽減することは、むしろ公平とは言い難いと考えられるからである。さらに、この取引においては、原告らも被告Eと同様の立場となりうるのではないかとの点についても、原告らと被告Eとは、役割においても格段に区別されており、被告Eは、被告会社のシステムを運営ないし拡大するために被告会社と一体となって行動してきた者と評価できるが、原告らは、むしろ、被告Eらに踊らされていた被害者というべきであり、過失相殺については同様に消極に解さざるを得ない」。

(E)　裁判法理と消費者法理

(a)　本件取引の法的性質

Y社が行っていた取引は、形式的には「カタロくじ」という販売あっせん型の連鎖販売取引ですが、実質的には「オーナー契約」によって支払われる金銭がその収入のほとんどを占めていました。現に、説明会で積極的に勧誘を行っていたEも、商品の販売などによる利益ではなく、もっぱらオーナー募集コミッションを目的にしていました。その意味では、判決も指摘するように、Y社の提供する取引は、実体のない事業を隠れ蓑にした違法な金銭配当組織であると評価できます。そうだとすると、それは無限連鎖講防止法で禁止されているネズミ講であって、公序良俗に反する違法な取引であることになります。そして、本判決では、その行為を承知で直接の勧誘をしたEと代表取締役Fとに共同不法行為が認められたわけです。

(b)　勧誘の実態と行政処分

なお、Y社は、判決が出る約1年前、平成17年6月20日に、経済産業省によって、特定商取引法違反を理由に、3カ月間の営業停止という行政処分を

受けています。この行政処分は、特定商取引法で規制される連鎖販売取引として、Y社に対しては書面不交付、勧誘者に対しては勧誘目的等の不明示、不実告知、断定的判断の提供、適合性原則違反を理由として出されました。「簡単なバイト」であるとして説明会に連れていき（勧誘目的等の不明示〔特定商取引法33条の2〕）、「誰でも確実に利益を上げることができる」（不実告知〔同法34条1項4号〕、断定的判断の提供〔同法38条1項2号〕）と説明して勧誘をしていることが行政処分の対象になったわけです。また、同時に、氏名は公表されていませんが、4名の勧誘者に対して、不実告知等を行わないよう指示が出されています。

(c) マルチ商法、ネズミ講と過失相殺

本件訴訟の原告は、いわば違法な取引による利益を期待してオーナー契約を締結した者です。違法な勧誘を受けて金銭を出捐させられた被害者であることは間違いありませんが、一方で、勧誘をする側に回る可能性があったことも事実です。このような場合、法的には、過失相殺の可否が検討されることになります。こうした事情は、マルチ商法やネズミ講に共通して考えられる法的な論点です。本判決では、原告が勧誘員に踊らされた被害者である点を適正に評価して、過失相殺を否定しました。マルチ商法は、実質的には法的に禁止されているにもかかわらず、そのしくみや取り扱う商品・役務を変えて、被害を生じさせています。その被害がなくならないのは、そうした取引で利益を得る者が残念ながらいるという現実があるからです。そうした観点からしても、マルチ商法を行う会社や個人に違法な利益が残ることのない法解釈・運用が求められています。

3 民法と消費者法の法理論

無限連鎖講（ネズミ講）は、無限連鎖講防止法で禁止されています。連鎖販売取引（マルチ商法）は、特定商取引法によって実質的に適法に営業することが著しく困難とされています。「確実に利益があがる」という違法な説明なしには、こうした取引にかかわる人を多数、勧誘することは、ほとんど不可能だからです。

もっとも、法的に禁止されているからといって、それだけで消費者が締結した契約の効力が否定されるわけではありません。連鎖販売取引については、前述のように、特定商取引法で20日間のクーリング・オフが規定され（特定

商取引法40条)、その期間経過後も中途解約が可能とされています（同法40条の２）。もっとも、中途解約の場合には、商品を返還できない場合には商品価格相当額を、返還できた場合には商品価格の10分の１に相当する額を、契約締結のための費用とともに損害賠償として支払わなければなりません。クーリング・オフであれば一切の負担がありませんが、違法な説明を受けて利益が得られるかもしれないと思い込んだ被害者が冷静になって再考するには、20日間という期間は決して長いとはいえません。

　そうだとすると、20日間という期間を超えて被害者を救済するために、連鎖販売取引が公序良俗に反して無効であることを理由として（民法90条）、契約の効力を否定する必要が出てきます。あるいは、違法な勧誘行為がなされたことを不法行為であるとして、契約で出捐した金銭を損害賠償として請求することが考えられます。無限連鎖講は、刑事罰をもって禁止されているわけですから、それが民事上、公序良俗に反して効力を有さないと評価することは容易です。その実質的な評価は、それがいずれは間違いなく破綻するものであり、少数の利益を得る者と多数の被害者が生ずるしくみにほかならないからです。また、結果的に、社会の健全な勤労意欲や人間関係を失わせるものでもあります。

　問題は、連鎖販売取引をどのように考えるかにあります。まず、連鎖販売取引の契約としての性質を評価する必要があります。連鎖販売取引は、特定負担と特定利益とから、法的な構造が成り立っています。仮に特定負担の対象である商品や役務などの取引による利益が特定利益の主たるものであり、特定商取引法の規制を遵守した勧誘などがなされている場合には、全体としてその取引は適法なものといえるのでしょう。もっとも、いわゆる第三者を連鎖販売取引に勧誘するリクルート利益（金銭）が主たるものである場合には、その取引は限りなく違法なものになります。すでに検討した２つの判決でも、「実質的には法で禁止された金銭配当組織である」として、その判断が示されているとおり、連鎖販売取引の実態を適切に評価して、その取引の主たる内容が金銭配当組織そのものであるとすれば、それは無限連鎖講が組み込まれた取引であると考えられるからです。

　残る課題は、連鎖販売取引のうち、特定負担である商品や役務にかかわる契約を金銭配当組織とは区別してその効力を考えるのかどうかにあります。名古屋高裁金沢支判昭和62・8・31（裁判例22）は、違法な金銭配当組織と

印鑑等の売買契約とを区別して、後者について適正価格を5万円として、その範囲で契約を有効としました。連鎖販売取引を有効な契約と無効な契約に分離し、あくまで金銭配当組織と評価できる部分のみを無効と判断したわけです。形を変えた契約の一部無効論ともいえるかもしれません。一方、さいたま地判平成18・7・19（裁判例㉓）は、損害賠償の算定にそれを考慮していません。取引の内容が、通信販売をあっせんする地位に関するものであり、有効とすることができる部分を考慮することができないというのも事実です。もっとも、被害者側の過失を考慮することも否定しています。あくまで、違法な勧誘を受けて契約した者を「儲け損なった加害者」ではなく、「被害者」として評価しているのです。考えてみれば、主たる関心事となっている特定利益を得るためには、何らかの特定負担が必要です。印鑑を買うことや通信販売を行う地位を得ることは、あくまで特定利益を得るための手段にすぎません。

　特定商取引法の中途解約権に関する規定では、連鎖販売取引に関する部分と商品売買契約とが区別されています。もっとも、これはあくまで適法な連鎖販売取引に関する規定であると考えられます。違法な金銭配当組織が含まれている以上、契約を区分することは妥当ではありません。

（坂東　俊矢）

第11章 割賦販売法(1)
——平成20年改正法とクレジット取引

1 問題の所在

(1) 法の規制対象と規制理由

割賦販売法が規制の対象としている取引方法の中でも、特に重要なのが、商品を購入したりサービスの提供を受けようとするときに、商品販売者やサービス提供者とは別の業者が「信用供与」を行う場合です。たとえば、浄水器の訪問販売をしに来た業者に「20万円も支払えないからいいです」と断ろうとすると、業者は「クレジットを使えるので毎月1万円ずつの支払いで済みますよ」と言うでしょう。このような場合（およびカードを利用する場合も）、商品販売者等とは別の業者（以下、「クレジット業者」と総称します）が「信用供与」を行っていて、私達は販売者等と売買契約を結ぶとともに、この別の業者とはまた別の契約を結んでいるといわれます。割賦販売法はこのような取引形態について、「包括信用購入あつせん（カード利用の場合）」「個別信用購入あつせん（カードを使用しない場合）」「ローン提携販売（販売者が購入者の債務を保証かつカード利用の場合）」と3つの言葉を用いています（2条2項～4項。以下、「クレジット取引」と総称します）。

「信用供与」という言葉は、一般的にはお金を貸すときに使いますが、割賦販売のように物を購入するときの支払いを後払いや分割払いにするときにも、「信用供与」を行う、といいます。つまり、他人に金銭や物・サービスを先に与えて、その対価の支払いについては「あなたを信用しているから後でいいよ」という意味をもつのです。クレジット取引においても、購入者は対価をすぐに支払う必要なく商品を手に入れることができます。商品代金については、クレジット業者との別の契約（「立替払契約」や「クレジット契約」と呼ばれます）に基づきクレジット業者が販売業者に一括で立替払いしてくれるため、販売業者は不払いのリスクを負わずに済みます。その後購入者が、商品代金に手数料を加えた金額を分割するなどしてクレジット業者に対して後払いすることになります（〈図2〉参照）。このように、クレジット取引に

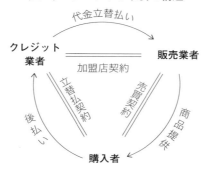

〈図2〉 クレジット取引の構造

おいてはクレジット業者が購入者に信用供与を行っているのです。もちろんサービス（＝役務）提供の場合にも、その構造は同じです。決済代行業者などより多くの業者がクレジット取引にかかわる場合もありますが、これについては第12章を参照してください。

ところで、クレジット取引においては、購入者の契約相手として販売業者とクレジット業者という二者がかかわるため、特有の問題が生じることになります。中でも、販売業者からの商品提供がなかったり売買契約に問題がある場合でも、「売買契約と別の契約に基づいて支払義務を負うのだから」とクレジット業者は購入者に支払いを請求するのが常であった時代があり、幾度も裁判で争われました。後に、昭和59年にはこの問題について法改正により対処され、売買契約上販売業者に対して代金支払いを拒絶することができる事由が存在するときは、クレジット業者に対しても対抗することができる、すなわち支払いを拒絶することができるとする、いわゆる「抗弁の対抗」が規定されたのです（割賦販売法旧30条の4）。

(2) 平成20年改正による法の全体像

平成20年には割賦販売法が大改正され（平成22年12月17日完全施行）、クレジット取引をめぐる法状況も大きく改善されました。第1に、規制対象が拡大されています。「割賦払い」でなくとも2月を超える後払いであれば対象とされ、「信用」の側面を重視したのです。そのため名称も「割賦購入あっせん」から「信用購入あっせん」に変更されました。また、「個別信用購入あっせん」については指定商品制・指定役務制が廃止されました。第2に、クレジット業者に、購入者に対する適正与信義務や、「個別信用購入あっせ

ん」については販売業者に対する一定の調査義務を課しました。これも「信用」の側面を重視して貸金業法改正と軌を一にする改正であり、また、従来から問題視されていたクレジット業者の販売業者に対する「管理調査責任」を法定したものです。第3に、「個別信用購入あっせん」について、購入者からクレジット業者に対するいわゆる「既払金返還請求権」が法定されました（③で詳述します）。

　平成20年の改正法では、クレジット取引の中でも「個別信用購入あっせん」について特に法規制の必要性があるとの認識が前面に出されています。しかし他方では、「信用」の側面に着目し、統一的な規制をめざす姿勢も大きく前進しました。

(3) 民事効果

　割賦販売法は、行政規定・刑事規定・民事規定を内容とする法律ですが、特に上述したことから明らかなように、「抗弁対抗」や「既払金返還請求」などの民事効果を認める民事規定は重要な役割を果たしています。そのため、規定の法的根拠や適用範囲と関係して、一般法たる民法とのかかわりが問題とされてきました。そこで以下では、「抗弁対抗」と「既払金返還請求」をめぐる裁判例と法規定を紹介しながら、なぜそれらの民事効果が認められるのかという法的根拠を中心に検討していきます。

2　抗弁対抗に関する法理論

(1) 昭和59年改正法施行前の事案における抗弁対抗の可否

裁判例㉔　最判平成2・2・20（判時1354号76頁）

(A) 当事者

原告　X（国内信販会社）

被告　Y₁（主債務者）

　　　Y₂（連帯保証人）

訴外　A（呉服等の販売会社）

(B) 事案

　Y₁は、昭和57年8月25日、Aから呉服一式を代金145万円で購入する契約を締結するに際し、Xとの間で、①XはAに対して上記売買代金を立替払いする、②Y₁はXに対し上記金額に取扱手数料31万3200円を加えた176万3200円を同年9月から昭和60年8月までの間に毎月4万8900円（初回は5万

1700円）ずつ支払うという契約を、Y_1 の支払い遅滞時の期限の利益喪失条項付きで締結しました。Y_2 は、X に対し上記契約に基づく Y_1 の債務につき連帯保証をしました。A は、X 信販の加盟店として立替払契約の締結の衝にあたり、同日、X から上記売買代金の立替払いを受けました。

　ところが、A は呉服の引渡しを履行しなかったため、Y_1 と A は、昭和57年暮頃に売買契約を合意解除し、昭和58年 5 月31日その旨を記載した商談解約書を作成し、これには本件合意解除に伴う諸問題は A において責任をもって処理する旨が記載されていました。Y_1 らは同年 4 月分以降の割賦金の支払いをしませんでした。

　X は Y_1 らに対し、本件立替払契約および本件連帯保証契約に基づき、残額141万8100円およびこれに対する遅延損害金の支払いを求めました。原審は、本件立替払契約の目的である Y_1 の代金債務は合意解除により契約の締結時にさかのぼって消滅し、X が Y_1 らに対し上記履行請求をすることは信義則に反し許されないとして、X の請求を棄却しました。X が上告。

(C) 争　点

　割賦販売法30条の 4 を新設した昭和59年改正法の施行前の事案について、いわゆる「抗弁の対抗」が認められるか。

(D) 判　決

破棄差戻し。

「個品割賦購入あっせんは、法的には、別個の契約関係である購入者・あっせん業者間の立替払契約と購入者・販売業者間の売買契約を前提とするものであるから、両契約が経済的、実質的に密接な関係にあることは否定し得ないとしても、購入者が売買契約上生じている事由をもって当然にあっせん業者に対抗することはできないというべきであり、昭和59年法律第49号（以下『改正法』という。）による改正後の割賦販売法30条の 4 第 1 項の規定は、法が、購入者保護の観点から、購入者において売買契約上生じている事由をあっせん業者に対抗し得ることを新たに認めたものにほかならない。したがって、右改正前においては、購入者と販売業者との間の売買契約が販売業者の商品引渡債務の不履行を原因として合意解除された場合であっても、購入者とあっせん業者との間の立替払契約において、かかる場合には購入者が右業者の履行請求を拒みうる旨の特別の合意があるとき、又はあっせん業者において販売業者の右不履行に至るべき事情を知り若しくは知り得べきであり

ながら立替払を実行したなど右不履行の結果をあっせん業者に帰せしめるのを信義則上相当とする特段の事情があるときでない限り、購入者が右合意解除をもってあっせん業者の履行請求を拒むことはできないものと解するのが相当である」。

(E) 解　説

昭和59年改正法により割賦販売法30条の4（現行法は同条および35条の3の19）の規定が導入される以前から、クレジット取引において、売買契約上販売業者に対して代金支払いを拒絶することができる事由が存在するときに、クレジット会社に対しても対抗することができるか、すなわち割賦金の支払いを拒絶することができるかという問題は、議論の対象とされてきました。学説の大勢はこれを肯定していましたが、司法の場では下級審において、売買契約と立替払契約との密接不可分性を理由として信義則に基づきこれを肯定する裁判例も、両契約の法的別個性を理由としてこれを否定する裁判例も出されていました。そのため、割賦販売法30条の4は、民法によっても認められる購入者の権利を確認的に認めたにすぎないのか、それとも購入者保護のために特別に購入者の権利を創設したのか、議論されています。

本最高裁判決は、後者の立場に立ち、かつ、売買契約と立替払契約の法的別個性を前提とします。ただ、民法の原則に従い、当事者間での特別の合意や信義則に基づいて抗弁の対抗を認めうるとしますし、信義則を問題とすべき一例として、「あっせん業者において販売業者の右不履行に至るべき事情を知り若しくは知り得べきでありながら立替払を実行した」という事情を考慮すべきとしています。個々の事情に基づくあっせん業者の注意義務違反を理由として、抗弁の対抗を認めるという立場をとるようです（大阪地判平成18・9・29〔裁判所HP〕も、呉服の次々販売に係る1回払いの立替払契約につきクレジット業者の過失を理由として信義則により抗弁対抗を認容しています）。

(2)　抗弁対抗の法的根拠と既払金返還請求

この平成2年最高裁判決により、割賦販売法30条の4の規定は特別に購入者がクレジット会社に対して支払いを拒絶することを認めたものであり、かつ、それ以上の効果を認めるものではないとの考え方が、司法・立法・行政の場においてその後支配的となったように思われます（たとえば、東京地判平成5・9・27〔判時1496号103頁〕）。しかし、同規定を根拠とせずとも別の根拠から、購入者のクレジット会社に対する「抗弁の対抗」や「既払金の返還

請求」が認められるべきとの考え方は依然として学説の大勢を占めており、多様な考え方が提示されています。それらの考え方の根底には、「クレジット取引」のもつ一定の特徴があるといえるでしょう。ある一つの考え方によれば、売買契約と立替払契約との密接不可分性という特徴を根拠として、売買契約と立替払契約との間に成立上・存続上の牽連関係を認めて、たとえば売買契約が解除された場合には立替払契約の消滅、したがってクレジット会社の購入者に対する債務の消滅を認め、その結果、購入者はクレジット会社に対して支払拒絶が可能となるとされます（北川善太郎「約款と契約法」NBL242号83頁以下）。

　ただ、既払金のクレジット会社への返還請求についてはなお別の根拠が必要となるでしょう。なぜなら、購入者は販売業者に返還請求することができるため、クレジット会社への返還請求を認める必要はない、その必要が生じるのは販売業者が支払能力がない場合に限られる、しかし、割賦販売であれば購入者は販売業者にしか返還請求できないのにクレジット取引においてのみ購入者を手厚く処遇する必要はないとの反論がなされるからです。ではどのような根拠づけが可能なのでしょうか。返還請求を肯定する裁判例および平成20年改正法を見ながら、以下で検討していきます。

〈参考文献〉
　千葉恵美子・民商103巻6号942頁、長尾治助・ジュリ973号46頁、執行秀幸・リマークス3号73頁、本田純一・法セ435号114頁

3　平成20年割賦販売法改正による既払金返還法理

(1)　デート商法による契約の公序良俗違反無効と既払金返還請求

裁判例㉕　名古屋高判平成21・2・19（判時2047号122頁）

(A)　当事者

原告　X（購入者。商品購入時22歳、教員として就職したばかり、独身で家族と同居）

被告　Y（信販会社。控訴審では第1審被告から営業譲渡を受けた別会社が訴訟承継参加人として被控訴人となっており、第1審被告は脱退している）

訴外　Ａ（宝飾品等の訪問販売業者）

　　　Ｂ（Ａ社従業員・女性・21歳）

　　　Ｃ（Ａ社従業員・男性・黒スーツに黒サングラス）

(B)　事　案

　Ｘは、平成15年３月に教員に就職しましたが、同月中旬、携帯電話に女性から「商品を買わせることはないので宝飾品についての意見を聞かせてほしい」という電話を受け、同月29日昼に駅で待ち合わせをしました。駅では別の女性Ｂが現れ、ファミリーレストランで親しげに雑談し、ＸとＢが交際や結婚をしたらなどという話を繰り返しました。その後、宝飾品の説明をし始め、８時間も話し続けました。その間にもＢは親密な態度を繰り返し、仲間３、４名も集まり、Ｃや別の女性も購入を迫りました。以前にも資格商法に遭ったＸはそのときと同様その場で契約締結することを恐れ、買いたくないと告げると、Ｃが威圧的な態度をとり、さらに購入を迫りました。Ｘは怖くなり帰宅したかったのですが言い出すことはできず、宝飾品３点を購入することにしました。ＸはＢが準備した売買契約書に署名し、携帯していた印章で押印して、Ａに対して宝飾品３点を代金157万5000円で購入する旨を申し込み、売買契約が締結されました。同時に、同じくＢが準備したＹあてのクレジット契約の申込書に署名押印して、Ｙに対して、ＹにおいてＡに上記代金を立替払いし、ＸがＹに分割手数料61万4250円を加えた218万9250円を平成15年５月から平成20年４月まで毎月３万6400円（初回は４万1650円）ずつ支払う旨のクレジット契約締結の申込みをしました。ＣはＸの帰り際にもＢと２人で頬を寄せるように写真を撮るなどしました。翌30日、ＹからＸの携帯電話に電話がかかり諸事項の確認がされましたが、Ｘは特段の苦情を述べることはありませんでした。

　Ｘは、平成15年５月頃、Ａから本件宝飾品を受け取り、同月より平成17年９月まで、合計106万850円を自動引落しの方法により支払いましたが、その後は支払いを停止しました。Ｘは、Ｂから時折電話やメールなどを受けていましたが、しばらくすると連絡はなくなり、平成15年秋頃には電話もつながらなくなりました。Ｘは、平成18年４月頃、複数の宝石・貴金属取扱店で本件宝飾品の価額について査定してもらうと、いずれもあわせて10万円程度との回答を得ました。

　Ｘは、本件売買契約が公序良俗違反等により無効であり、これと一体であ

るクレジット契約も無効であるとして、Ｙに対し、既払金相当額（106万850円）について不当利得に基づき返還を求めました。第１審は、本件売買契約は公序良俗違反ではないとして、Ｘの請求を棄却しました。Ｘが控訴。

(C) 争 点

① いわゆるデート商法による売買契約の公序良俗違反性と、クレジット契約への影響。

② クレジット取引において売買契約に法的問題がある場合、購入者がクレジット会社に対して既払金を返還請求することは可能か。

(D) 判 決

原判決変更。

「一連の販売方法や契約内容……等に鑑みると、本件売買契約は、Ｘの軽率、窮迫、無知等につけ込んで契約させ、女性販売員との交際が実現するような錯覚を抱かせ、契約の存続を図るという著しく不公正な方法による取引であり、公序良俗に反して無効であるというべきである。

したがって、Ｘは、Ｙの本件クレジット契約に基づく未払金請求につき、割賦販売法30条の４第１項に基づき、本件売買契約が公序良俗違反により無効であることをもって、その支払を拒むことができる」。

「本来は、一体的な関係にあったのであるから、売買が無効等になる場合には、できる限りそのことを反映して、代金支払のための制度であるクレジット契約の効力が扱われるべきは当然である」。

「……売買の無効を是正するためには、代金の支払のための法律関係にも売買の無効をできる限り反映させるべき要請があるというべきこと、……元々クレジット契約が存在することが売買契約を支えるために不可欠であり、……Ａは、Ｙのためにクレジット契約締結の準備行為を代行していること、しかも……Ｙは、Ａに……消費センターからクレームがついていることを、本件クレジット契約締結当時、全く窺えないわけではなかったこと、⑤本件の無効事由が……デート商法というＡによる本件の目的物の売買の方法全般に関わる事由であること」などの「背景事実、制度の仕組み等を総合すると、本件売買契約の公序良俗違反の無効により、売買代金返還債務が発生したところ、本件の事情の下では、本件クレジット契約は目的を失って失効し、Ｘは、不当利得返還請求権に基づき、既払金の返還をその支払の相手先であるＹに対して求めることができるというべきであり、これをＹ側からいえ

ば、Ｙは、この仕組みに具体的に一定程度関わりを持っていたのであるから、それにもかかわらず、売買契約の無効には無関係であるとか、本件クレジット契約は本件売買契約に原則として左右されない等として、既払金の返還請求を拒否することは本件の事情の下では理由のないことであるといわなければならない。

そうなると、ＹはＡに既払いの立替金の返還を求めることになるところ、それは実効性が期待できないが、まさにこのような危険の負担を購入者にだけ負わせるのは不都合であるということが出発点であるから、このような結果もやむを得ない……、斡旋業者の手数料収入の中には、このような場合の損失への対応も織り込み済みであるとも考えられる。

よって、Ｘは、Ｙ社に対し、既払金の返還請求をすることが可能であるというべきである」。

⒠ 解　説

「デート商法」という異性の心理を巧みに利用した勧誘方法により契約が締結された場合の問題性について、本判決では、契約締結方法に重点を置きつつも契約内容をも考慮し、諸事情を総合的に判断して、当該契約の公序良俗違反性を導いています。このような、場合によっては法的に問題のある売買契約の成立を下支えしているのがクレジット契約です。

本判決は、「クレジット取引」にみられるいくつかの特徴に着目しつつ、総合的に判断して、クレジット契約が目的を失って失効すること、さらには購入者のクレジット会社に対する既払金返還請求を認めています（和解により債務免除と既払金返還が実現された事例としていわゆる「ココ山岡事件」も参照）。学説でもクレジット取引の特徴から同様の民事効果の認容が主張されてきました。

「クレジット取引」の特徴として主に着目されてきたのは、①契約相互の密接関連性、②クレジット業者と販売業者とが相互の利益のためにこのような取引のしくみを作り出したこと、③売買契約等に法的問題が生じることも多いこと、④クレジット業者は販売業者に問題がないかを調査・管理することができること（大阪高判平成16・4・16〔消費者法ニュース60号137頁〕は「加盟店調査義務」を負うことを明言）です。①と②は常にみられる特徴であり、④は③と関連して問題となるものです。

なお、本判決は、最判平成23・10・25（民集65巻7号3114頁）により一部

破棄されました。最高裁判所は、立替払契約と売買契約とは法的に別個の契約関係であり、割賦販売法による抗弁対抗は購入者保護のために新たに認められたものであるため、販売業者の公序良俗に反する行為の結果をあっせん業者に帰せしめ、売買契約と一体的に立替払契約についてもその効力を否定することを信義則上相当とする特段の事情のない限り、売買契約の無効により立替払契約も無効とはならず、よって既払金の返還を求めることはできないと結論づけました。問題とされた法的効果に違いがあるとはいえ、その論理は前述の平成2年最高裁判決と全く同じです（特に②(1)(E)参照）。

(2) 平成20年改正法の既払金返還法理

　次に、平成20年改正法が、購入者のクレジット会社に対する既払金返還請求を認める根拠について考えていきたいと思います。

　まず、平成20年改正法ではこれを認める3つの場合が定められています。つまり、Ⓐ売買契約等が特定商取引法の定める取引（通信販売を除く。連鎖販売と業務提供誘引販売については限定あり）であり、立替払契約を解除等（クーリング・オフ）することが可能な場合（35条の3の10・35条の3の11）、Ⓑ売買契約等が特定商取引法の定める訪問販売であり、同法9条の2が定める過量販売により売買契約を解除等することが可能な場合（35条の3の12）、Ⓒ売買契約等が特定商取引法の定める取引（前述Ⓐと同じ）であり、販売業者が売買契約または立替払契約に関する「不実の告知または不告知」を行い購入者が誤認して立替払契約の申込み等をしたとき（35条の3の13〜35条の3の16）、です。これら3つの場合に立替払契約の解除等またはその申込み等の取消しを認めることにより、「売買契約と立替払契約双方の解除または無効等」を導き、そのうえで「クレジット業者は購入者に対して既払金返還義務を負い、販売業者はクレジット業者に立替金返還義務を負い、クレジット業者は購入者に立替金返還請求できない」という効果を認めるのです。つまり、金銭や物を現実に引き渡した相手方から直接返還されるという「巻戻し清算」を認めるのです（後掲〈図3〉参照）。

　では、なぜこれらの場合に、上記の法的効果が認められるのでしょうか。

　まず改正法により法定された販売業者の行為に関するクレジット業者の責任・義務が根拠となり得ます（割賦販売法35条の3の3〜35条の3の5および35条3の7）。上記(1)(E)の④の特徴が着目されたといえます。

　また、これらが対象とするのは、特に問題事例の多い個別信用購入あっせ

んで、しかも、信用供与の対象となる売買等が特に法的問題を生じやすい特定商取引法の定める取引形態に限られていること、また、ⒷとⒸは販売業者の特定不当行為とのかかわりを要件とすることから、上記(1)(E)の③の特徴が着目されたといえます。特定商取引法の定める取引を行う販売業者に対するクレジット業者の責任はより厳格であること（割賦販売法35条の３の５・35条の３の７）とも関連しているでしょう。

つまり、販売業者の行為に対するあっせん業者の責任・義務に基づき、あっせん業者に対する購入者の既払金返還請求が類型的に認められているといえます。ここには、個別的ではありますが、類似の事情に基づき同請求を認める可能性を示した前掲最判平成23・10・25の立場との共通点がみられます。

さらに、Ⓒについては特に、消費者契約法５条の「媒介者の法理」を根拠とするといわれます。つまり、同条によれば、立替払契約について媒介の委託を受けた販売業者が不当勧誘を行った場合には、立替払契約が取消しの対象となるためです。同条によればあらゆる契約に信用供与する立替払契約について取消しが可能であり、その場合には同じく既払金返還請求を認めるべきともいえます。

4 司法の前進と今後の展望

(1) いわゆる「名義貸し」への平成20年改正法・抗弁対抗規定の適用

裁判例㉖ 最判平成29・2・21（民集71巻２号99頁）

(A) 当事者

原告　Ｘ（国内信販会社）

被告　Ｙら（34名。名義貸しをした者）

訴外　Ａ（呉服・貴金属等の卸小売を業とする有限会社）

(B) 事 案

Ｙらは、Ａから訪問販売の形態で懇請されて、名義貸しを承諾し、Ａとの間で架空の売買契約を締結し、Ｘとの間で平成20年11月から平成23年11月にかけて立替払契約を締結しました。Ａは、立替払契約の締結について勧誘をするに際し、Ｙらに対し、ローンを組めない高齢者等の人助けのための契約締結であり、上記高齢者等との売買契約や商品の引渡しは実在することを告げたうえで、「支払いについては責任をもってうちが支払うから、絶対に迷

惑はかけない」などと告げていました。Ａは、平成14年頃から多数回にわたり、その運転資金を得る目的で、既存の顧客に対して名義貸しの依頼を行っていました。

Ａは、平成23年10月分までは、支払金相当額をＹらの口座に振り込んでいましたが、同年11月28日、営業を停止し、その後、破産手続開始の決定を受けました。

ＸはＹらに対して立替払契約に基づき未払金の支払いを求めました。これに対して、Ｙらは、立替払契約のうち平成20年改正法の施行日以降に締結された改正後契約については、割賦販売法35条の３の13第１項６号の「不実告知」による立替払契約の申込みの意思表示の取消しを主張し、また、施行日より前に締結された改正前契約については、改正前の同法30条の４第１項により売買契約の無効（民法93条ただし書または94条１項）をもってＸに対抗すると主張しました。

原審は、売買契約の無効を上記事由により認めたうえで、改正後契約について割賦販売法35条の３の13第１項６号の適用はなく、また、改正前契約についてＹらは売買契約の無効をもってＸに対抗することは信義則に反し許されないとして、Ｘの請求を認容しました。Ｙらが上告。

(C)　争　点

① 　立替払契約がいわゆる「名義貸し」によって締結された場合に、名義貸人は割賦販売法35条の３の13第１項６号に基づきその意思表示を取り消しうるか。

② 　抗弁対抗は信義則に反するか。

(D)　判　決

破棄差戻し。

「改正法により新設された35条の３の13第１項６号は、……あっせん業者と販売業者との間に密接な関係があることに着目し、特に訪問販売においては、……購入者保護を徹底させる趣旨で、訪問販売により売買契約が締結された個別信用購入あっせんについては、消費者契約法４条及び５条の特則として、販売業者が立替払契約の締結について勧誘をするに際し、契約締結の動機に関するものを含め、立替払契約又は売買契約に関する事項であって購入者の判断に影響を及ぼすこととなる重要なものについて不実告知をした場合には、あっせん業者がこれを認識していたか否か、認識できたか否かを問

わず、購入者は、あっせん業者との間の立替払契約の申込みの意思表示を取り消すことができることを新たに認めたものと解される」。「立替払契約が購入者の承諾の下で名義貸しという不正な方法によって締結されたものであったとしても、それが販売業者の依頼に基づくものであり、その依頼の際、契約締結を必要とする事情、契約締結により購入者が実質的に負うこととなるリスクの有無、契約締結によりあっせん業者に実質的な損害が生ずる可能性の有無など、契約締結の動機に関する重要な事項について販売業者による不実告知があった場合には、これによって購入者に誤認が生じ、その結果、立替払契約が締結される可能性もあるといえる。このような経過で立替払契約が締結されたときは、購入者は販売業者に利用されたとも評価し得るのであり、購入者として保護に値しないということはできないから、割賦販売法35条の3の13第1項6号に掲げる事項につき不実告知があったとして立替払契約の申込みの意思表示を取り消すことを認めても、同号の趣旨に反するものとはいえない。……本件販売業者は、改正後契約の締結について勧誘をするに際し、改正後契約に係る上告人らに対し、ローンを組めない高齢者等の人助けのための契約締結であり、上記高齢者等との売買契約や商品の引渡しは実在することを告げた上で、『支払については責任をもってうちが支払うから、絶対に迷惑は掛けない。』などと告げているところ、その内容は、……契約締結を必要とする事情、契約締結により購入者が実質的に負うこととなるリスクの有無及びあっせん業者に実質的な損害が生ずる可能性の有無に関するものということができる。したがって、上記告知の内容は、契約締結の動機に関する重要な事項に当たるというべきであ」り、「法35条の3の13第1項6号にいう『購入者の判断に影響を及ぼすこととなる重要なもの』にあたるというべきである。……上記告知の内容についての改正後契約に係るYらの誤認の有無及び改正前契約に係るYらが名義貸しに応じた動機やその経緯を前提にしてもなお改正前契約に係る売買契約の無効をもって被上告人に対抗することが信義則に反するか否か等につき更に審理を尽くさせるため、本件を原審に差し戻すこととする」（裁判官1名による反対意見付き）。

⒠ **解 説**

立替払契約がいわゆる「名義貸し」によって締結された場合でも、個別事情によっては、名義貸人が割賦販売法35条の3の13第1項6号に基づきその意思表示を取り消す余地を、また、「抗弁対抗」は信義則に反しない余地を、

最高裁判所は本判決において初めて認めました。

　最高裁判所は、本事例のように、販売業者が目的や事実を偽って名義貸しを依頼するとき、名義貸人も「販売業者に利用された」と評価しうるため「保護に値」しないとはいえないとしています。そのうえで、同規定は、「あっせん業者と販売業者との間に密接な関係があることに着目し」、「購入者保護を徹底させる趣旨で」新たに規定されたため、立替払契約が「名義貸しという不正な方法によって締結されたものであったとしても」、それが販売業者の依頼に基づくものであり、その依頼の際に、上記規定の要件充足があれば、「立替払契約の申し込みの意思表示を取り消すことを認めても同号の趣旨に反するものとはいえない」とするのです。

　以上の基本的見解を基礎として、上記規定の不実告知の対象となる「購入者の判断に影響を及ぼすこととなる重要なもの」について解釈をしており、「契約締結の動機に関する重要な事項」として契約締結を必要とする事情、契約締結により購入者が実質的に負うこととなるリスクの有無、あっせん業者に実質的な損害が生ずる可能性の有無などをあげています。本件では、①名義貸しを必要とする高齢者等がいること、②高齢者等を購入者とする売買契約および商品の引渡しがあること、並びに③販売業者に支払意思および能力があることをあげています。

　また、本判決は名義貸しの場合でも、抗弁対抗を信義則に反するとはせず、その動機や経緯を前提として抗弁接続規定が適用されうることを認めています。

　本判決では、前掲平成2年最高裁判決（ 裁判例㉔ ）で述べられていた両契約の「法的別個性」には、言及されていません。むしろ、「あっせん業者と販売業者との間の密接な関係」が上記規定の根拠として明示されています。改正法による新たな規定を得て、購入者保護の徹底を高く掲げ、最高裁判所が前進した＝新たな一歩を踏み出した画期的な判決といえるでしょう。

(2)　今後の展望──クレジット取引という契約類型

　平成20年改正法の内容については、「クレジット取引」という取引類型がもつ上記 3 (1)(E)の①の特徴から当然認められる民事効果だという見方も可能であるように思われます。債務不履行解除や詐欺・強迫取消し等により売買契約等が成立・存続しないあらゆる場合について立替払契約も存続せず、巻戻し清算（〈図4〉参照）も認められると考えるべきではないでしょうか。

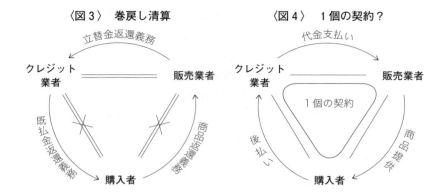

　さらに一歩進めると、クレジット取引がすでに一定の「契約類型」にまで成熟していると考えることも可能ではないでしょうか（〈図4〉参照。半田吉信「ローン提携販売と抗弁権の切断条項(上)」判タ724号52頁、泉（谷本）圭子「ドイツ第三者融資取引に関する一考察（6・完）」同志社法学237号170頁以下参照）。何も「契約類型」を事業者が言うがままに法的に理解する必要はないのです。「クレジット取引」を三者間での「1つの契約」と理解する余地があるかもしれません（大村敦志『消費者法〔第4版〕』〔有斐閣、2011年〕150頁以下も参照）。「1つの契約」と考えると、購入者の認識に最もなじみ、かつ、今回の改正法が定める巻戻し清算が、特別のことではなく一般法上も当然のこととなるでしょう。今回の改正法により「クレジット取引」という取引形態を「1つの契約類型」と理解する扉が開かれたように思えるのです。

（谷本　圭子）

〈参考文献〉
　尾島茂樹・判評614号169頁、鹿野菜穂子・金商増刊1336号158頁、中田邦博・消費者法判例百選84頁

第12章 割賦販売法(2)
──クレジットカードの不正使用

1 問題の所在

　平成20年の割賦販売法の改正（平成21年12月１日施行）によって、個別信用購入あっせん（同法２条４項。以下、「個別クレジット契約」といいます）にクーリング・オフが規定され（同法35条の３の10・35条の３の11）、販売契約が過量販売を理由として解除される場合や不実告知等によって取り消される場合には、個別クレジット契約も解除できるとされました（同法35条の３の12～35条の３の16）。個別クレジット契約の効力がなくなれば、消費者はクレジット会社に支払った既払金の返還を求めることができます。また、個別クレジット業者に登録制が導入され、登録した法人のみがその業務をすることができるとされました（同法35条の３の23）。さらに、個別クレジット業者に、加盟店調査義務が課され、その調査内容を５年間保存することも義務づけられました（同法35条の３の５）。悪質商法を助長するとまでいわれた個別クレジット契約ですが（国民生活センター「特別調査　個品割賦購入あっせん契約におけるクレジット会社の加盟店管理問題」〔平成14年〕）、個別クレジット契約を利用した消費者の契約被害は、この法改正によって急速に収まりました。

　一方で、この法改正後も割賦販売法が適用されないクレジット契約が残されています。それはクレジットカードを利用した契約で、その代金を翌月に一括して支払う場合（マンスリークリア）です。平成20年の割賦販売法改正で、信用購入あっせんの割賦要件が見直され、与信期間が２カ月を超えれば、割賦販売法が適用されることになりました（それまでは「２カ月以上の与信期間、３回以上の分割払い」が要件でした）。もっとも、翌月一括払いは、単なる決済手段だとして、割賦販売法の適用が見送られています。

　クレジットカードは、その代金支払いが２カ月以上の期間に及べば、包括信用購入あっせん（割賦販売法２条３項）に該当して、割賦販売法の適用があります。一方で、銀行系クレジットカード（たとえば、VISA、JCB、MasterCard など）の代金支払いは、通常は翌月一括払いです。この場合、

143

割賦販売法は適用されません。法が適用されないわけですから、消費者とクレジットカード会社との間の法的な関係は、もっぱら「カード規約」といわれる契約（約款）によって規律されることになります。

　クレジットカードに関する消費者の一番の不安は、他人による不正使用です。社団法人日本クレジット協会の調査では、不正使用の被害額は、平成30年には235億4000万円に達しています。とりわけ、番号盗用の被害が目立っていて、偽造カードによる被害が16億円であるのに対して、番号盗用による被害は187億6000万円だそうです。ほとんどのカード規約では、①カードの不正使用はカード会員（カード利用者）の負担であるとしたうえで、②紛失・盗難をカード会社と警察に届け出ることにより、届け出の60日または61日前までの利用額については会員が免責されるとしています。ただし、②には例外があって、カード会員にカード管理の落ち度がある場合や「家族、同居人、留守人その他の関係者」によって不正使用がなされた場合などには、結局はカード会員が債務を負担することになると規定されています。この規定の解釈が問題になります。

　クレジットカードをめぐるもう１つの問題が、決済代行業者の介在による悪質加盟店です（決済代行業者を介したクレジット決済のしくみについては〈図5〉参照）。従来、クレジットカードの加盟店になるには一定の信用が必要でした。消費者からみれば、クレジットカードを使うことのできる店舗であることが、その販売業者の信頼を示すことでもありました。ところが、決済代行業者がカード会社（アクワイヤラー）の加盟店となり、決済代行業者がその加盟店となる販売事業者を開拓した結果、従来はカード加盟店にはなることができないような事業者でも、クレジットカードによる代金決済が可能になりました。それは、多様な事業者にカード決済を可能にした反面、信用に問題のある事業者を取り込むことにもなりました。とりわけ、インターネットでの取引では、クレジットカードの名義人・番号・有効期限といったカード識別情報を入力するだけでカード決済が行われています。出会い系サイト、アダルトサイトなどの利用料が、決済代行業者が関与することで、クレジットカードにより支払うことができてしまうのです。

　実際には、カード発行側のクレジットカード会社（イシュアー）と加盟店側のクレジットカード会社（アクワイヤラー）との間には、チャージバックという業者間の内部規定があります。たとえば、クレジットカード決済の原

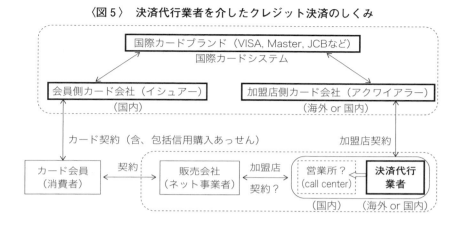

〈図5〉 決済代行業者を介したクレジット決済のしくみ

因となる取引が、商品が提供されていない取引である、あるいは公序良俗に反する取引であるなどの場合には、チャージバックによって問題ある加盟店からの請求が赤伝処理され、消費者に返金される例もあるようです。ただ、このルールはあくまで内部ルールであって、その基準がカード規約などでカード会員に明示されているわけではありません。

2 裁判での理論的な到達点

(1) 夫が無断で利用した妻のクレジットカードの支払義務
裁判例㉗ 札幌地判平成7・8・30（判タ902号119頁）

(A) 当事者
原告　X社（クレジットカードを発行した信販会社）
被告　Y（クレジットカード会員。女性。Aの元妻）
訴外　A（クレジットカードを不正使用した者。男性。Yの元夫）

(B) 事案
X社とYは、昭和59年7月1日、クレジットカード契約を締結し、カードの交付を受けました。Yは、1回の支払いが1万円程度のカードショッピングの範囲でカードを利用していました。

平成2年6月16日頃、YはX社の従業員から「高額な買物について身に覚えがあるか」との問合せを受け、本件カードを探したところ、見つけることができませんでした。その翌日、YはX社従業員と面談し、警察に盗難

（紛失）届を出すよう促されました。

　同月末頃、Ｙが、夫であるＡに、Ｙのカードを使用したか否かを問い詰めたところ、Ａはそれを認め、すべて自分が責任をもって返済する旨を答えました。ＹはＡからカードを返してもらい、それにハサミを入れたうえで、Ｘ社に返還しました。

　一方で、Ｙは、平成２年５月中旬頃、Ｘ社に新たなカードを発行してもらう手続をしていました。Ｘ社はＹ宛てに新規カードを郵送しています。しかし、実際には新しいカードはＹに渡らず、その後、そのカードが加盟店で使用されました。カード使用者が店員からカードの使用をとがめられ、そのカードを置いて立ち去ったため、そのカードは加盟店を通じて、Ｘ社に戻されました。カード使用者の特徴は、Ａに酷似していました。それまでに、新旧カードによるカードショッピング利用代金は324万9185円に達し、同年４月９日には元利合計25万2000円のキャッシングも利用されていました。これらの取引は、Ａのカード利用によるものと推認されます。

　Ｘ社はＹに対し、ショッピング代金324万9185円から既払金13万5620円を引いた311万3565円に、キャッシング金額からＹの既払分と利息制限法による元本充当部分を差し引いた19万2339円を加えた、330万5904円を請求しました。

　ＹとＡは、平成２年７月２日に協議離婚をしましたが、同年10月頃まで２人が同居していたアパートでＹはＡの荷物を預かっており、Ａもそれまでアパートの鍵を所持していました。

　なお、本件カード規約10条には、会員がカードを紛失または盗難にあったときの規定があり、「会員の家族・同居人」による不正使用については、全額が会員の負担となる旨が規定されています。

(C)　争　点

①　カードの不正使用が「会員の家族・同居人」により行われた場合に、当該不正使用により生じた損害をカード会員が全額負担するとの条項は、公序良俗に反して無効であるか。

②　仮に会員に責任があるとしても、それはカードの月間利用限度額である50万円に限定されると解すべきではないか。

③　女性名義のカードを男性が利用する場合、加盟店には本人確認義務の違反があり、加盟店の過失を信販会社の履行補助者の過失として評価す

ることができるか。

(D) 判 決

(a) カード規約は公序良俗に反するか

「家族・同居人という会員と社会生活上密接な関係にある者は、一方で、カードの使用が他の第三者と比してはるかに容易な者であり、他方で、会員としても、カードの保管上、盗難等はもとより、右のような者の不正使用についても、原告に対して保管義務を負うべき立場にあると解されるから、クレジットカードの性質及びその予定されている利用状況等に照らすと、右のような者による使用について、それ以外の第三者による使用と区別して会員により重い責任を課すことを内容とする右規約には一応の合理性があり、それが直ちに公序良俗に違反するとはいえない」。

(b) 会員の責任をカードの月間利用限度額に限定すべきか

「カード契約における利用限度額の趣旨は、信販会社がカード契約を締結するにあたって、会員となるべき者の信用・支払能力を考慮して、加盟店がその限度額以上のカードの使用を拒絶できるという趣旨と解されるから、特別な事情のない限り、会員の支払責任をその限度額に限定するものではなく、本件において別異に解すべき特別な事情は認められない」。

(c) 加盟店の本人確認義務の違反とカード会社の責任

「本件カード規約における会員の責任は、家族等の不正使用によって原告が被った損害についての損害賠償請求権に関するものであるから、右損害の発生について原告にも過失がある場合には、過失相殺をすることができると考えられるところ、本件カードは、いわゆる個人カードであることから、本人でない者の使用は、本件カード規約上、禁じられており、そのことはカードに記載されているカード番号によって容易に知り得べきものであるから、本件カードの提示を受けた加盟店としても、その者が本人（又は少なくとも本人から利用権限を得ている者）であるかについて合理的な疑問がある場合には、まず、その旨の確認をすべき義務があり、その結果次第では、カードの利用を拒絶することも考えるべきである。

ところで、本件各取引が行われた際、本件カードに被告による署名があったことが窺われ、かつ、その名前は、一般的には女性名であるから、各加盟店としても、前記合理的疑問をもってしかるべきであるところ、各加盟店において、本人確認等について適切な処置をしていないことは明らかであり、

その点において各加盟店には前記義務違反があったというべきである。

そして、原告としても、被告との関係で、各加盟店をして本人確認等を徹底させるべき義務を負っていると考えられるとともに、各加盟店は、原告の被告に対する債務の履行を補助する者と評価できるから、右事情を前記損害の算定に斟酌することができると解されるところ、前記義務違反は、加盟店として基本的な義務違反であるから、その過失割合は5割をもって相当とする」。

(E) 裁判理論と消費者法理

(a) カードの不正使用とカード規約

一般的なカード規約によれば、カード会員が紛失や盗難につき、クレジットカード会社および警察に届け出をした場合には、その届け出から60日または61日前までの利用額については会員が免責されます。そして、不正使用された損害は保険で塡補されることになります。翌月一括払いの場合、毎月の請求書（カード使用明細書）では、前月の特定日（たとえば毎月の25日）で締められたその前1カ月間の利用代金が請求されます。そうすると最長で55日後に支払期日が到来します。消費者からすれば、請求書が届いた段階で、心当たりのない請求があった場合、クレジットカードの存否などを確認して直ちに適切な対応をとれば、免責される可能性が高いことになります。もっとも、その期間内であっても、本件の規約では、家族および同居人が使用した場合には保険による塡補はなされません。その結果、カード会員が不正使用された損害を負担することになります。カードの不正使用に起因する請求が裁判で争われる事案は、家族や同居人あるいは友人などによる場合が大部分を占めています。その意味では、カード会員と社会生活上密接な関係にある者に不正使用を免責しないとする対応は、保険の料率算定という観点からはそれなりの合理性があるのかもしれません。もっとも、「家族」や「同居人」は、法的な概念ではありません。カード規約によっては、それに加えて「留守人」とか「その他の関係者」も免責の対象外とされている場合があります。「その他の関係者」という概念で人を具体的に特定することはほとんど不可能です。はたして、こうした規定で、免責の対象外となる主体を特定して合意がなされていると評価できるかについては、疑問が残ります。ただし、本件を含め、このカード規約そのものの効力を制限した裁判例はありません。

(b) 不正使用の際の責任限度に関する考え方

ところで、カードが不正使用された場合、その利用額はしばしば高額になります。仮にカード保有者に規約上の責任が認められるとしても、そこに一定の限度を法的に考慮することはできないのでしょうか。クレジットカードには、通常、月間利用限度額が定められています。消費者からすれば、仮にクレジットカードが不正使用されたとしても、それが無制限に使われることはなく、月間利用限度額が1つの歯止めになるだろうという期待を持つことは十分に理解できることです。たとえば、大阪地判平成5・10・18（判時1488号122頁、判タ845号254頁）は、息子が父親のクレジットカードを盗んで、約130万円余りの不正使用をした事案につき、盗難後すぐにクレジットカード会社と警察に届け出をした事実を踏まえて、カード会員である父親の支払義務をクレジットカード月間利用限度額50万円に限定しました。もっとも、こうした判断はあくまで例外です。本判決と同様、月間利用限度額はクレジットカード会社がそれ以上の利用を拒絶できるにすぎない基準であるとして、不正使用の損害を限定づける理由にはならないとする裁判例が多いのです（たとえば、大阪地判平成6・10・14〔判時1646号75頁、判タ895号166頁〕）。クレジット契約については、旧割賦販売法の時から過剰与信の防止が法的な義務と規定されており（同法38条）、それが平成20年改正で信用購入あっせん契約について、より具体的に規定されることになりました（同法30条の2・30条の2の2・35条の3の3・35条の3の4）。月間利用限度額の設定には、こうした過剰与信を防止するという意味があることは間違いありません。ただ、不正使用に基づく支払義務の範囲をクレジット会社が設定する金額による「合意」の問題と捉えることが妥当なのかも論点になります。その基準は、たとえば米国が連邦資金振替法（EFT法）で電子的資金決済の不正利用による損害の顧客負担を50ドルに限定している（いわゆる「50ドル・ルール」）ように、法律による裏づけが重要であると思われます。

(c) カード加盟店の不正使用に関する注意義務

ところで、本件では、女性名義のカードを男性が不正使用して、被害が生じています。現に、加盟店が女性名義のカードを男性が使用していることをとがめたことで不正使用が発覚しました。カード使用者の本人確認が適切になされていれば、不正使用を防止できた可能性があります。本判決は、クレジット会社には、加盟店に対して本人確認を徹底させる義務があり、各加盟

店は履行補助者であるとして、加盟店の義務違反をクレジット会社の請求額の算定に反映させるとしました。クレジットカード会社がその加盟店を監督する必要性と可能性とを示唆したものとして、本判決は注目される判断枠組みを提示しています。平成20年の割賦販売法改正では、個別クレジット業者に加盟店調査義務が規定されました。包括クレジットについても、平成28年の割賦販売法の改正で、加盟店に対してクレジットカード番号等の適切な管理を義務づけるとともに（同法35条の16）、不正使用を防止する措置を講じなければならないとされました（同法35条の17の15）。さらに、クレジット番号等取扱契約締結事業者、すなわち加盟店契約を締結するクレジット会社（アクワイアラー）に対して、加盟店のセキュリティ対策の実施状況や悪質取引の有無について調査する義務が定められています（同法35条の17の8）。

(2) 親のクレジットカードを不正使用した未成年者による有料サイト利用料の請求の可否と本人確認義務

裁判例㉘　長崎地裁佐世保支判平成20・4・24（金商1300号71頁）

(A) 当事者

原告　Ｘ社（クレジット会社。なお、実際の原告会社は、Ｙとの会員契約に基づきクレジットカードを発行していたクレジットカード会社から営業譲渡を受けたクレジット会社（Ｘ社）を、訴訟提起後に吸収合併した別のクレジット会社です。その点は問題とせずに、以下では「Ｘ社」と表記します）

被告　Ｙ（カード会員。Ａの親権者）

訴外　Ａ（Ｙ名義のクレジットカードを不正使用した者。Ｙの長男で未成年者）

(B) 事　案

平成16年11月10日、Ｙはクレジット業務を承継したＸ社との間で、カード契約の会員規約を締結し、クレジットカード（以下、「本件カード」といいます）の発行を受けました。

平成17年1月15日、カード会員Ｙの長男Ａは、自宅で、特段の理由を告げることなくＹにクレジットカードを見せてくれるように頼みました。その際にＡは、本件カードが自宅のタンスの上に置いてある財布の中に保管されていることを知りました。ＡはＹらが寝静まった後、財布から勝手に本件カードを抜き取り、カード番号、有効期限をメモに手控えて、戻しておきました。

Aは、翌16日以降、有料アダルトサイトにアクセスし、本件カードの名義人、カード番号、有効期限を入力してポイントを購入し、サイトを閲覧し、本件カードによる決済を繰り返し、その利用代金は、285万8789円に及びました。なお、この決済は、決済代行業者によるものでした。

平成17年2月23日、YはX社から利用代金明細書の送付を受けました。その中に決済金額がドル建てで請求されているものがあり、YはX社に対して身に覚えがない請求である旨を届け出ました。

これに対しX社は、本件カードがYの長男Aによって利用されたものであるとして、カード規約に基づき、Yに対し、カード利用代金に遅延損害金を加えた298万8006円を請求しました。なお、カード規約には、「会員の家族、同居人、留守人その他の会員の委託を受けて身の回りの世話をする者など、会員の関係者の自らの行為もしくは加担した盗難の場合」には、不正使用に基づく損害が補償されない旨が規定されていました。

(C) 争 点

① 本件補償規約の適用に際して、クレジットカード会社の帰責性が考慮されるべきであるか。

② カード識別情報によりクレジット決済がなされる場合、クレジットカード会社がその不正使用を防止するために果たすべき義務とはどのようなものであるか。

(D) 判 決

「本件補償規約の解釈においても、単に会員の家族等による『盗難』という事実があれば、カード会社や会員の帰責性が何ら考慮されることのないまま、カード会社は会員に全額の負担を求めることができると解することの合理性には疑問が生じ得るのであって、預金者保護法5条3項を踏まえても、少なくとも、本件のようなインターネット上における非対面での情報入力によるカードの不正使用の事案においては、会員の家族等による『盗難』の場合について定めた本件規約13条3項(ハ)の解釈として、カード会社が採用したカード利用方法との関連で会員の帰責性を考慮する余地が十分にあるというべきである」。

「会員によるカード識別情報の管理には自ずから限界があるというべきで、カード識別情報を利用したなりすまし等の不正使用及びそれにより会員が被る損害を防止するには、カード識別情報の入力による利用方法を提供するX

社において、カード識別情報に加えて、暗証番号など本人確認に適した何らかの追加情報の入力を要求するなど、可能な限り会員本人以外の不正使用を排除する利用方法を構築することが要求されていたというべきである。……決済システムとしての基本的な安全性を確保しないまま、事後的に補償規約の運用のみによって個別に会員の損害を回避しようとするだけでは不十分というほかない」。

X社は、「インターネット上でカード識別情報を入力して行うカード利用方法を会員に提供するに当たり、本人確認情報の入力を要求していなかったもので、可能な限り会員本人以外の不正使用を排除する利用方法を構築していたとは言い難く、のみならず、会員に対し、そのような利用方法があることを本件規約において明示することもしていなかったもので、Yもそのような利用方法の存在を明確には認識していなかったのである。このような事情の下では、Yにカード識別情報の管理についての帰責性を問うことはできないというべきである。また、Yが本件カードを入れた財布をタンスの上に置き、Aが容易に入手可能な状態にしておいたことについて、Yに何らかの帰責性が問われ得るとしても、本件で本人確認情報の入力が要求されていれば（ただし、生年月日や住所等では意味をなさない。）、Aによる本件各カード利用を防ぐことができたことに照らすと、Yには重大な過失はなかったと認めるのが相当である」。

(E)　裁判法理と消費者法理

(a)　インターネット取引とクレジットカード決済

インターネット通信販売（ネット通販）の代金決済で最も一般的に利用されている方法は、クレジットカードによる決済です。そこでは、クレジットカードが提示されるわけではなく、カードの表面に刻印されている個人識別情報（具体的にはカード名義人、カード番号、有効期限）をウェブサイトに入力することで決済が行われています。

早く確実な決済が行われるという意味で、カード識別情報による決済は便利です。しかし、一方では、カード識別情報が知られてしまうと、カードそのものが紛失・盗難されていなくても、不正使用される危険性があることになります。本件はまさしくそうした不正使用につき、従来のカード規約の適用が問題とされた最初の裁判例です。

(b) カード識別情報による決済とカード規約

　まず、本件カード規約に規定されている不正使用の補償条項は、あくまで紛失や盗難の場合を想定していました。さらに、本件カード規約には、個人識別情報の入力によるカードの利用が明示されていませんでした。本判決は、新たな利用方法によって会員が負担する善管注意義務の内容は、補償規約を類推適用するに際して考慮すれば足りるとして、カード規約を本件不正使用に適用しないとの主張は排除しています。そのうえで、補償条項の趣旨を、会員にカードの使用管理についての善管注意義務違反が疑われる場合を類型化したものであるとします。ですから、仮に会員が自己に帰責性がないことを立証できれば、家族等による不正使用であった場合でも、補償条項の適用は除外されないことになります。

　カード識別情報はそのすべてがカードの表面に刻印されています。それらは、実際には、本人のみが知りうる秘匿情報ではありません。判決は、カード会社に会員だけが知ることができる情報の入力などで本人確認を実施すべきであり、それがなされないしくみは決済システムとしての基本的な安全性が確保されていないと判断しました。そして、本人確認情報の入力がされていればＡによる不正使用は防ぐことができたとして、Ｙには重過失はないとし、Ｘ社からの請求を棄却しました。

　クレジットカードの不正使用を防止するには、カード会員による適切なカード管理が不可欠です。しかし、一方で、技術的な対応を含め、クレジットカード会社にも果たすべき責任があります。とりわけカード利用者の本人確認を徹底できるしくみの整備とその実施は、クレジットカード会社にとって重要な法的義務であるといえるでしょう。

(c) 決済代行業者によるカード決済

　本件は、アダルトサイトの利用料が短期間のうちに300万円近くに達するという異常な請求がなされた事案です。アダルトサイトがクレジットカード会社の直接の加盟店となることはできません。決済代行業者が関与したからこそ、利用料はカードで決済されたのです。

　なお、本件の請求はドル建てでなされていました。決済代行業者は日本国外にあるようです。Ｘ社からの請求明細には、利用したアダルトサイトの運営者の記載はありません。また、決済代行業者の連絡先などの記載もありませんでした。クレジットカード会社が決済代行業者をどのように管理するの

か、その先にある決済代行業者に決済を委ねている事業者をどのように把握するかも大きな課題です。

　割賦販売法は、カード番号の適切な管理義務を、カード会社とその加盟店に課しています（同法35条の16）。この義務が適切に果たされているかをカード会員が確認するためにも、決済代行業者の所在が容易にわかるようなしくみが考えられなければなりません。

　なお、本件は未成年者によるサイトの利用であることから、サイト利用契約そのものの取消しも問題となります。

3 民法と消費者法の法理論

　民法の基本的な考え方に「個人責任」があります。そして、その例外として、表見法理が定められています。他人のカードを利用してなされた取引に基づく債務が有効になるためには、相手方が善意・無過失であることが必要になります（民法478条）。

　キャッシュカードの不正利用をめぐって、最判平成15・4・8（民集57巻4号337頁）では、ATMなどの機械を使った不正な払戻しが有効となるためには、金融機関が善意・無過失であることが必要であると判断されています。そして、無過失の評価には、機械払システムの設置・管理について、可能な限度で無権限者による払戻しを排除し得るよう注意義務を尽くすことが求められています。平成18年2月10日に施行された預金者保護法では、キャッシュカードが偽造・盗難されて、ATM等で払戻しがなされた場合に、盗難につき消費者に故意または重過失がなければ、金融機関が損害を負担する旨が規定されています。

　個人責任の原則を尊重しつつ安心してカードによる決済を行うためにも、関係当事者がカードの不正使用を防止するために果たすべき義務を明らかにできる法律解釈や立法が求められているのです。　　　　　　　（坂東　俊矢）

〈参考文献〉
　下村信江・判タ1291号50頁、尾島茂樹・クレジット研究41号195頁、河上正二・消費者法判例百選230頁

2 利息制限法と過払金

第13章　多重債務と消費者

1　多重債務者と消費者問題

　多重債務者とは、金銭債務の額が大きくて返済できないような状態に陥っている者のことをいいます。債務者が事業者である場合もありますし、給与生活者の場合もありますが、ここでは事業者でない者を対象とします。

　多重債務者は2005年頃には200万人にも及ぶといわれていました。このような多重債務者に対する多くの貸し手（与信業者）は、与信額を伸ばし続けた消費者信用業者である消費者金融（サラ金）業者が中心となっています。与信業者は高金利、過剰融資、苛酷な取立て（これらを「サラ金3悪」ともいいます）を行い多重債務者を生み出してきました。

　多重債務者の問題は、主として、貸金業として金銭消費貸借を業として行う者と、金銭を借り受ける個人との間で生じるものです。金銭消費貸借については、高金利、過剰融資という商品（サービス）の特性が有する問題性や、それに関連する苛酷な取立てという違法性のある行為により、消費者問題としての特質を典型的に備えているといえます。

2　利息制限法と過払金

裁判例㉙　最判昭和43・11・13（民集22巻12号2526頁）

(1)　問題の所在

　旧利息制限法1条は、1項では、同項に定める金利の制限を超過する利息について、その超える部分（以下、これを「超過利息」といいます）を無効とし、2項では、超過利息を任意に支払った場合は返還を請求できないと規定していました。しかしそれでは、任意に支払った利息がどのようになるのか、つまり、その支払った金額が、借入金元本に充当されるのかについて明確ではありません。最判昭和37・6・13（後掲**参考裁判例Ⓐ**）は、元本充当を認めると、①制限超過利息を返還したのと同一の経済的効果があること、②残存元本がある場合とない場合とで不均衡が生じることを理由として、超過利息を元本充当することを否定しました。ところが、それから2年半後、最判

155

昭和39・11・18（後掲 参考裁判例(B)）は、①超過利息については利息制限法
１条１項で無効としているのであるから、弁済の指定はなく民法491条によ
るべきである、②利息制限法２条では、超過利息が天引された場合も元本に
充当するとみなしている、③残元本のある場合とない場合で不均衡があるが、
経済的弱者である債務者を保護すべきであると判例変更して元本充当を認め
ました。

〈参考条文：旧利息制限法１条〉

第１条　金銭を目的とする消費貸借上の利息の契約は、その利息が左の利率に
　より計算した金額をこえるときは、その超過部分につき無効とする。

　　　元本が10万円未満の場合　　　　　　　　　年２割
　　　元本が10万円以上100万円未満の場合　　　年１割８分
　　　元本が100万円以上の場合　　　　　　　　年１割５分

２　債務者は、前項の超過部分を任意に支払つたときは、同項の規定にかかわ
　らず、その返還を請求することができない。

　この判例解釈を適用して、超過利息を残元本に充当していくと残元本額が
ゼロとなり、債務（借入金元本）はなくなります。債務者がその後もさらに
支払いを続けると、その支払った金額は、本来貸金業者が受け取るべきもの
ではないものとなりますから、不当利得（民法703条）により、債務者から債
権者に対し、返還請求できることになります。

　最判昭和43・11・13は、この不当利得返還請求が認められるかどうかが問
題となった事例であり、不当利得の返還請求と債務の担保として設定された
抵当権、停止条件付き賃貸借、代物弁済契約に基づく所有権移転登記の各抹
消が認められた事案です。

(A)　当事者

上告人　　　Y（金銭消費貸借の貸主）

被上告人　　X_1、X_2、X_3、X_4（金銭消費貸借の借主〔X_0〕の相続人）

(B)　事　案

　X_0 は Y から昭和31年５月１日に50万円を借り受け、同時に X_0 所有の建
物に抵当権、債務不履行を停止条件とする賃借権を設定し、さらに債務不履
行の場合には建物を代物弁済として提供する契約を締結しました。Y は昭和
33年４月18日に X_0 が期限に債務を履行しないとして、代物弁済予約完結の

意思表示をしました。ところが、X_0が弁済した金額を旧利息制限法に従って元本充当すると、昭和32年12月11日に完済され、過払いになっていました。

X_0の相続人X_1〜X_4は、前記抵当権、停止条件付き賃貸借等の抹消、Y名義の所有権移転登記の抹消および過払金の返還を求めました。

(C) 争 点

債務者が任意に支払った利息制限法所定の制限を越える利息・損害金は当然に残存元本に充当されるか。

(D) 判 決

(a) 判 旨

「債務者が利息制限法所定の制限をこえる金銭消費貸借上の利息・損害金を任意に支払ったときは、右制限を越える部分は、民法491条により、残存元本に充当されるべきものと解すべきことは、当裁判所の判例とするところであり（昭和39年11月18日言渡大法廷判決）、論旨引用の昭和37年6月13日言渡大法廷判決は右判例によって変更されているのであって、右判例と異なる見解に立つ論旨は採用することができない。

思うに、利息制限法1条、4条の各2項は、債務者が同法所定の利率をこえて利息・損害金を任意に支払ったときは、その超過部分の返還を請求できない旨規定するが、この規定は、金銭を目的とする消費貸借について元本債権の存在することを当然の前提とするものである。けだし、元本債権の存在しないところに利息・損害金の発生の余地がなく、したがって、利息・損害金の超過支払ということもあり得ないからである。この故に、消費貸借上の元本債権が既に弁済によって消滅した場合には、もはや利息・損害金の超過支払ということはありえない。

したがって、債務者が利息制限法所定の制限をこえて任意に利息・損害金の支払を継続し、その制限超過部分を元本に充当すると、計算上元本が完済となったとき、その後に支払われた金額は、債務が存在しないのにその弁済として支払われたものに外ならないから、この場合には、右利息制限法の法条の適用はなく、民法の規定するところにより、不当利得の返還を請求することができるものと解するのが相当である」。

(b) 反対意見

なお、最判昭和43・11・13では、反対意見が述べられています。その要旨は、利息制限法は、同法に規定する保護を受けるかどうかを債務者自身の意

思にかからせ、債務者が法による制限をあえて主張しないで、制限超過の利息等を任意に支払ったときは、裁判所としても、その意向に従うこととし、後日に至って債務者が法による保護を主張しても裁判所はこれに応じた是正措置を講じないこと（蒸し返しをしないこと）を明らかにしていると理解されるというものです。

(2) 解　説

現在行われている過払金返還請求訴訟は、基本的には本件判決をもとにして請求を構成しています。

最判昭和43・11・13によって、超過利息の返還についての利息制限法上の問題は解決しました。その後、貸金業者による過酷な取立て等が社会問題となったことを受け、貸金業規制法が昭和58年に制定されました。この中では、貸金業者への規制がされた一方で、一定の要件を満たす場合には、超過利息の支払いを有効な利息の返済とみなす（みなし弁済）規定が設けられました（同法43条1項）。これ以降、みなし弁済の適用の可否をめぐって争われることになりました（後記4・5参照）。

(3) 参考裁判例

本判決の理解に参考となる判決として、本判決以前の利息制限法超過利息・損害金の任意支払いをめぐる最高裁判決を引用しておきます。

参考裁判例Ⓐ　**最判昭和37・6・13（民集16巻7号1340頁）──元本充当否定説**

「金銭を目的とする消費貸借上の利息又は損害金の契約は、その額が利息制限法1条、4条の各1項にそれぞれ定められた利率によって計算した金額を超えるときは、その超過部分につき無効であるが、債務者がそれを任意に支払ったときは、その後において、その契約の無効を主張し、既にした給付の返還を請求することができないものであることは、右各法条の各2項によって明らかであるばかりでなく、結果において返還を受けたと同一の経済的利益を生じるような、残存元本への充当も許されないものと解するのが相当である。……また、利息制限法が、高利金融に対して経済的弱者である債務者を保護しようとの意図をもって制定されたものであるとしても、原判示の如く、その充当を、元本債権の残存する場合にのみ認めるにおいては、特定の債務者がそれによる利益を受け得るとしても、充当されるべき元本債権を残存しない債務者は、これを受け得ないことになり、彼此債務者の間に著し

い不均衡の生ずることを免れ得ない」。

参考裁判例Ⓑ　最判昭和39・11・18（民集18巻9号1868頁）──元本充当肯定説（判例変更）

「債務者が利息、損害金の弁済として支払った制限超過部分は、強行規定である本条1条、4条の各1項により無効とされ、その部分の債務は存在しないのであるから、その部分に対する支払は弁済の効力を生じない。従って、債務者が利息、損害金と指定して支払っても、制限超過部分に対する指定は無意味であり、結局その部分に対する指定がないのと同一であるから、元本が残存するときは、民法491条の適用によりこれに充当されるものといわなければならない。本法1条、4条の各2項は、債務者において超過部分を任意に支払ったときは、その返還を請求することができない旨規定しているが、それは、制限超過の利息、損害金を支払った債務者に対し裁判所がその返還につき積極的に助力を与えないとした趣旨と解するを相当とする。

　また、本法2条は、契約成立のさいに債務者が利息として本法の制限を超過する金額を前払しても、これを利息として認めず、元本の支払に充てたものとみなしているのであるが、この趣旨からすれば、後日に至って債務者が利息として本法の制限を超過する金額を支払った場合にも、それを利息の支払いとして認めず、元本の支払に充当されるものと解するを相当とする。

　更に、債務者が任意に支払った制限超過部分は残存元本に充当されるものと解することは、経済的弱者の地位にある債務者の保護を主たる目的とする本法の立法趣旨に合致するものである。右の解釈のもとでは、元本債権の残存する債務者とその残存しない債務者の間に不均衡が生ずることが免れないとしても、それを理由として元本債権の残存する債務者の保護を放擲するような解釈をすることは、本法の立法精神に反するものといわなければならない」。

〈参考文献〉
　野田宏・最判解民事篇昭和43年度841頁、大河純夫・民法判例百選Ⅱ〔第5版〕122頁、西村信雄・法セ154号12頁

3 金利規制の経過

(1) 貸金業規制法施行以前の金利

出資法の施行当初、年109.5％（1日あたり0.3％）を超える金利が、同法により刑事罰を科される対象とされていました。したがって、貸金業者は、金銭消費貸借の際に、この金利限度額までを法定金利として請求しました。利息制限法1条1項の定める15％～20％という法定金利との差（この差を「グレーゾーン金利」といいます）は大きく、高金利、過剰貸付け、苛酷な取立てによるサラ金問題として社会問題化し、多くの多重債務者を生み出しました。これに対し、多重債務者救済のための被害者運動を推進する組織がつくられ（全国クレジット・サラ金問題対策協議会など）、活動を広げていきました。

(2) 貸金業規制法施行以降の金利

このような多重債務被害が社会問題となったことから、貸金業者登録制や取立行為規制などを定めた貸金業規制法が昭和58年に成立しました。これにあわせ、出資法の上限金利は年109.5％から73％へと引き下げられ、さらに

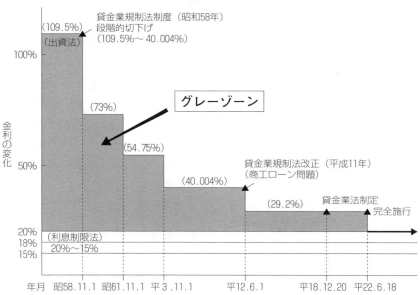

〈図6〉 上限金利の段階的切下げ

昭和61年には54.75％、平成3年には40.004％と段階的に引き下げられていきました。

　他方で、保証人に対する苛酷な取立てを契機としていわゆる商工ローン問題が発生していました（三洋ファイナンス事件など）。平成11年には、商工ローン大手の日栄（現ロプロ）の社員が、取立ての際に「肝臓売れ、目ん玉売れ！」などの強迫的な取立てを行っていたことが報道されるなどして社会問題となり、これを受けて貸金業規制法が改正され、それとあわせて出資法の上限金利が29.2％とされました。

4　貸金業規制法43条と裁判例の展開

　貸金業規制法は議員立法でした。それまで規制のなかった貸金業の分野に新しい方針をつくることに業界からの反発は激しいものがありました。その「妥協の産物」ともいえるものが、貸金業規制法43条（みなし弁済規定）です。すなわち、一定の要件（①消費者の任意による支払い、②17条書面〔契約書面〕の交付、③18条書面〔受取証書〕の交付）を具備していれば、超過利息の支払いを有効な債務の弁済とみなすとしたのです。これにより、利息制限法1条1項の法定金利と、貸金等規制法43条の適用を受けて有効な弁済とみなされる超過利息との差額であるグレーゾーンをめぐって、同法43条適用の有無（上記要件①〜③の解釈）について争われていくこととなりました。

〈参考条文：貸金業規制法43条〉　※平成18年改正で削除

（任意に支払つた場合のみなし弁済）

第43条　貸金業者が業として行う金銭を目的とする消費貸借上の利息（利息制限法第3条の規定により利息とみなされるものを含む。）の契約に基づき、債務者が利息として任意に支払つた金銭の額が、同法第1条第1項に定める利息の制限額を超える場合において、その支払が次の各号に該当するときは、当該超過部分の支払は、同項の規定にかかわらず、有効な利息の債務の弁済とみなす。

　一　第17条第1項……の規定により第17条第1項に規定する書面を交付している場合又は同条第2項から第4項まで……規定するすべての書面を交付している場合におけるその交付している者に対する貸付けの契約に基づく支払

　二　第18条第1項……の規定により第18条第1項に規定する書面を交付した

第13章　多重債務と消費者

> 場合における同項の弁済に係る支払

　最判平成16・2・20の2件の判決（民集58巻2号475頁、民集58巻2号380頁）
は、貸金業規制法17条（契約締結時の書面の交付）、18条（受取証書の交付）に
ついて同法43条1項の適用要件は厳格に解釈しなければならないとする判断
を示しました。これにより、貸金業者側からのみなし弁済の主張が認められ
る可能性は極めて低くなりました。

　このみなし弁済をめぐる議論に決着をつけたのが、⑤で取り上げる最判平
成18・1・13です。

⑤　期限の利益喪失特約と支払いの任意性

裁判例㉚　**最判平成18・1・13**（民集60巻1号1頁）

(1)　問題の所在

　金銭消費貸借には、債務者が支払期限の弁済を怠った場合には債務者は期
限の利益を喪失するとする特約が付いているのが通常です。債務者からすれ
ば、期限の利益喪失特約があることにより、借り入れた金額を一定の期間に
わたり分割して弁済するのが可能となるわけですが、期限の利益を喪失した
場合には、残元本、利息および遅延損害金の全額を速やかに支払わなければ
ならなくなります。

　このことから、超過利息が有効な弁済と認められるためには、貸金業規制
法43条の求める3要件を満たさなければならないところ（④参照）、上記の
ような期限の利益喪失特約の存在により、債務者が「任意に」超過利息の支
払いをしているとはいえないのではないか（すなわち、「任意の支払い」の要
件を満たすかどうか）、が争点となりました。

　原審（広島高裁松江支判平成16・6・18〔民集60巻1号23頁〕）は、「期限の利
益喪失特約は、債務者に対し約定どおりの債務者の履行を促すものであるが、
同特約は公序良俗に反するなど著しく不当なものでない限り、同特約の存在
とその適用による不利益の警告は、債務者に対する不当な圧力とはいえず、
弁済の任意性に影響を及ぼさないものというべきである」としました。

(2)　事　案

(A)　当事者

　上告人　　X₁（債務者）、X₂（連帯保証人）

被上告人　Y$_1$（貸金業規制法 3 条所定の登録を受けた貸金業者）

(B)　事案の概要

被上告人は、平成12年 7 月 6 日、上告人 X$_1$ に対し300万円を次の約定で貸し付け（以下、「本件債務」といいます）、上告人 X$_2$ は同日、本件債務について連帯保証をしました。

① 　利息　　年29％

② 　遅延損害金　　年29. 2％

③ 　返済方法　　平成12年 8 月から平成17年 7 月まで、毎月20日に、60回にわたって元金 5 万円ずつを経過利息とともに支払う。

④ 　特約　　上告人 X$_1$ は、元金または利息の支払いを遅滞したときには、当然に期限の利益を失い、被上告人に対して直ちに元利金を一時に支払う（以下、「本件期限の利益喪失約款」といいます）。

被上告人は上告人らに対し、上告人の弁済には貸金業規制法43条 1 項または 3 項の規定が適用されるから、旧利息制限法 1 条 1 項または 4 条 1 項に定める利息または賠償額の予定の制限を超える部分も有効な債務の弁済とみなされると主張して、上告人らに対し、本件貸付の残元本189万4369円および遅延損害金の支払いを求めました。

(C)　争　点

「債務者が、利息制限法所定の制限を越える約定利息の支払いを遅滞したときには、当然に期限の利益を喪失する」旨の特約の下での制限超過部分にかかる支払いの任意性。

(D)　判　決

原判決破棄、差戻し。

「法43条 1 項は、貸金業者が業として行う金銭貸借上の利息の契約に基づき、債務者が利息として支払った金銭の額が、利息の制限を超える場合において、貸金業者が、貸金業にかかる業務規制として定められた法17条 1 項及び18条 1 項所定の各要件を具備した各書面を交付する義務を遵守しているときには、その支出が任意に行われた場合に限って、利息制限法 1 項 1 号の規定にかかわらず制限超過部分の支払を有効な利息の債務の弁済とみなす旨を定めている。貸金業者の業務の適正な運営を確保し、資金需要者等の利益の保護を図ること等を目的として貸金業に対する必要な規制等を定める法の趣旨、目的（法 1 条）等にかんがみると、法43条 1 項の適用要件については、

第13章　多重債務と消費者

これを厳格に解釈すべきである（最判平成16年 2 月20日（第二小判民集58巻 2 号380頁、民集58巻 2 号475頁））。

　そうすると、法43条 1 項にいう『債務者が利息として任意に支払った』とは、債務者が利息の契約に基づく利息の支払いに充当されることを認識した上、自己の自由な意思によってこれを支払ったことをいい、債務者において、その支払った金銭の額が利息の制限額を超えていることあるいは当該超過部分の契約が無効であることまで認識していることを要しないと解される（最判平成 2 年 1 月22日民集44巻 1 号332頁）けれども、債務者が事実上にせよ強制を受けて利息の制限額を超える額の金銭の支払いをした場合には、制限超過部分を自己の自由な意思によって支払ったものということはできず、法43条 1 項の規定の適用要件を欠くというべきである。

⑵　本件期限の利益喪失特約がその文言どおりの効力を有するとすると、上告人 X₁ は、支払期日に制限超過部分を含む約定利息の支払いを怠った場合には、元本についての期限の利益を当然に喪失し、残元本全額及び経過利息を直ちに一括して支払う義務を負うことになる上、残元本全額に対して年29.2％の割合による遅延損害金を支払うべき義務も負うことになる。このような結果は、上告人 X₁ に対し、期限の利益を喪失する等の不利益を避けるため、本来は利息制限法 1 条 1 項によって支払義務を負わない制限超過部分の支払を強制することになるから、同項の趣旨に反し容認することができず、本件期限の利益喪失特約のうち、上告人 X₁ が支払期日に制限超過部分の支払を怠った場合に期限の利益を喪失するとする部分は、同項の趣旨に反し無効であり、上告人 X₁ は、支払期日に約定の元本および利息の制限額を支払いさえすれば、制限超過部分の支払を怠ったとしても、期限の利益を喪失することはなく、支払期日に約定の元本又は利息の制限額の支払いを怠った場合に限り、期限の利益を喪失するものと解するのが相当である。

　そして、本件期限の利益喪失特約は、法律上は、上記のように一部無効であって、制限超過部分の支払を怠ったとしても期限の利益を喪失することはないけれども、この特約の存在は、通常、債務者に対し、支払期日に約定の元本と共に制限超過部分を含む約定利息を支払わない限り、期限の利益を喪失し、残元本全額を直ちに一括して支払い、これに対する遅延損害金を支払うべき義務を負うことになるとの誤解を与え、その結果、このような不利益を回避するために、制限超過部分を支払うことを債務者に事実上強制するこ

とになるというべきである。

　したがって、本件期限の利益喪失特約の下で、債務者が、利息として、利息の制限額を超える額の金銭を支払った場合には、上記のような誤解が生じなかったといえるような特段の事情のない限り、債務者が自己の自由な意思によって制限超過部分を支払ったものということはできないと解するのが相当である」。

(E) 解　説

　期限の利益喪失特約がある場合に、貸金業規制法43条の任意性が認められるのかについては、前掲最判平成16・2・20の中で、滝井繁男裁判官が本判決と同様のことを補足意見として述べています。

　最判平成16・2・20以降、最高裁判所は、貸金業規制法43条の適用要件については厳格な解釈をし、利息制限法の趣旨を活かそうとするスタンスを示しており、本判決もその趣旨の範囲内にあります。

　本判決は期限の利益喪失特約が現実の取引の中でもつ影響力から、弁済の任意性を否定しました。この最高裁判決が実務に与えた影響は極めて大きいものでした。期限の利益喪失特約は、ほとんどの貸金業者の約款に記載されていたので、本判決により貸金業規制法43条が適用される余地がなくなり、利息制限法所定の金利以上を取得する根拠がなくなり、それまで約定金利に基づいて支払いがなされてきた超過利息についての過払金返還請求が一気に拡大したのです。また、その影響は、貸付金利を利息制限法に一本化する方向での改正貸金業法の成立という形でも現れてきました。

〈参考文献〉

　川地宏行・法教311号122頁、三木素子・曹時59巻2号334頁、小野秀誠・民法判例百選2債権〔第6版〕112頁、吉田克己・金商1336号58頁

6　貸金業法の制定

　このような裁判例の流れや当事者、実務家等の取組みにより、平成18年12月、貸金業規制法が改正され、名称も貸金業法に改められました。

　貸金業法は、前記のような最高裁判例の流れを受けて、金利についてのグレーゾーンを解消し、また、多重債務者の発生を防止するために貸付けにつ

いての総量規制を導入しました。改正法は、２年半の期間に４次にわたり段階的に順次施行され、平成22年６月18日に全面施行されました。

この改正に伴い、利息制限法、出資法等についても改正が行われました。以下では、主な改正内容を紹介します。

(1)　金利の１本化

利息制限法を改正し、１条２項の規定（任意支払いの規定）が廃止されました。

また、出資法を改正し、処罰される金利が29.2％から20％へと引き下げられ、利息制限法と同一とされました（利息制限法の10万円以下の利息と同一ですが、利息制限法は10万〜100万円以下は18％、100万円を超える場合は15％となっており、出資法との20％とはなお開きがありますが、その部分は民事上無効ですし、貸金業法違反となるので〔同法12条の８〕行政処分の対象となります）。

利息制限法では、営業的（債権者が業として行う）金銭消費貸借の場合に、元本を小口に分けて上限金利の潜脱が行われるおそれがあるので、すでに存する債務残高と新たな貸付けの元本額を合算したものを債務額として制限利率を適用することにしました（同法５条２号）。

保証料についても、保証業者に支払われる保証の対価を債務者から受け取る利息と別にすることにより高利となることを防ぐため、保証料と利息とを合算して上限金利の対象としました（利息制限法９条）。

(2)　総量規制の導入

貸金業法では、金利を利息制限法に一本化するのと、過剰貸付けの防止のため、貸付けについての総量規制が導入されました（同法13条の２）。

総量規制とは、借り手側の収入、資産などを調査して、借入総額を年間の給与や定期的な収入の３分の１以下に規制するものです。

総量規制が導入されたのは、収入が低いのに借入額が多くなり、いくら返済しても借入金は減らず、むしろ「雪だるま式」に増えていくという多重債務者が多数存在するという事実が背景にあります。このような多重債務者の発生の防止は、貸し手の貸付額を規制することにより可能となります。借り手が収入の範囲内で返済できるという持続可能な金融システムを構築することが制度改革のコンセプトです。

7 過払金返還請求をめぐる残された課題──充当

(1) ある取引において発生した過払金を他の債務へ充当することができるか

　過払金返還請求をめぐる実務の中で最大の問題となっているのが、複数の貸付契約がある場合の充当の問題です。すなわち、同じ貸金業者に対して複数の債務がある場合に、超過利息を元本に充当していった結果、第1取引について残債務がなくなって過払金が発生した場合に、その過払金債権を他の取引（第2取引）の債務に充当することができるか、という点です。

　最高裁判所は、原則として充当し得ない（最判平成19・2・13〔民集61巻1号182頁〕）が、過払金が発生した後に新たに発生する貸金債務にも充当する合意が存在するときは例外であるとしました（最判平成19・6・7〔民集61巻4号1537頁〕）。

　また、同一の貸主・借主間で長年にわたり借換え（従前の貸付けの約定の返済期限の途中で、従前の貸付金残額と追加の貸付金の合計額を新たな貸付金とする旨を合意し、新たな貸付金から従前の貸付金残金を控除した額の金銭を交付すること）がなされた場合は、1個の連続した貸付取引と解され、各貸付けに過払金が生じた場合には、その後に発生する新たな借入れに充当する合意があると認定されるとしました（最判平成19・7・19〔民集61巻5号2175頁〕）。

　そして、最判平成20・1・18（民集62巻1号28頁）は、同一の貸主・借主間で継続的に金銭の貸付けとその弁済が繰り返されることを予定した基本契約が締結され、この基本契約に基づく取引において過払金が発生し、その後あらためて金銭消費貸借に基づく基本契約が締結され、この基本契約に基づく債務が発生した場合において、第1の基本契約に基づく債務が完済されてもこれが終了せず、第1の基本契約に基づく取引と第2の基本契約に基づく取引が事実上1個の連続した取引であると評価することができるときには、第1の基本契約に基づく取引により発生した過払金を第2の基本契約に基づく取引により生じた新たな借入金債務に充当する旨の合意が存在するものと解するのが相当であるとしました。そして、そのような事情として考慮されるのは、第1の基本契約の期間の長さ、契約書の返還の有無、第1と第2の基本契約間の期間、カード失権手続の有無、第1の基本契約と第2の基本契約の間に貸主・借主の接触の有無、両契約の利率の相違などとしています。

第13章　多重債務と消費者

　以上のとおり、第1取引において過払金が発生した後に新たな金銭貸借があった場合、第2取引に充当できるかどうかは、「充当合意」が存在するか否かによることとなります。

　なお、最判平成23・7・14（集民237号263頁）は、基本契約に自動更新条項があることを理由に合意を認定した原審を破棄しましたが、これは原審の形式的な判断を違法としたものと思われます。

(2)　過払金返還請求権の消滅時効

　第2取引における過払金返還請求権の有無は、基本契約間の充当が可能かということと、消滅時効の起算点がいつからかということに関連します。過払金の消滅時効が完成してしまえば、そもそも充当も認められません。

　最判平成21・1・22（民集63巻1号247頁）は、基本契約に基づく借入れについて、過払金が発生したときは、その後の新たな借入れに充当する合意（過払金充当合意）があれば、過払金返還請求の消滅時効は、特段の事情のない限り、取引が終了した時点から進行するとしました。過払金充当合意には、借主は発生したつど過払金を返還請求せず、金銭消費貸借が終了した時点で過払金があれば返還請求権を行使し、新たな借入金債務に充当する趣旨が含まれているとして、取引終了時説を採用したものです。

8　金利規制についての考え方

　貸金業法により導入された総量規制によって、借入れができない債務者がヤミ金に走るのではないか、また、中小企業者が融資を受けられなくなり倒産に至るのではないかという懸念が、主として産業界から示されていました。後者に対応する形で、個人事業者については、全面施行直前の貸金業法施行規則の改正により、新規事業やつなぎ資金については総量規制の例外とされました。

　利息をどの程度に規制するかということと、経済活動の自由との関係は、これまでに多くの場面で議論され、前掲最高裁判決においても利息制限法の解釈をめぐって争われてきました。

　しかし、多数の多重債務者が存在し、利息支払いのために借入れをし、雪だるま式に債務が増大するような金利を放置するのは、個人の悲劇であるとともに社会的にとっても大きな損失です。健全な社会とするためには、適切な金利規制が必要です。

9 ヤミ金と不法原因給付

　いわゆるヤミ金業者は、10日で5割（トゴ）、10日で8割（トハチ）というような、年間数百〜数千％となる極めて高利の貸付けをし、苛酷な取立てを行います。いったん借入れをすると借り主の生活は破壊され、自殺に追い込まれたりします。

　借主からヤミ金業者に対し、ヤミ金業者が取得した違法な利益について、不法行為に基づき損害賠償請求した場合、業者からは、高利部分は違法性を認めたうえで、貸付元金部分については相殺が主張がされることがあります。

　裁判例も、相殺を認めるか否かで判断が分かれていました。貸付元金の相殺を認める考えを「控除説」、認めずに全額が損害賠償の対象となる考えを「全額説」といいます。

　そのような中で、最判平成20・6・10（民集62巻6号1488頁）は全額説を採用し、相殺は認められないとしました。

　判旨は、次のとおりです。「社会の倫理、道徳に反する醜悪な行為に該当する不法行為の被害者が、これによって損害を被るとともに、当該醜悪な行為にかかる給付を受けて利益を得た場合には、同利益については、加害者からの不当利得返還請求権が許されないばかりでなく、被害者からの不法行為に基づく損害賠償請求において、損益相殺ないし損益相殺的な調整の対象として被害者の損害額から控除することも、民法708条の趣旨に反するものとして許されない」。

　民法708条（不法原因給付）は、不当利得の例外として、不法な原因による給付は返還されないとしています。貸金業法が制定され、出資法の上限金利も20％となっていることから、金利が20％を超えた場合の元金部分は不法原因給付となるので、損害賠償請求訴訟で相殺できないとも考えられます。

（島川　勝）

〈参考文献〉
　横田喜三郎『法律は弱者のために』（小学館、1981年）147頁、上柳敏郎＝大森泰人『逐条解説貸金業法』（商事法務、2008年）、『過払金返還請求訴訟の実務（別冊判タ33号）』（判例タイムズ社、2011年）、島川勝・リマークス39号54頁。

第14章　金融商品取引と消費者

第14章　金融商品取引と消費者

1　はじめに

　金融商品取引の消費者被害は、大きくは、証券取引被害、商品先物取引被害、その他の商品・指数投資被害に分けることができます。その他の商品・指数投資被害については、これまで規制法が整備されていなかったところ、平成23年1月1日施行の商品先物取引法（従前の商品取引所法を改正・改称）により、海外商品先物取引、差金決済商品取引等、商品やその指数等に関する投資取引の多くに業者の許可制度が導入されることになりました。これにより、今後の被害は飛躍的に減少するものと思われます。

　証券取引被害、商品先物取引被害の救済法理としては、金融商品取引法、商品先物取引法などを用いて、以下のように対応することになります。

　①　株取引の経験もない高齢者等が、利回りのよさのみを強調した勧誘によって、預金の大半を特殊な債券に注ぎ込み、元本の大半を失ったなどという被害に対し、適合性原則違反や説明義務違反等を主張する。

　②　外務員の勧誘を信頼し、外務員から言われるがままに取引させられていたところ、極めて頻繁な取引が行われ、多額の手数料損、取引損が出たなどという被害に対し、過当取引であると主張する。

　③　「当社の調査・分析によれば、今○○を買えば、3カ月後には資金が倍になります」などと言われて取引をしたのに、逆に大損したなどという被害に対し、断定的判断の提供等があったと主張する。

　以下では、証券取引、商品先物取引等の投資被害救済に共通する「適合性原則違反」と「説明義務」について解説します。

2　適合性原則とは

　金融商品取引法40条1号は、「適合性の原則」について定めています。すなわち、証券会社等は、金融商品取引行為について、顧客の知識、経験、財産の状況および金融商品取引契約を締結する目的に照らして不適当と認められる勧誘を行って投資者の保護に欠けることとなったり、または欠けるおそ

170

〈図7〉　金融商品の販売に関する法規制の体系

金融商品販売法
の適用対象
　　投資的商品
　　　　金融商品取引法
　　　　の適用対象
　　　　　　有価証券
　　　　　　デリバティブ取引
　　　　不動産特定共同事業
　　　　　（不動産特定共同事業法）
　　　　特定信託（信託業法）
　　預貯金
　　　（特定預貯金について銀行法で金融商品取引法を準用）
　　保険・共済
　　　（特定保険などについて保険業法で金融商品取引法を準用）
商品先物取引（商品先物取引法220条の3で金融商品販売法を準用）

（作成：坂東俊矢）

れのあることのないように業務を行わなければならないとしています。

　それまで判例・実務上の概念であった適合性原則が、平成18年6月の改正で、金融商品取引法（旧証券取引法）に明文で規定されたものです。

　条文で規定されているように、証券会社等は、顧客の知識、経験、財産の状況および顧客の契約締結の目的と照らして不適当と認められる勧誘を行ってはならないという原則が「適合性の原則」であり、これに違反した場合は、違法な勧誘となって、証券会社等は、当該勧誘によって顧客に生じた損害を賠償する義務が生じることになります。

　金融商品取引法40条1号で、適合性原則違反が条文化されるきっかけとなったといわれているのが、最判平成17・7・14（後掲 裁判例㉛）です。

　この最高裁判例は、原審（東京高判平成15・4・22〔判時1828号19頁〕）が適合性原則違反を認めた判決を破棄したものですが、最高裁判所が、適合性原則違反が認められる条件を示したものとして、その後の適合性原則違反を認めた判決で必ず引用されるといっても過言ではないほど、極めて重要なものです。その後の各裁判ではこの最高裁判例の事案および判示内容に、いかに各事案の要件を当てはめていくかということが争点となっているほどです。そこで、以下では、本判示について見ていくことにします。

　なお、以下の判例で問題にされている「オプション取引」とは、たとえば、現在1000円の甲社の上場株を、3カ月後までの間に900円で買う権利などというものです。今でも100円（1000円－900円）の価値を有するとともに、甲社株が3カ月の間に値上がりすれば100円からさらに価値を増やすのに対し

第14章　金融商品取引と消費者

て、900円以下に値下がりしてもオプションは権利ですから権利放棄をすれ
ばそれ以上の損はしません。そこで、甲社株を1000円で買うのと比較し、こ
のオプションを買えば、同じような利益が得られるのに対して損失は限定さ
れる、非常に有利なものです。オプションとはそのような有利なものですの
で、逆に、オプション＝権利を売るときは、よほどの覚悟をもって、ある程
度高い値段で売っておかないと、甲社株が大きく値上がりした場合に莫大な
損失を被ることになります。甲社株の代わりに、現在、１万円という日経平
均株価について、9500円で買う権利、オプションを取引し、日経平均株価が
所定の時期に１万1000円になったら、オプションの買い手は売り手から１単
位について6000円を受け取る、というのが日経平均オプション取引です。

　以下の判例は、オプションを大量に売って多額の損失を被った原告（被上
告人）による証券会社（上告人）に対する損害賠償請求訴訟です。

③　適合性原則違反についての最高裁判例

裁判例㉛　最判平成17・7・14（判時1909号30頁）

(1)　事案の概要

(A)　当事者

被上告人　X（水産物卸売会社〔代表取締役 B、専務取締役 C〕）

上告人　　Y（証券会社）

(B)　事　案

　Y は、原審脱退被控訴人 A（以下、「A」といいます）から証券業等に関す
る営業を承継して、本件訴訟を引き受けた証券会社です。

　X は水産物卸売会社であり、資本金は１億2000万円、水産物卸売業にかか
る取引高は年間200億～300億円でした。

　X において、本件取引にかかる意思決定は、当初は代表取締役社長の B
が行っていましたが、多忙であったため、次第に、専務取締役である C が
直接これにあたるようになりました。

　B は、昭和50年に明治大学商学部を卒業し、個人で、また上記水産物卸売
会社の代表者などとして、遅くとも昭和58年までには、株式の現物取引、信
用取引、先物取引、ワラント取引等を経験し、自分なりの証券取引の知識と
判断基準を身に付けていました。

　C は、昭和31年に早稲田大学商学部を卒業し、昭和61年には個人でも複数

172

の証券会社に取引口座を開設しており、その頃までには、一般的な証券取引の知識と経験を有するようになっていました。

本件取引は、約10年間にわたって行われ、その売買総額は累計で約1800億円に達するものでした。その取引経過の概要は、次のとおりです。

Xは、昭和59年9月に本件取引を開始し、昭和60年3月までに、株式等現物および中期国債ファンドの売買により約2100万円の実現益を上げていました。その後、Xは、取引商品の種類と金額を順次拡大し、平成元年7月までには、株式等の現物取引のほかに、信用取引、国債先物取引、外貨建てワラント取引、株式先物取引も行うようになり、本件取引にかかる売買総額も年間200億〜400億円に上っていました。この間、昭和63年度には実現益約1億5880万円と本件取引期間中最高の利益を計上しました。

平成元年6月12日、大阪証券取引所において、日経平均株価オプション取引が開始されました。Aの当時の担当者Eは、BおよびCに対し、A発行の株価指数オプション取引の説明パンフレットおよび大阪証券取引所発行の株価指数オプション取引説明書を交付して、オプション取引の概要、プット・オプションおよびコール・オプションの意味などとともに、オプションの買い取引の場合は投資資金全額を失うことはあるが損失がそれ以上に拡大することはないこと、オプションの売り取引の場合は損失が無限大に広がる可能性があることなどを説明しました。Xは、これを受けて、日経平均株価オプション取引を始めることとし、上記説明書の内容を確認したとの趣旨の確認書をAに差し入れました。

Xは、平成元年8月2日、初めてのオプション取引として、日経平均株価のコール・オプション取引を行いましたが、約107万円の損失を出したため、オプション取引から手を引くこととしました（「1回目のオプション取引」）。その後、Aの担当者がFに替わったこともあり、同人の勧誘により、Xは、平成2年4月から5月にかけて、再び日経平均株価のコール・オプションを10回にわたって買い付ける取引をしました。Xは、これにより690万円余りの利益を上げましたが、いったん取引は中断されています（「2回目のオプション取引」）。

Xは、平成3年2月から日経平均株価オプション取引を再開しました（このときから平成4年4月までの間のオプション取引を、「3回目のオプション取引」といいます）。3回目のオプション取引は、新たな現金が不要という理由

第14章　金融商品取引と消費者

から、オプションの売り取引が多く選択されましたが、1500万円を超える損失が生じたので、Ｘは、３回目のオプション取引を終了させました。

　平成４年11月にＡの担当者がＨに交替となったのを機に、ＢおよびＣは、今後の運用方針についてＨと話し合いました。その結果、オプションの売り取引を中心に新規取引の回数で計199回のオプション取引を行いました（以下、このときのオプション取引を「４回目のオプション取引」といいます）。この間の平成５年４月上旬には、約１億円の損失が発生しましたが、そのうちの約6400万円は、Ｃが前年と同様の決算対策として行ったオプションの売り取引にかかる損失でした。さらに、平成５年10月末から11月初旬にかけて、約１億1500万円の損失が生じました。Ｘは、これを最後にオプション取引を終了させました。４回目のオプション取引の通算損益は、約２億0721万円の損失でした。

　Ｘの投資意向は、手堅い商品に投資を限定するものではなく、多少のリスクがあってもできるだけ利益を上げたいというものでした。また、Ｘは、本件取引の運用資金が借入金であることはＡの担当者に説明していましたが、純資産基準額を維持する必要があることまでは説明していませんでした。

　本件は、Ｘが、Ａの担当者の行為につき、オプション取引にかかる適合性原則違反、顧客にできる限り損失を被らせないようにすべき義務違反、説明義務違反等があったと主張し、上告人に対し、不法行為による損害賠償を求めたものです。

　(C)　争　点

適合性原則違反は、どのような場合に認められるか。

　(D)　判　決

　「３　原審は、オプション取引に係る適合性原則違反に関し、次のとおり判断してＹの不法行為責任を肯定した上、過失相殺（５割）をするなどして、Ｘの請求を１億2546万1981円及びこれに対する遅延損害金の支払を求める限度で認容した。

　(1)　オプションの買い取引に関しては、ある程度の証券取引の経験と判断力を有する者であれば、いわゆる一般投資家であっても、証券会社の担当者がこれを勧めることが直ちに適合性の原則に違反することになるとはいえない。しかし、オプションの売り取引に関しては、それがコール・オプションであれ、プット・オプションであれ、利益がオプション価格の範囲に限定さ

174

れているにもかかわらず、無限大又はそれに近い大きな損失を被るリスクを負担するものであるから、そのようなリスクを限定し、又は回避するための知識、経験、能力を有しない顧客にこれを勧めて行わせることは、特段の事情のない限り、適合性の原則に違反する違法な行為となるというべきである。

(2) 本件で、B及びCの経歴等を考慮すると、この両名は通常の証券取引を行うことに関しては十分な知識と能力を有していたと認められるものの、オプションの売り取引のリスクを限定し、又は回避するための知識、経験、能力を有していたとは到底認めることができない。そして、Xにオプションの売り取引を勧めることが適合性の原則に違反しないこととなる特段の事情もうかがえないから、Aの担当者であったG及びHが、Xにオプションの売り取引を勧誘して3回目及び4回目のオプション取引を行わせたことは、適合性の原則に違反する違法な行為であり、Yは、不法行為に基づく損害賠償責任を免れない。

4 しかしながら、原審の上記判断は是認することができない。その理由は、次のとおりである。

(1) 改正前の証券取引法54条1項1号、2号及び証券会社の健全性の準則等に関する省令8条5号は、業務停止命令等の行政処分の前提要件としてではあるが、証券会社が、顧客の知識、経験及び財産の状況に照らして不適当と認められる勧誘を行って投資者の保護に欠けることとならないように業務を営まなければならないとの趣旨を規定し、もって適合性の原則を定める（現行法の43条1号参照）。また、平成4年法律第73号による改正前の証券取引法の施行されていた当時にあっては、適合性の原則を定める明文の規定はなかったものの、大蔵省証券局長通達や証券業協会の公正慣習規則等において、これと同趣旨の原則が要請されていたところである。これらは、直接には、公法上の業務規制、行政指導又は自主規制機関の定める自主規制という位置付けのものではあるが、証券会社の担当者が、顧客の意向と実情に反して、明らかに過大な危険を伴う取引を積極的に勧誘するなど、適合性の原則から著しく逸脱した証券取引の勧誘をしてこれを行わせたときは、当該行為は不法行為法上も違法となると解するのが相当である。

そして、証券会社の担当者によるオプションの売り取引の勧誘が適合性の原則から著しく逸脱していることを理由とする不法行為の成否に関し、顧客の適合性を判断するに当たっては、単にオプションの売り取引という取引類

型における一般的抽象的なリスクのみを考慮するのではなく、当該オプションの基礎商品が何か、当該オプションは上場商品とされているかどうかなどの具体的な商品特性を踏まえて、これとの相関関係において、顧客の投資経験、証券取引の知識、投資意向、財産状態等の諸要素を総合的に考慮する必要があるというべきである。

(2)　これを本件についてみるに、確かに、オプション取引は抽象的な権利の売買であって、現物取引の経験がある者であっても、その仕組みを理解することは必ずしも容易とはいえない上、とりわけオプションの売り取引は、利益がオプション価格の範囲に限定される一方、損失が無限大又はそれに近いものとなる可能性があるものであって、各種の証券取引の中でも極めてリスクの高い取引類型であることは否定できず、その取引適合性の程度も相当に高度なものが要求されると解される。しかしながら、本件で問題となっている日経平均株価オプション取引は、いわゆるデリバティブ取引の中でも、より専門性の高い有価証券店頭オプション取引などとは異なり、証券取引所の上場商品として、広く投資者が取引に参加することを予定するものである。すなわち、日経平均株価オプション取引は、専門的な知識及び経験を有するとはいえない一般投資家であっても、有価証券オプション取引等の適合性がないものとして一律に取引市場から排除するのではなく、当該取引の危険性等について十分な説明を要請することで、自己責任を問い得る条件を付与して取引市場に参入させようとする考え方に基づくものと解される。そうすると、日経平均株価オプションの売り取引は、単にオプションの売り取引という類型としてみれば、一般的抽象的には高いリスクを伴うものであるが、そのことのみから、当然に一般投資家の適合性を否定すべきものであるとはいえないというべきである。

(3)　日経平均株価オプション取引の以上のような商品特性を踏まえつつ、被上告人の側の投資経験、証券取引の知識、投資意向、財産状態等をみるに、原審の確定した前記の事実関係によれば、Ｘは、返済を要するものとはいえ、20億円以上の資金を有し、その相当部分を積極的に投資運用する方針を有していたこと、このため、代表取締役社長自ら資金運用に関与するほか、資金運用を担当する専務取締役において資金運用業務を管理する態勢を備えていたこと、同専務取締役は、それ以前において資金運用又は証券取引の経験はなかったものの、昭和59年９月に本件取引に係る証券取引を開始してから、

初めてオプション取引を行った平成元年8月までの5年間に、株式の現物取引、信用取引、国債先物取引、外貨建てワラント取引、株券先物取引等を、毎年数百億円規模で行い、証券取引に関する経験と知識を蓄積していたこと、オプション取引を行うようになってからも、1回目及び2回目のオプション取引では、専らコール・オプションの買い取引のみを、数量的にも限定的に行い、その結果としての利益の計上と損失の負担を実際に経験していること、こうした経験も踏まえ、平成3年2月に初めてオプションの売り取引（3回目のオプション取引）を始めたが、その際、オプション取引の損失が1000万円を超えたらこれをやめるという方針を自ら立て、実際、損失が1000万円を超えた平成4年4月には、自らの判断によりこれを終了させるなどして、自律的なリスク管理を行っていること、その後、平成4年12月に再び売り取引を中心とするオプション取引（4回目のオプション取引）を始めたが、大きな損失の原因となった期末にオプションを大量に売り建てるという手法は、決算対策を意図するXの側の事情により行われたものであること等が明らかである。これらの事情を総合すれば、Xが、およそオプションの売り取引を自己責任で行う適性を欠き、取引市場から排除されるべき者であったとはいえないというべきである。そうすると、Aの担当者（G及びH）において、Xにオプションの売り取引を勧誘して3回目及び4回目のオプション取引を行わせた行為が、適合性の原則から著しく逸脱するものであったということはできず、この点についてYの不法行為責任を認めることはできない。これと異なる原審の判断には、判決に影響を及ぼすことが明らかな法令の違反があるというべきである」。

(2) 解 説

　この判決では、適合性の原則について、「証券会社の担当者が、顧客の意向と実情に反して、明らかに過大な危険を伴う取引を積極的に勧誘するなど、適合性の原則から著しく逸脱した証券取引の勧誘をしてこれを行わせたときは、当該行為は不法行為法上も違法となると解するのが相当である」と判示しています。

　つまり、証券会社の担当者が、①顧客の意向と実情に反し、②明らかに過大な危険を伴う取引を、③積極的に勧誘するなど、④適合性の原則から著しく逸脱した勧誘をしてこれを行わせたときは、不法行為法上も違法となるとしているのですが、②の明らかに過大なという要件や、④の適合性の原則か

第14章　金融商品取引と消費者

ら著しく逸脱するなどという要件を満たすのは、一見、難しいようにも思えます。しかし、そもそもこの事案は、年間取引高が200億〜300億円で、資産運用を担当する専務取締役を置き、多くの種類の、かつ多額の投資経験を有している会社が、約10年間にわたって1800億円に達するような取引を行っていたところ、原審は、オプションの「売り」は、損失が無限大になる危険なものであり、この会社の担当者は、そのリスクを回避する知識・経験・能力を有していなかったとして、適合性原則に反するとしたものです。これに対して本件最高裁判決は、本件のオプションは、日経平均株価オプションという、証券取引所の上場商品として広く投資家が取引に参加することを予定するものであるから、Ｘの投資経験、投資意向、財産等からすれば、適合性の原則から著しく逸脱するということはできないとしたものです。ですから、この判決のＸのような、かなり大きな会社で、資産運用を担当する取締役を置いているような会社でも、日経平均株価オプション取引などとは違って、しくみのよくわからない、デリバティブなどの取引をさせられたようなときは、①顧客の意向と実情に反する場合が多々あるだろうし、②明らかに過大な危険を伴う取引とされるであろうし、そのような場合は、③適合性の原則から著しく逸脱した勧誘をしてこれを行わせたとして、適合性原則違反として違法とされるものと考えられるものです。

4　その後に適合性原則違反を認めた下級審判決

　この最高裁判決以降、適合性原則違反を認めて証券会社の不法行為責任を認めた判決が多数出され、その多くで、前掲最高裁判決が引用されていることはすでに述べたとおりですが、具体的には以下のとおりです。

---

①　大阪地判平成18・4・26〔投資信託〕（判時1947号122頁）
②　東京高判平成19・5・30〔仕組債〕（金商1287号37頁）
③　大阪高判平成20・6・3〔株価連動債〕（金商1300号45頁）
④　東京地判平成26・5・15〔オプション取引〕（セレクト48巻205頁）
⑤　横浜地判平成26・8・26〔仕組債〕（セレクト48巻99頁）
⑥　京都地判平成26・9・25〔仕組投信〕（セレクト48巻1頁）
⑦　東京地判平成28・6・17〔仕組債〕（金商1499号46頁）
⑧　東京高判平成28・11・30〔不動産投資ファンド〕（セレクト52巻249頁）

5　説明義務違反

〈参考文献〉
　丸山絵美子・法セ611号118頁、近江幸治・判時1931号188頁、潮見佳男・リマークス33号66頁

5　説明義務違反

(1)　説明義務とは

　金融商品を販売する業者およびその従業員は、投資者に対して、行おうとする取引のしくみや取引の方法、その取引のもつ危険性、投資しようとする取引の価値や権利の内容等の取引内容を十分に理解し自己責任において投資判断をなしうるための情報を提供し、これを説明すべき義務を負います。

(2)　説明義務の法的根拠

　説明義務の法的な根拠としては、一般的に信義則から導かれるものとして民法1条2項をあげることができます。また、金融商品取引法では、金融商品取引業者の誠実・公正義務（36条1項）、取引態様の事前明示義務（37条の2）、契約締結前の書面交付義務（37条の3）、契約締結時の書面交付義務（37条の4）などの規定のほか、虚偽告知の禁止（38条1号）、断定的判断提供禁止（38条2号）もあげることができます。

　また、金融商品販売法3条では、業者に、「重要事項」についての説明義務を規定し、5条では、3条違反によって生じた顧客の損害について民事上の賠償義務を規定しています。重要事項とは、元本欠損や当初元本を上回る欠損のおそれがあるときはその旨とその指標、取引のしくみの重要部分（同法3条1項1号・2号）、業者その他の者の財産状況等の変化により元本欠損や当初元本を上回る欠損のおそれがあるときはその旨と、どの業者についてそれが問題になるかとそのしくみ（同項3号・4号）等とされています。しかし、金融商品販売法に基づく説明義務は、前記のとおり、元本欠損のおそれや、当初元本を上回る損失発生のおそれがある場合に限られているところ、裁判実務ではその点が争点になることは少ないため、説明義務をめぐって争いになるのは、金融商品販売法の定める、元本欠損や当初元本を上回る損失発生などを超えた、複雑な事柄に関する点となることが一般的です。

(3)　金融庁の指針

デリバティブ（金融派生商品）取引について、金融庁は、平成22年4月16日、銀行等の金融機関に対する監督指針を改定しました。それによると、通貨オプション取引・金利スワップ取引等を行う店頭デリバティブ取引業者の説明責任にかかる注意事項として、「当該店頭デリバティブ取引の中途解約及び解約清算金について」という項目で、「例えば、……具体的に分かり易い形で解説した書面を交付するなどの方法により、適切かつ十分な説明をしているか」などということを監督指針としています。

これは、たとえば5年後、当初から日経平均株価が下落した割合分だけ元本が減ってしまう代わりに、3％という高い金利が付くという5年満期の特別の債券（デリバティブ商品）があった場合、過去5年間の日経平均株価の推移を事前に説明し、将来の5年間は、過去5年間の推移と同様のものとなることが考えられるとして、最悪のシナリオを想定して、最悪の場合にどのような損失が発生するかを事前に説明しなければならないとしているうえに、そこで想定した前提（将来の5年間の推移は、過去5年間の推移と同様のものとなる）が変わればさらに損失が拡大することについても、顧客が理解できるように説明しなければならないということを規定したものです。

金融庁の監督指針は、それに反したからといって、直ちに民事上の賠償責任が生じるものではありませんが、金融庁が、デリバティブ取引の際にはどのような理解が必要だと考えているかがわかることから、裁判所の不法行為・説明義務違反の認定においても大いに参考になるものと考えられます。

6　説明義務違反に関する裁判例

裁判例㉜　大阪地判平成24・2・24（判時2169号44頁、裁判所HP）

(1)　事案の概要

(A)　当事者

原告　X（学校法人）

被告　Y（証券会社）

(B)　事　案

Xが、Yとの間で、円と豪ドルを10年間にわたり毎月交換し、その差額を決済する為替デリバティブ契約を締結し、その結果、Xは、毎月、豪ドルが1豪ドル＝74円よりも豪ドル高であればその差額×20万円という計算で得られる金銭をYから受け取り、逆に豪ドル安であればその差額×60万円という

計算で得られる金銭を Y に支払うというものです。

X は契約後、豪ドル安が進み、損失がかさんだ時点でこの取引の危険性に気付き、解約したところ、解約料として11億6000万円余りを支払いました。

X は、この契約自体を Y が学校法人である X にさせたこと自体が、公序良俗違反、適合性原則違反、説明義務違反等にあたり、不法行為が成立するとして、既払損金328万円・解約料11億6270万円・弁護士費用 1 億1600万円の合計12億8198万円を請求しました。

(C) 争 点

説明義務違反は、どのような場合に認められるか。

(D) 判 決

判決は、Y の説明義務違反を認めて不法行為を認定しました。ただし、8 割の過失相殺を行った結果、2 億5319万円余りの支払いを Y に命じました（弁護士費用については 1 割ではなく2000万円と認定したため、請求額の19.7％を認容）。

判決は、「金融商品取引では、投資家は、基本的には自己の判断と責任に基づいて取引を行うことが要請されるというべきであるが、本件取引はリスクの高い取引であり、Y は、金融商品取引に関する専門的知識を有する業者であるから、そのような状況においては、Y は、本件取引類似の金融商品の取引経験を有しない X に対して勧誘をする際に、信義則上、X の投資判断にとって重要な事項を説明すべき義務を負い、これに違反したときは、説明義務違反による不法行為責任が生じるというべきである」としました。

そして、「Y は、本件取引の勧誘に際して、X に対し、具体的には、本件取引は、為替変動により大きな損失が生じる可能性があること、中途解約する場合には多額の解約清算金が発生する可能性があることについて十分に理解できるよう説明すべき義務があった」と認定し、具体的には、Y 担当者の説明について、「本件取引の為替リスク、即ち、為替相場が 1 豪ドル当たり74円又はこれより円高になった場合には、レバレッジにより大きな損失が生じることを理解していたということができ、この点については被告の説明義務違反は認められない」と認定しました。

具体的な説明の程度については、「解約料の説明は、ポイントを落とした字で、『時価の変動によっては、期中での合意解約に際し、受取り超となることも、支払い超となることもあります。』と記載されているのみであって、

第14章　金融商品取引と消費者

これによっては、解約料の具体的算定方法あるいは概算額について全く推測もできず、顧客が取引を継続すべきか、解約料を払っても解約の申入れをすべきかを判断する資料とはなり得ない」、また、「Y担当者がX担当者らに対し、解約手数料についてまで説明をしたとは考えられない」、「Y担当者自身、解約料の具体的な算定方法はわからず、『大きな損失』と言ってもどの程度の額になるのか、それが10億円なのか1000万円なのかすら理解していなかったことに照らすと、この段階において、Y担当者がX担当者に対し、本件取引について説明するに当たってことさら解約料について詳しく説明をしたとは考えられない。また、説明書には解約料についての説明はなく、本件基本契約書には、中途解約の際の一括清算の内容が抽象的に記載されているのみであって、解約料の具体的算定方法あるいは概算額について予測ができるに足りる記載はない」と認定しました。

　結論として、「以上によれば、Y担当者らは、Xに対し、解約料の発生を考慮した上で本件取引を行うかどうかを決定する判断材料を与えたとはいえず、中途解約の場合の解約手数料についての説明は、極めて不十分であったと言わざるを得ない」として説明義務違反を認め、不法行為を認めました。

(2)　解　説

　数年間ないし数年後、円─ドル為替や日経平均株価指数、特定の株式の株価等の動きによっては莫大な損失が発生するデリバティブ取引が、個人投資家や中小企業、投資自体を目的とはしない法人などに販売され、現に莫大な損失が発生し、大きな損失発生を受けてあわてて中途解約しようにもさらに莫大な損失が発生するなどという被害が多数みられるようになりました。このようなデリバティブを販売した証券会社や銀行の主張は、これらの取引がリスクが大きいこと、途中解約が難しいことを説明し、途中の利息や満期返戻金について、為替等の指標がどのようになればいくらの損益が発生するかということを十分に説明すれば、説明義務違反の違法性はないというものです。日経平均リンク債、他社株転換特約債など、通常の株式を購入したのと同様ないしは若干小さいリスクしか負担しないのであるから、特別に重い説明義務を課するのは不当であるなどとも主張されています。

　しかし、証券取引は、プロにとっては常識的なことでも、一般投資家ないし各種法人の担当者にとってはなじみの薄いものも多く、また、多くの損益が発生するものですから、十分な説明を受け、十分に理解して納得したうえ

で取引がなされなければならないのは当然です。特に、デリバティブ取引は
それ自体が一般投資家等に理解が難しいうえに、一見すると、リスクの小さ
い、理解が容易なものであるかのような外観を有するものも多いことから、
ことさらにその危険性について言及されなければ、投資家として理解が難し
いものも多々存在します。特に、3年、5年等、長期間にわたって原則的に
解約できないもの、また、解約にあたって全く予想も計算もできないような
違約金が発生するようなものについては、株等が、いつでも転売して損失を
一定に抑えることができるのに比べて、高いリスクを有しているといえます。
このようなデリバティブでは、結局、3年後等の為替や日経平均株価指数等
の数値によって莫大な損失が生じるところ、3年後等のそのような数値がど
うなるかなど、プロでも予想が難しいものですから、それらについて十分に
理解して納得したうえで取引しなければ、適切な投資とはいえず、当該取引
がそのようなものであることについての十分な説明が必要といえます。

　そのような観点から、デリバティブ等の複雑な取引については、単に損益
発生の計算方法だけではなく、解約金がどのように発生するかなどといった
中途解約に関すること、中途解約が難しいことの意味などについても、投資
家が真に理解できるようにしなければならないなどという説明義務が、各種
判例により認定されています。

7 　証券取引分野で説明義務違反を認めた判決

　そのほかにも、証券取引分野、特にデリバティブ関係で説明義務違反を認
めた判決としては、以下のようなものがあります。

---

① 　大阪地判平成15・11・4（EB）（判時1844号97頁）
② 　大阪地判平成22・8・26（投資信託）（セレクト38巻173頁）
③ 　東京高判平成23・10・19〔仕組債〕（セレクト41巻50頁）
④ 　大阪高判平成27・12・10〔仕組債〕（金商1483巻26頁）
⑤ 　東京地判平成28・6・17〔仕組債〕（金商1499号46頁）
⑥ 　岡山地判平成29・6・1〔外国株式〕（セレクト53巻51頁）
⑦ 　名古屋地判平成29・9・15〔仕組債〕（セレクト54巻79頁）
⑧ 　東京地判平成30・10・19〔国内株式〕（セレクト56巻44頁）

（山﨑　敏彦）

第15章　保険と消費者

1　保険取引と消費者保護

(1)　保険の役割と重要性

　多くの人は、家を購入すれば火災保険に加入し、自動車を持てば自動車保険に入ります。また、結婚や子どもの誕生をきっかけに、生命保険や医療保険に入ることも多いでしょう。火災、交通事故、死亡や疾病といった日常の危険に備えるための有効な手段が保険です。保険に加入していれば、私たちはより安心して暮らしていくことができます。保険は、私たちの市民生活に欠かせない重要なものとなっています。

　保険の本来の役割は、上記のような「保障」という点にありますが、「貯蓄」や「投資」という性格をもつ保険もあります。生命保険の一種である「養老保険」は、満期前に死亡すれば「死亡保険金」が支払われますが、満期まで生存している場合にも「満期保険金」が支払われるので、満期までの「貯蓄」という性格が顕著です。また「変額保険」「変額年金保険」では、保険金の支払原資が株式や債券などへの投資として運用され、受け取る保険金の額が変動するので、「投資」という性格が強くなります。

(2)　保険契約──損害保険契約と定額保険契約

　保険契約は、保険者（保険会社）が、保険事故が発生した場合に、保険給付（保険金）を支払うことを約束し、これに対して、保険契約者（保険加入者）が保険料を支払うことを約束する契約です（保険法2条1号）。

　保険契約には、現実に発生した損害を補う「損害保険契約」（保険法2条6号・7号）と、現実に生ずる損害の有無・程度を問わず、契約で取り決めた金額を支払う「定額保険契約」（同法2条8号・9号）という2種類があります。火災保険や自動車保険（賠償責任保険・車両保険）は前者に、死亡保険・年金保険は後者に該当します。

　この2つの種類の区分は、保険契約の規律を理解するうえで重要です。「損害保険契約」では、事故により損害を受けるという利害関係、すなわち「被保険利益」が必要です。その利益をもつ人が「被保険者」と呼ばれ、そ

〔表8〕 保険契約の種類と保険業法上の分類

保険法上の種別		保険業法上の分類	保険会社	保険商品の種類
生命保険契約		第一分野	生保会社	定期保険、終身保険、養老保険、年金保険など
損害保険契約		第二分野	損保会社	自動車保険、火災保険、賠償責任保険など
	傷害疾病損害保険契約	第三分野	損保会社	医療保険、傷害保険、ガン保険、介護保険など
傷害疾病定額保険契約			生保会社	

(作成：薬袋真司)

の人が自動的に保険金請求者となります（保険法8条）。これに対して、「定額保険契約」では、「被保険利益」は問題とならず、保険事故（死亡や負傷）の対象となる人が「被保険者」と呼ばれ、その人とは別に「保険金受取人」が指定されます（同法2条5号）。「損害保険契約」においては、重複保険（同法20条）、請求権代位（同法25条）などが問題になりますが、「定額保険契約」ではこれらは問題になりません。

　なお、保険法では、「損害保険契約」「生命保険契約」「傷害疾病定額保険契約」の3つの区分を設けて規律をしています（同法第2章～第4章。〔表8〕参照）。後2者が「定額保険契約」です。なお、傷害疾病保険には、損害保険に分類される「傷害疾病損害保険」もあります（同法2条7号・34条・35条）。なお、「責任保険」（賠償責任保険。同法22条参照）は損害保険契約の一種です。

(3) 保険契約における加入者保護

　保険取引における加入者保護（消費者保護）は、保険契約法（民事ルール）と保険監督法（業法的規律）の2つの側面からなされています。

　保険契約法の中心は、従来は商法の商行為編の保険に関する規定でした。しかし、平成20年に新たに「保険法」が制定され、平成22年4月1日から施行されています（商法上の保険に関する規定は廃止）。この保険法は、多くの規定を「片面的強行規定」、つまり保険加入者（消費者）に不利益には変更できないものとして、保険加入者の利益の保護をより強いものとしています（保険法7条・26条・33条等）。

他方、保険監督法の中心となるのは、「保険業法」です。保険加入者の利益を守るための行為規制や態勢整備を保険会社に求めています。中でも重要な規律は、保険約款に関する規律（同法4条2項3号・123条1項）、保険募集時に関する規律（同法300条1項等）などです。なお、保険取引にもクーリング・オフが認められており、保険業法に規定されています（同法309条。クーリング・オフについては第8章参照）。平成26年の保険業法の改正では、顧客の意向の把握義務や顧客への説明義務などの規定が導入されています（保険業法294条・294条の2。施行は平成28年5月29日）。最近では、かんぽ生命の契約について、顧客の意向にそわず不利益を与えるものが多数存在したのではないかという点が問題になっています。

保険取引が消費者取引である場合には、景品表示法の不当表示規制の対象となりますし、消費者契約法の適用もあります（なお、特定商取引法の訪問販売等の規律については適用除外とされています。特定商取引法26条1項8号ニ、特定商取引法施行令5条・別表第2・39）。

さらに、保険取引は金融取引としての側面があることから、金融商品販売法の適用があります。また、投資的性格の強い保険商品の取引については、金融商品取引法の規律が準用されて適用されることになります（保険業法300条の2の「特定保険契約」）。

なお、平成19年12月から、銀行がすべての保険商品を販売できるようになっています。高齢者等が十分な理解のないまま保険商品を購入する形のトラブルが絶えず、注意喚起が行われています（国民生活センター「保険商品の銀行窓口販売の全面解禁から10年を迎えて──新たに外貨建て保険のトラブルも──」〔2017年12月21日〕）。

(4) 保険取引と保険約款

保険契約は、保険会社が多数の加入者と契約することが予定されており、定型化された「保険約款」を利用して結ばれます（付合契約の典型）。約款取引においては、①約款の拘束力（根拠）、②約款の解釈方法、③約款の内容的限界の3点が問題とされています。

①について、判例は、保険約款の拘束力について、反証がない限り当事者は約款による意思で契約したと推定すべきであるとしていました（意思推定説。大判大正4・12・24〔民録21輯2182頁〕）。

②については、保険取引における定型的・画一的処理の要請などから、一

般的な保険加入者が理解するであろう意味において客観的に解釈されるべきであるとされています（客観解釈の原則）。

③に関しては、前述の保険業法による約款の規律（行政による事前のチェック）や、保険法・消費者契約法による契約条項の規律（片面的強行規定、不当条項規制）があります。また、裁判所による約款の解釈（制限解釈）を通じての規律（司法的規制）も行われています。

保険約款の条項が消費者契約法に違反するかが争われた事件として、生命保険約款等の「無催告失効条項」（支払期月の翌月末日までに保険料の支払いがないときは、保険契約が当然失効するという条項）が消費者契約法10条に違反するかが争点となった最判平成24・3・16（判時2149号135頁）がありますが、最高裁判所は、当該条項の内容が明確であり、猶予期間も1カ月とされるなど契約者保護のために一定の配慮がなされており、失効前に督促の通知を行う運用が実務上確実になされていれば、消費者契約法10条に違反しないとしています（ただし、須藤正彦裁判官の反対意見があります）。

約款を制限解釈する例としては、自動車保険の約款について、事故から60日以内に保険会社に事故を通知しなければ原則として免責されるとする条項を、保険加入者に保険金を詐取するなどの目的がない限り全部免責は認めず、通知の遅れによる実損害のみを減額できるにとどまるとした最判昭和62・2・20（民集41巻1号159頁）などがあります。

(5) 平成29年改正民法（定型約款の規律）

平成29年改正民法は約款に関する規定を設けました。約款と呼ばれるものにもさまざまなものがあることから、改正民法は、その適用範囲を明確にするために、「定型約款」という概念を用いることにしました。すなわち、改正民法は、ある特定の者（定型約款準備者）が不特定多数の者を相手方として行う取引であって、その内容の全部または一部が画一的であることがその双方にとって合理的なものを「定型取引」と呼び、そのうえで、定型取引において、一方当事者により、契約の内容とすることを目的として準備された条項の総体を「定型約款」とし、規律を適用することにしました（改正民法548条の2第1項。詳しくは第7章を参照）。保険取引は定型取引、保険約款は定型約款に該当するので、民法の約款に関する規律が及ぶことになります。

上記(4)①の約款の拘束力に関して、改正民法は、ⓐ定型約款を契約の内容とする旨の合意があった場合、あるいは、ⓑ取引に際して定型約款を契約の

内容とする旨をあらかじめ相手方に表示していた場合には、定型約款の個別の条項についても合意したものとみなして、契約の内容になるとしています（改正民法548条1項）。約款条項を相手方が認識することや、約款条項の事前開示は要件とされていません。もっとも、定型取引合意の前に、相手方から定型約款の内容の開示を求められたにもかかわらず、これを拒んだ場合には、合意をしたものとみなさず、契約の内容にはならないとしています（改正民法548条の3第2項）。

　上記(4)②の約款の解釈については、改正に向けた議論の中では、約款の条項の意味が不明確で多義的である場合には、約款作成者に不利な意味に解釈すべきとの「条項使用者不利の原則」に関する規定を新たに設けることも検討されましたが、改正民法では規定を設けることは見送られました。

　上記(4)③の約款条項の内容的限界については、改正民法は、相手方の権利を制限し、または相手方の義務を加重する条項であって、その定型取引の態様およびその実情並びに取引上の社会通念に照らして信義則（民法1条2項）に反して相手方の利益を一方的に害すると認められるものについては、合意をしなかったものとみなすとしています（改正民法548条の2第2項）。

　さらに、改正民法は、約款の変更についての規定を設けました。改正民法は、①変更が相手方の一般の利益に適合するとき、または、⑪変更が契約の目的に反せず、かつ、変更の必要性、変更後の内容の相当性、定型約款の変更をすることがある旨の定めの有無およびその内容その他の変更にかかる事情に照らして合理的なものである場合のいずれかの場合には、個別に相手方と合意をすることなく定型約款の内容を変更して、契約内容を変えることができるものとしています（改正民法548条の4第1項）。

　なお、改正民法は、令和2年4月1日に施行されますが、約款に関する規定については、原則として、改正民法の施行日前に締結された定型取引合意にも適用されます（改正民法の附則33条1項）。もっとも、反対の意思表示により適用を排除することも可能となっています（同条2項・3項）。

(6)　モラル・リスク対策と消費者保護

　保険契約では、不確定な出来事により給付の有無が左右され、しかも、小さな負担で大きな保障を得ることができます。このような特質から、保険制度には悪用される危険、つまり不正請求の危険が伴います。このような不正請求またはそのおそれは「モラル・リスク」と呼ばれています。

モラル・リスクが増大すると、保険会社側の利益が損なわれることはもちろんですが、加入者が負担する保険料の増大を招き、善良な加入者にも不利益を与えます。それゆえ、モラル・リスクの防止は、保険会社だけでなく、保険加入者にとっても重要なことです。

ところが、モラル・リスク対策には、過剰なものとなったり、あるいは濫用されたりする危険が伴います。解除や免責の要件を保険会社側に使いやすいように緩和しすぎると、正当な請求まで阻むことにつながります。また、安易に制裁的な効果を認めると、保険金の不当な不払いのために濫用されるおそれも出てきます。

前掲最判昭和62・2・20で問題とされた事故発生の通知義務による免責を定める規定などは、モラル・リスク対策の過剰の一例といえるでしょう（なお、この種の約款規定は保険法の施行を契機に廃止されました）。また、後述する、「重大事由による解除」が不当な不払いの口実として濫用された実例も明らかになっています（金融庁「保険金等支払管理態勢の再点検及び不払い事案に係る再検証の結果について」〔2005年10月28日〕）。

不正請求を防止することは非常に重要ですが、保険加入者の利益を守るために、モラル・リスク対策を適正な範囲に抑制することも必要です。もっとも、どこで線引きをしてバランスをとるのかは、非常に難しい問題です。この点は、他の取引にはない保険取引に特有の問題だといえます。しかも、実際に争点となることが少なくありません。そこで、このような視点から、「偶然性の立証責任」と「他保険契約の告知義務」という2つの論点についての裁判例を紹介し、検討をしていくことにします。

２ 偶然性（非故意性）の立証責任と保険事故の立証

裁判例㉝ 最判平成19・4・17（判時1970号32頁）

(1) 問題の所在

「偶然性の立証責任」（非故意性の立証責任）の問題は、保険事故がわざと起こされたか否かの立証を、保険金請求者側が負担するのか、それとも、保険会社側が負うのかという論点です。法律・約款の解釈の問題としては、①保険法2条6号（商法旧629条）の「偶然」という語が「故意によらないこと」を意味するのか、②車両保険の保険約款の規定（典型的な約款では、「衝突、接触、転落、……盗難、台風、こう水、高潮その他偶然な事故」によって生

じた損害に対して、保険金を支払うとしています）にある「偶然」という語が「故意によらないこと」を意味するのか、③車両保険に規定されている「盗難」という事故に「占有者の意思によらない」という意味が含まれるかという３つの問題が含まれています。これは、故意（悪意）の場合を免責事由と規定する保険法17条１項（商法旧641条）や約款の免責規定との関係をどのように考えるかという問題ともつながっています。

(2) 事案の概要

(A) 当事者

原告（上告人）　　X（保険加入者〔被保険者＝保険金請求者〕）

被告（被上告人）　Y（保険会社）

(B) 事案

Xは、盗難防止装置の付いた自動車を自宅マンションの駐車場に駐車していましたが、海外に出かけた際に何者かに持ち去られました（持ち去りの様子は、マンションの防犯ビデオに映っていました）。Xが盗難被害に遭ったとして保険金の支払いを求めて提訴し、第１審（福岡地判平成16・7・5〔金商1267号37頁〕）では請求が認められたものの、控訴審（福岡高判平成18・2・23〔金商1267号33頁〕）は、偶然性（非故意性）の立証責任は保険金請求者側にあり、本件では自動車を持ち去った者とXとが意を通じ合っていたのではないかとの疑念を払拭することができず、偶然性の証明はないものとして、請求を棄却しました。なお、Xと犯人とを結び付けるような証拠はありませんでした。

(C) 争点

① 商法旧629条の「偶然」が「故意によらないこと」を意味するのか。

② 車両保険条項の「偶然」が「故意によらないこと」を意味するのか。

③ 車両保険条項の「盗難」に「占有者の意思によらないこと」という意味が含まれるか。

(D) 判決

最高裁判所は、次のように判示し、控訴審判決を破棄して、差し戻しました（〔　〕内は筆者注）。

「商法629条が損害保険契約の保険事故を『偶然ナル一定ノ事故』と規定したのは、損害保険契約は保険契約成立時においては発生するかどうか不確定な事故によって損害が生じた場合にその損害をてん補することを約束するも

のであり、保険契約成立時において保険事故が発生すること又は発生しないことが確定している場合には、保険契約が成立しないということを明らかにしたものと解すべきである」。「同法641条は、……保険契約者又は被保険者が故意又は重過失によって保険事故を発生させたことを保険金請求権の発生を妨げる免責事由として規定したものと解される」。

「本件条項1［車両保険条項］は、『衝突、接触、墜落、転覆、物の飛来、物の落下、火災、爆発、台風、こう水、高潮その他偶然な事故』及び『被保険自動車の盗難』を保険事故として規定しているが、これは、保険契約成立時に発生するかどうかが不確定な事故を『被保険自動車の盗難』も含めてすべて保険事故とすることを明らかにしたもので、商法629条にいう『偶然ナル一定ノ事故』を本件保険契約に即して規定したものというべきである。そして、本件条項2［故意免責条項］は、保険契約者、被保険者等が故意によって保険事故を発生させたことを、同法641条と同様に免責事由として規定したものというべきである」。

「一般に盗難とは、占有者の意に反する第三者による財物の占有の移転であると解することができるが、上記のとおり、被保険自動車の盗難という保険事故が、保険契約者被保険者等の意思に基づいて発生したことは、……保険者において免責事由として主張、立証すべき事項であるから、被保険自動車の盗難という保険事故が発生したとして……車両保険金の支払を請求する者は、『被保険者以外の者が被保険者の占有に係る被保険自動車をその所在場所から持ち去ったこと』という外形的な事実を主張、立証すれば足り、被保険自動車の持ち去りが被保険者の意思に基づかないものであることを主張、立証すべき責任を負わないというべきである」。

(3) 解　説

(A)　「偶然性の立証責任」論争

平成に入った頃から下級審裁判例が、商法旧629条の「偶然」あるいは車両保険条項の定める「偶然」の意味は、「故意によらないこと」（非故意性）を意味するとして、保険金請求者側が故意によらないことを立証しなければならないとするようになりました（請求原因説）。その結果、保険会社が保険金の支払いを拒む例が増え、保険金請求訴訟が増加し、法廷で激しく争われるようになりました。そして、保険金請求者側の立証が足りないとして、請求が棄却される裁判例が相次ぎました。

これに対して、最高裁判所は、車両の水没事案において、平成18年に、商法629条および車両保険条項の「偶然」の意味はいずれも契約時における「不確定性」を意味するとし、保険会社側が故意によることの立証責任を負担するとしました（抗弁説。最判平成18・6・1〔民集60巻5号1887頁〕等）。本判決は、この考えを確認するものです。これにより、保険金請求者側の立証の負担はかなり緩和されることになりました。

一見すると、最高裁判所の解釈は強引なようにもみえますが、このような理解は商法制定当初からの理解でもあり（法典調査会『商法修正案参考書　日本近代立法資料叢書21』〔商事法務、1985年〕）、また、通説的な理解にもかなうものでした（大森忠夫『保険法　法律学全集31』〔有斐閣、1957年〕61頁、山下友信『保険法』〔有斐閣、2005年〕355頁等）。また、車両保険条項の理解についても、約款を作成した保険会社側の当初の理解にも合致するものです（東京海上火災株式会社編『損害保険実務講座6　自動車保険』〔有斐閣、1990年〕317頁）。

平成20年に制定された保険法においても、商法旧629条と同様に、「偶然」という用語が用いられていますが（保険法2条6号）、ここにいう「偶然」も契約時の不確定性を意味するものと考えられています（法務省民事局参事官室「保険法の見直しに関する中間試案の補足説明」参照）。

(B)　盗難事故における立証責任

平成18年の最高裁判決は、車両の水没事故の事案についてのものでした。これに対し、「盗難」という用語には、もともと「被害者の意思によらない」という意味合いが含まれているので、平成18年最高裁判決の射程は盗難事故には及ばないのではないかとの議論が残りました。

最高裁判所がこの点についての判断を初めて示したのが本判決です。上記のとおり、保険金請求者側は故意によらないことの立証は不要で、「被保険者以外の者が……持ち去ったこと」という外形的な事実を立証すれば足りるとしました。明確な理由は示されていませんが、他の事故形態との均衡や故意免責の規定の共通性などを考慮したものと思われます。

もっとも、保険金請求者側が「第三者による持ち去り」を立証しなければならないとしている点には疑問も残ります。本件は、たまたまビデオ映像で犯人の姿を確認することができ、また、被保険者が海外にいました。しかし、多くの盗難事案は、ビデオはもちろん、目撃者等もないことが多く、被害に

遭った時刻の特定すら容易ではありません。この点、車両保険は、事故の形態を問わないオール・リスク型の保険であることから、保険金請求者は、およそ損害が発生したことを立証すれば足りるとする見解も有力です（山下友信「オール・リスク損害保険と保険金請求訴訟における立証責任の分配」川井健＝田尾桃二編集代表『転換期の取引法──取引法判例10年の軌跡──』〔商事法務、2004年〕515頁）。

(C) 損傷事故における保険事故の立証

本判決後、損傷事案（傷つけ事案）において、保険金請求者側が「第三者による損傷」であるとの外形的事実を主張立証しなければならないのかが議論になっています。

たとえば、東京高判平成21・11・25（判時2065号156頁）は、車両損傷による車両保険金請求の事案において、上記最高裁判決を引用しつつ、「保険金請求者は、『被保険者以外の者がいたずらをして被保険自動車を損傷したこと』といういたずらによる損傷の外形的な事実を主張、立証する責任を負う」とし、そのうえで、いたずらによる損傷という保険事故の外形的事実は、①「損傷が人為的にされたものであること」と②「損傷が被保険者以外の第三者によって行われたこと」で構成されるので、保険金請求者は、②の点（第三者による傷つけであること）についても主張立証すべきであるとしています。

これに対して、名古屋高判平成24・5・29（自保ジャーナル1889号135頁）は、「『盗難』は占有者の意に反する第三者による財物の占有の移転であり、その概念自体に第三者の行為によるものであることが含まれるため、保険事故についての請求原因として、第三者が被保険者の占有に係る被保険自動車をその占有場所から持ち去ったことの立証が必要であるが、『衝突、接触、墜落、転覆、物の飛来、物の落下、火災、爆発、台風、洪水、高潮その他偶然な事故』の概念自体に第三者によるものであることは含まれないから、車両損傷事案においては、被保険者において、被保険者以外の者が被保険自動車を損傷したことの主張立証責任を負うものではない」として、「保険金請求者は、保険事故に関する請求原因として、保険事故である被保険自動車の損傷発生の事案を主張立証すれば足り」るとしています。

保険約款の車両保険条項の文言や車両保険の特質などの検討を行うことなく、明確な理由もないまま、傷つけ事案とはこういうものだと決めて、それ

を前提に、盗難事案に関する最高裁判所の定式を損傷事案にも適用すること
は、要件事実の確定、立証責任の分配の判断方法として正しいとは思われま
せん。約款上、車両保険の保険事故は、盗難以外の事故については、その概
念に「第三者による」という意味は含まれていません。車両の損傷は、自損
事故（過失による自損事故でも免責にはなりません）や、物の飛来等（人による
ものであるかどうかは問われません）によっても起こりうるものです。損傷事
故が他人により起こされたことを立証すべきとする考えには無理があるよう
に思われます（後藤崇＝薬袋真司「車両保険における立証対象としての『保険事
故』とは何か──非故意性と第三者によることの立証の要否──」〔消費者法ニュ
ース113号120頁〕）。

(D)　傷害保険における「偶然性」（偶発性）

傷害保険では、約款上、「急激かつ偶然な外来の事故」によってその身体
に被った傷害に対して保険金を支払うとされており、傷害事故といえるため
には、「急激」「偶然」「外来」という3要素が必要とされています（生命保
険の災害割増特約などの「不慮」という要件も同様の意味合いがあるとされてい
ます）。ここでいう「偶然」とは、具体的事故の結果が予見できないことと
され、故意によらないこと（非故意性）と同義とされています（損害保険との
意味の違いを明確にするために「偶発性」と表現することもあります。生命保険
の災害割増特約などの「不慮」も同様の意味合いがあるとされています）。

この傷害保険においても、約款に故意免責の規定が存在したことから、立
証責任の所在についての議論がありました。

この点、最高裁判所は、平成13年に、保険金請求者側に「偶然性」（非故
意性）の主張立証責任があるとの判断を示しています（最判平成13・4・20
〔判タ1061号68頁〕）。もっとも、その理由として、最高裁判所は、不正請求の
防止ということを指摘していたのですが、正当な請求を阻害するおそれを考
慮していない点で、適切な理由であるといえるか、はなはだ疑問が残るとこ
ろです。

他方、消費者である保険金請求者に非故意性の立証責任を負担させること
は消費者契約法10条に違反するという見解が有力です（榊素寛「保険事故の
偶然性の立証責任」民商132巻6号913頁）。「ない」という消極的事実の立証は
著しく困難だからです（いわゆる「悪魔の証明」）。

平成20年に制定された保険法では、「傷害疾病定額保険」の規定が新たに

設けられましたが、そこでは「傷害」の定義は設けられず、しかも、故意免責の規定が置かれました（同法80条）。これは、消費者契約法10条の前段要件である任意規定を明示したというだけでなく、不正請求防止論は採用しないことを明らかにしたものといえます。それゆえ、傷害保険の「偶然性」（偶発性）に関する平成13年最高裁判決は、見直される可能性もあるといえます。

〈参考文献〉

　野口恵三・NBL857号71頁、山本哲生・リマークス37号104頁、高橋譲・最判解民事篇平成19年度㊤320頁

3　他保険契約の告知義務

裁判例㉞　東京地判平成21・4・30（判例集未登載）

(1)　問題の所在

　他保険契約の告知義務とは、保険契約を締結する際に、被保険者について同種の保険契約を締結している場合に、保険契約者は保険会社に対してそのことを告知しなければならないとするものです。これは、損害保険や傷害保険（定額保険）の約款に規定されているもので、悪意または重大な過失により告知されなかった場合には、保険会社は当該保険契約を解除し、保険金支払義務も免れることができるとするものです（従来は、約款上、他保険契約の締結についての通知義務が定められていましたが、保険法の施行を契機に廃止されています）。モラル・リスク対策の１つです。これについては、そもそも意図的に事故を起こした場合には故意免責の対象となるので、他保険契約の存在・加入という事実は、保険会社が債務として負担するリスクにかかわる本来の告知事項とは性格が異なるのではないか、また、他保険契約を告知しなかった場合でも、不正請求のおそれのない場合にまで解除や免責を認めることは行き過ぎではないかといった問題があります。

(2)　事案の概要

(A)　当事者

原告　X（保険加入者〔被保険者＝保険金請求者〕）

被告　Y₁（保険会社）

Y₂（保険会社）

(B) 事　案

Xは、保険会社Y₁の傷害保険に加入し、その翌年、保険会社Y₂のゴルファー保険付きの交通傷害保険に加入し、それぞれ継続していました。数年後、他の保険会社のファミリー交通傷害保険にも加入しました。Xは、加入・継続に際して、他の保険契約について告知・通知をしていませんでした。

Xは、交通事故に遭い、入通院したうえ、後遺症が残ったため、各保険会社に入院保険金、後遺障害保険金等を請求しました。これに対して、Y₁・Y₂は、他保険契約の告知義務・通知義務に違反するとして契約の解除を主張して、支払いを拒みました。

(C) 争　点

①　他保険契約の存在につき告知がなされなかった場合の契約解除の有効要件

②　他保険契約の加入につき通知がなされなかった場合の契約解除の有効要件

(D) 判　決

裁判所は、次のように判示して、解除を認めず、保険金請求を認容しました。

「［他保険契約の告知義務・通知義務違反による解除を定める約款の］規定が置かれた趣旨は、傷害保険契約が定額給付型の傷害保険であって、保険事故が生じたときにはその具体的な損害額とは無関係に約束された保険金を給付するという特徴により、重複保険契約の締結が一般に保険契約者による保険事故の招致や保険事故の発生の偽装等による不正請求の誘因となり、その危険を増大させる畏れがあることに鑑み、保険者がこのような道徳的危険の強いものかどうかを考慮して当該保険契約の諾否や解除を判断することができるようにすることにあるものと考えられている」。

「他方、約款が保険契約の当事者の知、不知を問わず、約款によらない旨の特段の合意がない限り、これが当然に契約の内容となって当事者を拘束することに鑑みると、約款の規定があるからといってその契約上の効果を無条件に認めることは、一般の保険契約者に対して社会通念に照らして相当性を欠く不利益を与える可能性も生ずることから、相当とはいえない」。

「上記のような観点からすると、保険契約者等において、告知義務や通知

義務の存在を知りながら敢えてその義務を履行せず、あるいは告知義務や通知義務の存在を知らなかったことに重大な過失がある場合には、保険者において重複保険契約の存在を理由に保険契約を解除することができるが、例外的に、保険契約者等において、重複保険契約を締結するに至った経緯、目的等を立証するなどして、当該契約の締結が前述の告知義務及び通知義務の設けられた趣旨に抵触するものではないことが立証できた場合には、保険者は保険金の支払いを拒めないと解するのが相当である」。

「当時原告は……保険会社の管理職であり……、解除の対象となりうることは当然認識していたと推認するのが相当である」。「しかしながら、……重複保険を締結するに至った経緯、目的並びに、……本件事故……に至るまで、原告が……何ら保険事故を惹起させたり保険金請求をしていないことからすると、……重複保険契約締結による道徳的危険を招致させるものではなかったと認めるのが相当である」。

「したがって、本件において被告らは、本件各保険金の支払いを拒むことはできないものと解する」。

(3) 解 説

(A) 告知義務制度

保険契約者等は、保険契約の締結に際して、危険（保険事故の発生可能性）に関する重要な事項のうち、保険会社が告知を求めたもの（火災保険では建物の構造・用途など、生命保険では5年以内における7日以上の入院の有無など）を、保険会社に告知しなければなりません（保険法4条・37条・66条）。これが告知義務で、保険会社の危険測定のために法律が課した義務だと理解されています（通説・判例。「危険測定説」といいます）。告知義務違反があると、保険会社は原則として契約を解除することができ（同法28条・55条・84条）、解除前に事故が起こっていても保険会社は保険金を支払う義務を負いません（同法31条2項1号・59条2項1号・88条2項1号）。

告知義務は、保険契約上最も重要な制度なので、ここで、告知義務違反による解除の要件と効果を確認しておきましょう。

---

① 解除権発生（告知義務違反の成否）

  ⓐ 客観的要件＝ⅰ告知を求められた

               ⅱ事故の危険に関する重要事項の

第15章　保険と消費者

　　　　　ⅲ不告知・不実告知
　　ⓑ　主観的要件＝告知義務者の悪意・重過失
　②　解除権消滅（解除権の行使の可否）
　　ⓐ　保険会社の了知・過失不知
　　ⓑ　除斥期間＝ⓘ了知から１カ月、ⅱ契約から５年
　　ⓒ　告知妨害、不告知教唆
　③　解除の効果（保険金の支払いの可否）
　　ⓐ　契約の消滅（将来効）
　　ⓑ　すでに発生した事故についての免責→因果関係不存在の例外

　これを実際の保険金請求事件の形で考えてみましょう。まず、保険金請求者側が保険金請求を行います。これに対して、保険会社が、告知義務違反、すなわち、その要件である①のすべての事実を主張して、保険契約の解除を主張します（抗弁になります）。それに対して、保険金請求者側が②のいずれかの事実を主張して、解除の成否を争います（再抗弁になります）。解除が認められると、③のように保険契約が消滅するとともに、すでに発生した事故についても保険会社は免責されることになります。ただし、保険金請求者側で、告知義務違反の事実とは無関係な事故（たとえば、ガンの不告知の場合に、交通事故で死亡した場合など）であったことを証明した場合には、例外的に保険金の支払いは認められます（これも再抗弁です）。

(B)　他保険契約の告知義務

(a)　法律上の告知事項といえるか

　他に保険契約が存在することが、はたして事故の危険に関する事項といえるかということが、まず問題になります。わざと事故を起こしたとしても、保険会社は免責されます。それゆえ、他保険契約の存在は、保険会社がリスクを負担する保険事故の発生には、本来的には影響を与えないものです（本来の告知事項を「保険危険事実」と呼ぶのに対して、不正請求のおそれにかかわる事実を「道徳的危険事実」と呼んだりします）。そこで、大審院の判例は、他保険契約の存在を告知義務の対象ではないとしています（生命保険に関する大判明治40・10・4〔民録13輯939頁〕）。本判決も、これを約款上の制度と捉えているところからすると、同様に考えているのではないかと思われます。

　これに対して、不正請求であることが立証できなければ保険会社が保険金を支払わざるを得なくなるという危険があるとして、法律上の告知義務の対

象となりうるとする見解も有力です。保険法制定の際の法制審議会の議論で
もこのような見解が強く、また、金融庁も同様の見解を示しています（平成
21年4月28日報道発表資料）。

(b) 他保険契約の告知義務違反を原因とする解除の可否

　他の保険契約の存在を告知しなかったからといって、安易に解除を認める
ことは、モラル・リスク対策という目的に照らして行き過ぎで、保険契約者
側に酷な結果となります。

　そこで、下級審裁判例では、他保険契約の告知義務・通知義務の違反を理
由とする解除については、不正請求の目的による場合などに限定しようとす
るものが少なくありません（東京高判平成4・12・25〔判時1450号139頁〕、東京
高判平成5・9・28〔判時1479号140頁〕など。要件の付加や立証責任の分配につい
て、いくつかのバリエーションがあります。なお、この点に関する最高裁判例は
まだありません）。本判決も、同様の方向性を示すものです。

　他方、不正請求のおそれ・目的の有無といった絞りは不要であるとする考
えも有力です（山下・前掲『保険法』325頁等）。もっとも、この考え方も、単
に他保険契約の存在を告知しなかっただけで解除することを認めるものでは
なく、本来の告知義務違反と同様に、実際に重要な事実として危険選択に利
用されていた場合に限って解除を認めるというものです。

(c) 因果関係不存在の例外

　たとえ告知義務違反で契約が解除されても、告知しなかった事項とは無関
係な事故が生じた場合には、保険会社は保険金の支払いを免れることはでき
ないとされています（因果関係不存在の例外。これを「因果関係原則」と呼ぶこ
ともあります）。これは保険法制定前の商法の規定でも認められていたもので
す（商法旧645条ただし書・678条2項）。もっとも、告知しなかった事実（他保
険契約の存在）と保険事故の発生との間に、通常因果関係があるとは考えら
れません。そこで、従来の保険約款では、因果関係不存在の例外を認めない
かのような規定ぶりとなっていました。

　ところが、保険法では、この因果関係不存在の例外が片面的強行規定とし
て規定されたので（保険法33条・65条・94条）、従来のような約款の定めが認
められなくなり、たとえ保険会社が他保険契約の告知義務違反を理由に契約
を解除したとしても、保険会社は免責が認められないこととなりました。も
っとも、次の「重大事由による解除」が認められる余地があるとされていま

す（萩本修編著『一問一答保険法』〔商事法務、2009年〕48頁）。

(d) 重大事由による解除

　保険法は、保険契約者等が保険事故を偽装して保険金請求を求めた場合など、保険会社の信頼を損ない契約の継続を困難とするような重大な事由があった場合には、保険会社は契約を解除することができ（保険法30条・57条・86条）、そのような事情が生じた後に起こった事故については保険会社を免責するという規定を新たに設けました（同法31条2項3号・59条2項3号・88条2項3号）。これは、生命保険の約款で規定されていたものを参考にして法律上の制度としたものです。

　他保険契約の告知義務に違反した場合には、この重大事由による解除の規定により保険会社は免責される余地があるとする見解が有力です。ただし、この見解においても、解除が認められる場合として想定されているのは、著しく重複した保険契約が短期間で締結されたような場合に限定されています（荻本・前掲書100頁）。

　もっとも、この重大事由による解除については、前述のように、過去に「不払い」の口実として濫用された経緯があったので、保険法の制定に際して衆参両院で附帯決議がなされ、特に参議院の附帯決議では、概括的な「バスケット・クローズ」となっている保険法30条3号については、同条1号・2号に「匹敵する趣旨のもの」であるとされ、金融庁「保険会社向けの総合的な監督指針」（2018年2月）でも、「当該内容に比肩するような重大な事由」とされています（Ⅳ–1–17(3)）。このことから、不正請求の「おそれ」をもって、はたして不正請求が「あった」場合に匹敵するものといってよいかには、なお疑問が残ります。保険法30条等の1号・2号や故意免責の立証責任とのバランスを考えると、不正請求を行おうとしていたと認められる場合に限るべきではないかと思われます。このように考えると、重大事由解除の各規定の2号に定める「詐欺を行い、又は行おうとした」にあたりうる場合に限られると考えられ、他保険契約の告知義務違反があったことを理由として、重大事由による解除により免責を主張する意義は、実際にはほとんどなくなるのではないかと思われます。

（薬袋　真司）

第16章　製造物責任と消費者

1　問題の所在

(1)　製品事故の発生状況と特色

　こんにゃくゼリーをのどに詰まらせて小学生が窒息死した事故や、エレベーターが扉が開いたままで走行して高校生が死亡した事故など、製品の欠陥が疑われる事故は時に深刻な被害を生じさせます。最近でも、化粧品に含まれた「ロドデノール」による白斑被害やプエラリア・ミリフィカを原材料に含む健康食品による被害が発生しています。こうした製品に起因する事故は、私たちの身の回りにある実にさまざまな製品で発生しています。消費者庁の調査では、製造物責任法が施行された平成7年以降、平成31年3月28日までに404件の製造物責任法に関する判決が出され、94件が和解によって解決されているとされています。また、国民生活センターや全国の消費生活センターにも製品やサービスの事故に関する相談や情報が寄せられていますが、PIO-NET に収集されている製品やサービスによる事故の情報は、平成28年度で1万4516件、このうち危害情報（生命や身体に危害を受けたとの情報）は1万1265件、危険情報（危害には至っていないがそのおそれがある情報）は、3251件となっています。

　安心して安全に暮らせることは消費者の基本的な権利であり、消費者の生命・身体に対する危害の防止はいつの時代の消費者政策においても最も重要な課題とされています。また、製品事故には次のような特色があり、消費者にとって事故の未然防止と被害救済はとても重要な問題です。

① 　食品や医薬品などでは、大量生産・大量消費がなされるため、1つの製品で多くの消費者に重篤な被害が発生するという大規模被害に至るおそれがあること

② 　消費者が予期できない状況下で突然被害が発生すること（電気製品の発火やエレベーターの異常走行など、製品事故は、事故が発生するなど誰も予想もできないような状況で突然発生しています）

③ 　被害者の生命・身体・財産に重大な被害が生ずる場合もあり、その被

害の救済は消費者にとって極めて重要であること

④ 被害発生の原因となった製品の構造、危険性や同種事故の発生の有無など、製品に問題があって発生した事故であることを証明するために必要な知識や情報を消費者が入手することが難しいこと

(2) 製造物責任法が制定された意義

こうした製品事故に関しては、平成 6 年 7 月 1 日に製造物責任法（PL 法）が制定され（施行は平成 7 年 7 月 1 日）、製品の欠陥によって人の生命、身体または財産にかかる被害が生じた場合には、その損害の賠償を製造業者や輸入業者等が負うというルールが定められました。

製造物責任法が制定されるまでは、製品によって人の生命、身体や財産に被害を生じたときは、そのような製品を製造したメーカーに過失があること（注意義務の違反——すなわち、メーカーは、注意をすればそのような事故が発生することを予見することができ、かつ、これを回避することが可能であったにもかかわらず、注意を怠ったために事故が発生したこと）を被害者が具体的に証明しなければなりませんでした。製品事故の場合は、製品を使用している消費者と製造業者等との間には直接の売買契約などはありませんので、一般の不法行為責任（民法709条）として考えられていたからです。

しかし、テレビなどの家電製品からの発火事故を想像してみてもわかるように、製品の設計や製造工程を知らない消費者が、製品のどこに発火の危険性があったのか、どのような設計にしておけば事故を防ぐことができたのかなどといったメーカーの具体的過失を証明することは極めて困難でした。

また、製品を購入する際、私たちはどのメーカーが製造したものであるかに着目し、このメーカーなら安全な製品を製造しているだろうとメーカーを信頼して製品を購入し利用しています。それにもかかわらず、ひとたび事故が発生したときには、まるで何の信頼関係もない者との間で偶然に発生した事故と同じように相手（メーカー）の過失を証明しなければ損害を賠償してもらえない、そうしたルールでは社会全体としての公平な損害の分担にも反します。

そうしたことから、メーカーの責任についての考え方を抜本的に変更し、民法の不法行為責任に関する特別法として制定された製造物責任法では、「メーカーの過失を証明しなくても、製品に欠陥があること、そしてその欠陥が原因で事故が発生したことを証明すればメーカーに損害を賠償してもら

える」というルールを導入したのです。この新しいルールを「欠陥責任」と呼んでいます。

2 製造物責任法の概要――「欠陥」の定義・判断要素を中心に

(1) 欠陥責任とは

欠陥責任について、製造物責任法は次の規定を置いています。

第3条 製造業者等は、その製造、加工、輸入又は前条第3項第2号若しくは第3号の氏名等の表示をした製造物であって、その引き渡したものの欠陥により他人の生命、身体、又は財産を侵害したときは、これによって生じた損害を賠償する責めに任ずる。ただし、その損害が当該製造物についてのみ生じたときは、この限りでない。

したがって、製品事故被害の損害賠償を請求するために、被害者は、
① 製品に欠陥があったこと
② 損害が発生したこと
③ 製品の欠陥と損害との間に因果関係があること

の3つを証明すればよいということになります（なお、損害が製品だけに生じ、製品以外の拡大損害が発生していない場合には、製造物責任法は適用されません。多くの場合は、製品の売主に対して売買契約に基づく責任を追及していくことが予定されているからです）。

それでは、「製品に欠陥があった」というためには、具体的に何を証明すればよいのでしょうか。

製造物責任法は、「欠陥」については、次のように定義しています。

第2条 （略）
2 この法律において「欠陥」とは、当該製造物の特性、その通常予見される使用形態、その製造業者等が当該製造物を引き渡した時期その他の当該製造物に係る事情を考慮して、当該製造物が通常有すべき安全性を欠いていることをいう。

すなわち、欠陥の定義は「当該製造物が通常有すべき安全性を欠いている

こと」であり、通常有すべき安全性を備えているか欠いているかを判断する際の考慮事情として、

① 当該製造物の特性
② その通常予想される使用形態
③ 当該製造物を引き渡した時期
④ その他の当該製造物にかかる事情

があげられています。この①から③の3つの事項や、④のその他の当該製造物にかかる事情そのものは「欠陥」の主要事実ではなく、また例示されている①から③の3つの事情が常に考慮されるものでもなく、個々の事案ごとに当該製造物にかかるさまざまな事情が考慮されて「通常有すべき安全性を欠いている」かどうかが判断されることになります。

(2) 過失責任から欠陥責任へと転換したことの意義

製品事故における製造業者の責任要件が、過失（すなわち注意を払って製品を製造したかどうか）ではなく、欠陥（すなわち当該製品が客観的にみて「通常有すべき安全性」を有していたかどうか）に転換したということは、製品の安全性を製造業者の視点から製品を使用する消費者の視点に移したことにほかならず、製造物責任法は、事業者に対しても行政に対しても消費者の視点に立つことの重要性を示した画期的な法律ということができます。また、事業者が消費者の視点に立って客観的な安全性を具備する製品を製造することによって、事故の未然防止も図られるであろうということが期待されました。

しかし、製造物責任法がその期待された意義・役割を本当に果たし、製品事故の迅速適正な救済と事故の未然防止を実現するためには、法が適正に解釈され運用されることが重要です。製造物責任法の制定過程においても、法の規定のあり方や立証責任の問題など、さまざまな論点について議論が重ねられ、たとえば新しい責任要件の中心である「製品に欠陥があったこと」について、被害者はどのような事実を立証しなければならないのか、あるいはどの程度まで立証しなければならないか、欠陥の部位や部品まで被害者が特定しなければならないのかどうかなども議論となりました。

このような議論が重ねられている最中の平成6年3月29日に、製造物責任法を先取りしたともいえるような、「欠陥責任」の意義と製品の欠陥の判断のあり方を示した判決が出されています。

この判決を通じて、「製造物責任」「欠陥責任」の考え方を検討してみまし

ょう。

3 裁判での理論的な到達点

裁判例㉟ 大阪地判平成 6・3・29（判タ842号69頁）──松下テレビ発火
事件

(1) 事案の概要

(A) 当事者

原告　X（建設会社）

被告　Y（松下電器産業）

(B) 事 案

　昭和63年 3 月 8 日午後、建設会社事務所の一室で女性事務員が仕事をして
いると、奥の部屋からパチパチという音が聞こえ、奥の部屋の隅に置かれて
いた被告製造のカラーテレビ（TH-21S 1 型、昭和62年製造。事故当時はメイン
スイッチが入っただけの状態）の後ろ側から黒煙が出ていました。煙がひどく
なってきたため、女性事務員は消防署に通報し、テレビの電源を抜きブレー
カーを下ろして逃げましたが、事務所は全焼しました。

　Xはテレビの製造者であるYに対し、民法709条に基づき、事務所内備品
等の焼失による損害および近隣店舗への補償等合計730万円を請求しました。

(C) 争 点

① 　本件テレビ本体からの発火であるか。

② 　製品事故における製造者の過失の認定はどのように判断するのが相当
か。

③ 　本件テレビの製造者に過失責任が認められるか。

　なお、本判決は製造物責任法制定前のものですから、争点は「製造者の過
失の有無」ということになりますが、過失責任の判断の中で欠陥責任の考え
方が示されています。

(2) 判 決

(A) 製造物責任はいかなる根拠に基づく責任か（製造物責任の性質）

(a) 製品の流通は、製造者に対する信頼に支えられている

　「現代の社会生活は、他人が製造し流通においた製品を購入し利用するこ
とによって成り立っているといっても過言ではないが、規格化された工業製
品の場合、流通の過程において販売会社や小売店が個々の製品の安全性を確

認した上で販売することは通常予定されていないし、これを取得する消費者において個々の製品の安全性の有無を判断すべき知識や技術を有しないことも明らかであるから、このような製品の流通は、製造者が製品を安全なものであるとして流通においたことに対する信頼に支えられているということができる」。

(b) 製造者は製品の安全性を確保するべき高度の注意義務（安全性確保義務）を負う

「製品の製造者は、製品を設計、製造し流通に置く過程で、製品の危険な性状により利用者が損害を被ることのないよう、その安全性を確保すべき高度の注意義務（安全性確保義務）を負うというべきであるから、製造者が、右の義務に違反して安全性に欠ける製品を流通に置き、これによって製品の利用者が損害を被った場合には、製造者は利用者に対しその損害を賠償すべき責任、すなわち製造物責任を負う」。

(c) 製造物責任は不法行為責任と解すべきものである

「安全性確保義務は、製造者が、製品の危険な性状により損害を被る可能性のあるすべての者に対して負うべき社会生活上の義務であるから、これに違反したことにより認められる製造物責任は、製造者と利用者との間の契約関係の有無にかかわりなく成立する不法行為責任と解すべきものである」。

(B) 欠　陥

(a) 欠陥の定義

「製造者が負う安全性確保義務は、製品について社会通念上当然に具備すると期待される安全性（合理的安全性）を確保すべき義務であり、右の義務は、流通に置いた時点で製品が安全であれば足りるのではなく、製品を取得した者が、合理的期間内、これを安全に利用できるよう確保することを内容とするものであって、利用者が現実に利用する時点での製品の安全性の有無が最も重要であるというべきであるから、利用時の製品の性状が、社会通念上製品に要求される合理的安全性を欠き、不相当に危険と評価されれば、その製品には欠陥があるというべきである」。

(b) 欠陥の判断

「製品に要求される安全性の程度は、個々の製品または製品類型によって異なるから、製品が合理的安全性を欠き、不相当に危険と評価されるか否かの判断は、その製品の性質や用途、製品の利用に際し利用者が負うべき注意

義務の程度やその時代の科学技術などを総合して、社会通念に基づいてなされるべきものであり、右合理的安全性の概念を前提とする製品の欠陥についての判断も、同じく、個々の製品または製品類型ごとに、個別になされるべきものである」。

「合理的安全性の概念は、利用者が、製造者に予見できないような異常な方法で製品を使用した場合にまで、製品の安全性を確保すべき義務を製造者に負わせるものではないから、欠陥判断の前提として、利用者の利用方法が社会通念上合理的と解される利用（合理的利用）の範囲内であることが必要である」。

「以上を総合すると、製造物責任を追及する利用者は、利用時の製品の性状が社会通念上不相当に危険であること（欠陥）、損害の発生、欠陥と損害との因果関係をまず立証せねばならず、その前提として、製品の利用方法が合理的利用の範囲内であることを立証しなければならない」。

(C) 過失について──過失の推認

「製造物責任について特別の立法がなされていない以上、現行不法行為法の原則に従い、利用者は、製造者の故意または過失を立証しなければならないが、製品に欠陥のあることが立証された場合には、製造者に過失のあったことが推認されると解すべきである。

けだし、製品が不相当に危険と評価される場合には、そのような危険を生じさせた何らかの具体的な機械的、物理的、化学的原因（欠陥原因）が存在するはずであるが、一般に流通する製品の場合、利用する時点で製品に欠陥が認められれば、流通に置かれた時点で既に欠陥原因が存在した蓋然性が高いというべきであるし、さらに製造者が安全性確保義務を履行し、適切に設計、製造等を行う限り、欠陥原因の存する製品が流通に置かれるということは通常考えられないから、欠陥原因のある製品が流通に置かれた場合、設計、製造の過程で何らかの注意義務違反があったと推認するのが相当だからである」。

「製品の欠陥が認められれば、製造者の過失が推認されるから、利用者は、それ以上に欠陥原因や注意義務違反の具体的内容を解明する責任を負うものではなく、製造者が責任を免れるには、製造者において欠陥原因を解明するなどして右の推認を覆す必要があるというべきである。

けだし、もし利用者において欠陥原因及び注意義務違反の内容を具体的に

第16章　製造物責任と消費者

立証しなければならないとすれば、特別な知識も技術も有しない利用者が、主として製造者の支配領域に属する事由を解明しなければならないことになり、製品が完全に損壊し欠陥原因の特定ができなくなった場合には、製造者は常に免責されることになることなどを考慮すると、右のように解することが損害の公平な分担という不法行為法の本旨にそうからである」。

(D)　本件事件における製造者の責任

(a)　テレビ本体からの発火であるか否か

Yは本件テレビ本体からの出火であることを否定し、本件火災の原因は、X側が本件電源コードを不正に使用し、あるいは不注意に取り扱ったことにより、電源コードに短絡が生じたことにあると主張していましたが、判決は、直接証拠である目撃者の証言の信用性、本件建物内の客観的焼損状況を詳細に認定し、本件火災は本件テレビ本体の発火によるものであると認められるとしました。

(b)　本件テレビの利用が合理的範囲内といえるか否か

判決は、本件テレビが、①Yが昭和62年6月に製造したものであり、同年7月、本件建物の増築に伴い原告が贈与を受けたものであること、②X方の応接室のテレビ台の上に設置されていたこと、③さほど頻繁には利用されていなかったことという事実を認定し、Xにおける本件テレビの利用は、合理的利用の範囲内であると認めるのが相当であると判断しました。

(c)　本件テレビの欠陥

「テレビの製造者が設計、製造上の注意義務を怠れば、テレビの発煙、発火により火災を惹起し、利用者の生命、身体、財産に危険が及ぶ可能性があるのであって、テレビの製造者である被告に課せられた安全性確保義務は、極めて高度なものであるということができる。また、テレビは、利用者の所有に帰したものであっても、その構造上、内部は利用者の手の届かない、いわばブラックボックスというべきものであって、現在の社会通念上、設置等が適切に行われる限り、その利用に際し、利用者が危険の発生する可能性があることを念頭において、安全性確保のため特段の注意を払わねばならない製品であるとも、何らかの危険の発生を甘受すべき製品であるとも考えられていないことは明らかである。それゆえ、製品としての性質上、テレビには合理的利用の範囲内における絶対的安全性が求められるというべきである」。

「本件テレビは、合理的利用中（一部の回路のみに電流が流れる待機状態を含

む。）に発煙、発火したと認められるから、不相当に危険と評価すべきであり、本件テレビには欠陥が認められる」。

(d) 過失の推認と被告の反証

「本件テレビには欠陥が認められるから、その危険を生じさせた欠陥原因の存在が推認されるところ、本件テレビは、前示のとおり、昭和62年6月に製造され、……X方で使用されてから本件火災まで8カ月程度しか経過しておらず、Yが製造し、流通においた時点でこれに付与した製品本来の安全性の保たれることが、社会通念上当然に期待される期間内に危険が生じたことは明らかであるし、本件全証拠によるも、その間、Xが内部構造に手を加えたり、第三者が修理等をしたとの事実は認められないから、上記の欠陥原因は、Yが本件テレビを流通に置いた時点で存在していたことが推認される。そして、……欠陥原因のある製品を流通に置いたことについてYに過失のあったことが推認されるが、製造者に課せられた安全性確保義務は高度なものというべきであるから、製造物責任を争うYとしては、単に注意深く製造したことを一般的に主張立証するだけでは不十分であって、不相当な危険を生じさせた欠陥原因を具体的に解明するなどして、右の推認を覆す必要がある。

この点について、Y側実験は〔筆者注：安全性確認のための実験〕、……本件テレビには欠陥がないことを前提に、本件テレビに発火の可能性のないことを立証しようとするものであって、これによって本件テレビの欠陥原因が解明されているわけではない。

結局、本件全証拠によっても、本件テレビにいかなる欠陥原因が存し、いかなる経緯で発火するに至ったかについては不明というべきであるが、本件におけるYの立証によって、過失についての前記推認は覆らないといわざるをえない」。

4 製造物責任法施行後における松下テレビ発火事件判決の意義

上記のとおり、松下テレビ発火事件判決は、製造物責任法が制定される前の段階の判決でしたが、製造物責任の考え方を明確に示したうえで、①製品に欠陥があることが立証されれば製造者の過失が推認され、②利用者は欠陥原因を解明する責任を負うものではないとの判断を示し、さらに③欠陥判断

第16章　製造物責任と消費者

の考慮事情やその判断のあり方をも示しており、判決後に制定・施行された製造物責任法の解釈基準としても大きな役割を果たしています。

前述のとおり、欠陥の立証について、原告（被害者）が「欠陥の部位」の特定まで主張立証する必要があるかどうか（たとえばテレビからの発火事故でテレビのどの部位から出火したかを特定する必要があるか）は、立法当時、議論の分かれるところでした。平成5年11月10日付けの産業構造審議会総合製品安全部会の答申（「事故防止及び被害救済のための総合製品安全対策の在り方」）では、欠陥に関する基本的な考え方として「原告が製造業者の責任を追及し損害賠償を求めようとする場合、基本的には製品のどこに欠陥があったか明らかにすることが必要であると考える。この場合、その特定の程度は、製品の特性も考慮して、社会通念上欠陥の存在について納得が得られる程度の主張・立証で足りると考えられる」とされ、通商産業省（当時）も同様の解釈をとっていました。しかし、松下テレビ発火事件判決が「利用者は欠陥原因を解明する責任を負わない」との判断を示したのに続き、大阪地判平成9・9・18（判タ992号166頁〔テレビ発火事件〕）においても、原告において、危険を生じさせた何らかの具体的な機械的・物理的・化学的原因（欠陥原因）を特定する必要はないとの判断が示され、さらに東京地判平成11・8・31（判時1687号39頁、判タ1013号81頁〔業務用冷凍庫発火事件〕）でも「工業製品の製造に要する技術は高度かつ専門的であり、製造過程も複雑化されているが、一般的消費者である利用者は、それらに関する知識を有していないのが通常である。このような場合に、消費者たる原告側が、本件のような訴訟において、本件冷凍庫が本件火災の発生源である旨の主張立証をするだけでなく、その具体的欠陥等を特定した上で、欠陥が生じた原因まで主張立証責任を負うとすることは損害の公平な分担という不法行為法の理念に反するものであり、妥当でない。……したがって、消費者たる原告らは、製品の具体的な欠陥等については基本的に主張立証責任を負うものではないと解すべきである」との判断が示されました。これらの判決はいずれも製造物責任法施行前に流通に置かれた製品の事故についての判断でしたが、仙台高判平成22・4・22（判時2086号42頁）は、製造物責任法が適用される携帯電話の発熱による熱傷被害事件において、「製造物責任を追及する控訴人〔筆者注：被害者〕としては、本件携帯電話について通常の用法に従って使用していたにもかかわらず、身体・財産に被害を及ぼす異常が発生したことを主張・立証するこ

210

とで、欠陥の主張・立証としては足りるというべきであり、それ以上に、具体的欠陥等を特定した上で、欠陥を生じた原因、欠陥の科学的機序まで主張立証責任を負うものではないと解すべきである。すなわち、本件では、欠陥の箇所、欠陥を生じた原因、その科学的機序については未だ解明されないものであっても、本件携帯電話が本件熱傷の発生源であり、本件携帯電話が通常予想される方法により使用されていた間に本件熱傷が生じたことさえ、控訴人が立証すれば、携帯電話機使用中に熱傷を負わせるような携帯電話機は、通信手段として通常有すべき安全性を欠いており、明らかに欠陥があるということができるから、欠陥に関する具体化の要請も十分に満たすものといえる」との判断を示しました。これによって、製造物責任法における欠陥の主張立証に際して原告（被害者）は欠陥部位や具体的な欠陥原因まで特定する必要がないとの解釈が明確にされたものといえます。

　なお、上記仙台高裁判決に対しては、メーカーから上告および上告受理の申立てがなされていましたが、平成23年10月27日に上告棄却および上告不受理決定がなされました。これにより、仙台高等裁判所が示した欠陥の主張立証責任についての判断は、最高裁判所でも認められたこととなります。

5　製造物責任法と被害救済における課題

(1)　被害救済を困難ならしめている他原因と誤使用の主張

　現在、製造物責任訴訟でしばしば大きな争点になっているのは、当該事故が当該製品そのものに起因して生じたものか、その他の原因に起因して生じたものかという点（他原因の主張）と、被害者の製品使用形態が「通常予想される使用形態」の範囲内であったか、これを超えた異常な使用形態であったかという点（誤使用の主張）です。

(A)　当該製品に起因する事故がどうかが不明とされ被害者が敗訴した事例

　テレビの置いてあった部屋から出火しましたが、火災の原因はテレビ本体ではなく、テレビのコードがつながれていたテーブルタップ（延長コード）にあった可能性があるとしてメーカーが賠償責任を争った事案で、裁判所は、火災の原因は、テレビの爆発とテレビが接続されていたテーブルタップのいずれかであるとの判断を示し、しかもテレビの爆発が可能性としてはテーブルタップよりも高いものということはできるとの判断を示しましたが、それ

でも、火災発生時の目撃者が証言した目撃状況に説明できない点があることやテーブルタップとコンセントをつなぐコードに溶融痕があること等を総合的に考慮すると「本件火災の発生原因が本件テレビにあるのか、本件テーブルタップにあるのかは、結局のところいずれとも断じがたく、原告は本件火災発生源の特定の立証に成功していないというほかない」として被害者の請求を認めませんでした（東京地判平成9・12・26〔判例集未登載〕）。

　この判決のような家電製品の発火事故では、メーカーは、①再現実験を行ったが、目撃者が主張するような事故発生時の状態にはならないから当該製品による事故ではあり得ない、②当該製品には、何重もの安全装置が設けられているから事故が発生する可能性はないといった主張をしています。

　そうすると、被害に遭った消費者が、「その製品から事故が発生した」ということを証明しなければならなくなり、結局はその製品のどこに危険な箇所があってどういう機序で事故が発生したかという「欠陥の部位」や「欠陥原因と事故の機序」の立証を余儀なくされていくというのが実情です。

(B) 誤使用による事故であるとのメーカーの主張

　2歳10カ月の男児が、「ガチャポン」と呼ばれる玩具入りカプセルのカプセル（直径40mmの球体）をボール代わりにして自宅で遊んでいたところ、カプセルを口に持っていった瞬間にカプセル全体が口の中に入ってしまい、窒息による低酸素脳症の後遺障害を負った事件で、玩具メーカーは、①カプセルは玩具の包装容器であり、カプセルで子どもが遊ぶことは予定されていない、②カプセル玩具には、窒息の危険があるので絶対に口の中には入れないことや3歳未満の子どもの誤飲の危険を表示した説明書兼注意書をカプセルの中に入れてあり、表示上の欠陥もないと主張して責任がないと争いました。

　これに対し、鹿児島地判平成20・5・20（判時2015号116頁）は、カプセルは3歳未満の幼児が玩具として使用することが通常予見される使用形態であると認めたうえで、カプセルには3歳未満の幼児の口の中に入る危険があり、さらに一度口の中に入ると球体という形状のため取り除くことが難しく窒息を引き起こす危険があるとして、カプセルは設計上、通常有すべき安全性を欠いていたというべき（すなわち欠陥があった）と認めました。ただし、自宅内で幼児の窒息事故を防止する注意義務は一次的には両親にあり、幼児がカプセルで遊んでいるのを漫然と放置した点にも責任があるとして、損害の

うちの３割についての賠償責任が玩具メーカーにあるとして過失相殺がなされています。なお、この判決後、欧米各国で球状の玩具に関する安全基準が改定されました。わが国でも玩具の安全性に関するST基準が改定され、球状の玩具はその直径が31.8mmから44.5mmに変更されています。

(2) 製造物責任法の適切な運用のためには事故情報の収集・分析・公表が不可欠

　このように、メーカーから他原因や誤使用の主張がなされた場合には、被害者は「その製品から事故が発生した」、あるいは「その製品を通常予見される使用形態で使用していて事故が発生した」ことを証明しなければなりませんが、その立証の困難さを解消するうえで重要な証拠となるのが同種事故の存在です。

　他原因の主張は、4で紹介した大阪地裁のテレビ発火事件（平成９・９・18判決）でも被告から主張されていましたが、裁判所は、原告が提出したテレビから発煙・発火した他の同種事故事例に関する資料に基づき、火災前にテレビに見られた異常な状態が他の事故情報の経緯においても見られることを理由の１つとしてあげ、テレビが火災の原因となったことが強く推認されると判断しました。前掲の携帯電話熱傷被害事件においてもメーカーから同様に他原因の主張がありましたが、仙台高等裁判所は、控訴人（原告）が提出した国民生活センターや製品評価技術基盤機構および経済産業省の資料において携帯電話機使用中に異常発熱したという使用者の申告が多数認められるほか、海外においても同様の事故事例が多数報告されていることを指摘し、携帯電話が低温熱傷をもたらす程度に発熱することは合理的に考えて十分にあり得るものと認められると判断しています。

　他方、事故が使用者の操作ミスに起因するものかどうかが争われた耕耘機による死亡事故訴訟（60歳の女性が耕耘機で作業中に柿の木と耕耘機の間に挟まれて死亡した事件）で、名古屋地判平成11・９・10（判時1718号108頁）は、当該事故以外に同種の事故情報が１件もなかったことを理由の１つとして欠陥を否定しています。

　このように、同種の製品で同種の事故が同じような状況で発生していることは、その製品について同じような使用方法がなされる中で事故が発生すること、すなわち、他原因でも被害者の誤使用でもなく、その製品に欠陥があって事故が発生したことを推認させる重要な証拠となります。

平成21年 9 月に消費者庁が設置されています。現在、消費者庁では、消費生活用製品安全法と消費者安全法に基づいて、さまざまな消費者事故情報を一元的に収集し分析・公表するシステムを稼働させています。また、平成24年10月 1 日には消費者庁に消費者安全調査委員会が設置され、被害の発生または拡大防止を図る目的で消費生活上の生命・身体被害にかかる事故の原因を究明するための調査を行う体制が整備されました。

製品事故の未然防止のためにも被害救済のためにも、事故情報が漏れなく収集されるとともに、事故の原因がきちんと分析・調査されたうえで、事故発生の経緯や状況についての詳細な事故情報とともに公表される体制がさらに整備され、実効性をもって機能することが重要です。

6　まとめ

製造物責任法が施行されてすでに23年が経過しました。しかし、同法に期待された製品事故被害の迅速・適正な救済と製品事故情報の未然防止という役割・機能が十分に果たされているとは言い難い状況が続いています。法律は、制定・施行されれば機能するものではなく、消費者が法を活用できる社会システム、法が適正に運用される環境が整備されなければなりませんし、適正に機能するよう法改正を不断に検討することも必要です。消費者庁の消費者安全調査委員会での事故分析などを踏まえて、あらためて消費者の視点で製造物責任法を改正し、製造物責任法を活用できる社会システムを再構築することが求められています。

（片山　登志子）

〈参考文献〉
　加藤雅信・リマークス10号56頁、松本恒雄・NBL546号 6 頁、加藤雅信・判タ855号41頁、田井義信・消費者法判例百選190頁

第17章　欠陥住宅と消費者

1　はじめに

　住宅の注文ないし購入は、消費者にとって人生最大の買い物であり、かつ多額・長期にわたる住宅ローンを組んでいることが通常ですから、このような住宅に重大な欠陥があった場合、消費者は経済的損害のみならず精神的にも多大な被害を被ることになります。欠陥住宅訴訟において慰謝料が認められることが多いのも、この現れといえるでしょう。

　欠陥住宅紛争における主な争点は、①瑕疵の存否、②（瑕疵があるとして）補修の可否ないし方法、③補修費用の算定、④その他（注文者の指示の問題、居住利益の控除など）がありますが、出発点は、①の瑕疵の存否ですので、本章では、この点について、請負契約ないし売買契約に基づく瑕疵担保責任を問う場合の「瑕疵」の判断基準について説明し、次に不法行為に基づく損害賠償請求をする場合の要件について説明します。

　なお、②・③については建築的知見を要する争点であり本稿では取り上げません。また、④は実務的には重要ですが、居住利益控除の問題について、最判平成22・6・17（判時2082号55頁）をあげておくにとどめます。

> **最判平成22・6・17（判決要旨）**
> 　購入した新築建物に構造耐力上の安全性にかかわる重大な瑕疵があり、倒壊の具体的なおそれがあるなど建物自体が社会経済的価値を有しない場合、買主から工事施工者等に対する建て替え費用相当額の損害賠償請求において、その居住利益を損害額から控除することはできない。

　ところで、平成29年の民法の改正によって、請負契約の瑕疵に関する改正前民法634条は削除されます。そして、令和2年4月1日の改正民法の施行後は、請負人が種類、品質に関して契約内容に適合しない目的物を引き渡した時には、注文者がその不適合を知ってから1年以内は、履行の追完、報酬の減額、損害賠償の請求および契約の解除ができると規定されました（改正民法637条）。これは売買契約の瑕疵担保についても同様です（同法562条～566

第17章　欠陥住宅と消費者

条）。

　瑕疵担保と契約目的不適合責任とでは、その責任の考え方が異なりますが、いわゆる「客観的瑕疵」（通常有すべき性能の欠如）がある場合、契約内容にも適合しませんから、これまで積み上げられてきた瑕疵判断の内容が改正民法によっても異なるわけではありません。その意味でも、欠陥住宅で問われた瑕疵について正しく理解することが必要なのです。

2　建築瑕疵とは何か（瑕疵の判断基準）

裁判例㊱　最判平成15・10・10（判時1840号18頁）

(1)　問題の所在

　建築工事請負契約に基づいて築造された建物に、瑕疵担保責任（民法634条）における「瑕疵」があるか否かは、どのような基準で判断するのか、民法は瑕疵についての定義規定等が一切ないことから問題となります。

(2)　事案の概要

(A)　当事者

原告　X（請負人）

被告　Y（注文者）

(B)　事　案

　注文者は、Xに対し、神戸大学の学生向けのマンションの建築工事を発注したところ、その際、Yは、同マンションが多数の者が居住する建物であり、特に、同請負契約締結の時期が、平成7年1月17日に発生した阪神・淡路大震災により、同大学の学生がその下宿で倒壊した建物の下敷きになるなどして多数死亡した直後であっただけに、同マンションの安全性の確保に神経質になっており、請負契約を締結するに際し、Xに対し、重量負荷を考慮して、特に南棟の主柱については、耐震性を高めるため、当初の設計内容を変更し、その断面の寸法300mm×300mm の、より太い鉄骨を使用することを求め、Xは、これを承諾しました。

　ところが、完成した建物の柱の断面寸法は250mm×250mm しかなく、同施工が瑕疵にあたるか否かが争われました。なお、建築基準法上は250mm×250mm の断面寸法の柱でも構造耐力上は問題なく、法令上の安全性は満たしていました。

(C) 争　点

工事内容が、当事者の契約内容には違反するが、建築基準法令等の最低基準は満たしている場合に、「瑕疵」にあたるのか。

(D) 判　決

「本件請負契約においては、Y及びX間で、本件建物の耐震性を高め、耐震性の面でより安全性の高い建物にするため、南棟の主柱につき断面の寸法300mm×300mmの鉄骨を使用することが、特に約定され、これが契約の重要な内容になっていたものというべきである。そうすると、この約定に違反して、同250mm×250mmの鉄骨を使用して施工された南棟の主柱の工事には、瑕疵があるものというべきである。これと異なる原審の判断には、判決に影響を及ぼすことが明らかな法令の違反がある」。

なお、第1審の神戸地判平成13・9・11（判例集未登載）においては、合意内容に違反する瑕疵であることを認め、同瑕疵に起因する損害として330万円を認めました。

また、控訴審の大阪高判平成14・10・15（判例集未登載）では、南棟の主柱に約定のものと異なり断面の寸法250mm×250mmの鉄骨を使用したという契約の違反があるが、使用された鉄骨であっても、構造計算上、居住用建物としての本件建物の安全性に問題はないから、南棟の主柱にかかる本件工事に瑕疵があるということはできないとしています。

(3) 論点についての解説

(A) 「瑕疵」の判断基準についての通説の理解

民法634条の「瑕疵」の意義については、「取引において一般に期待されるところの、その種類のものとして通常有すべき品質・性能を基準として判断するという考え方（客観説）」も主張されますが、通説的理解は、「目的物に瑕疵があるとは、完成された仕事が契約で定めた内容通りでなく、――使用価値もしくは交換価値を減少させる欠点があるか、または当事者が予め定めた性質を欠くなど――不完全な点を有することである」（我妻栄『債権各論中巻二』〔岩波書店、1962年〕631頁）などと説明され、契約違反が瑕疵となると解されています（主観説）。

(B) 実務上の問題と本事案の争点

上記の通説の理解は、建築工事の「瑕疵」の判断においても同様に解されています。すなわち、請負契約で定められた工事内容と異なる施工がされた

場合に瑕疵があると判断します。

　ただ、この判断を行うには、前提として当事者の合意内容を確定する必要がありますが、建築請負契約の場合、契約書や設計図書等から契約内容を確定することが困難な場合が少なからずあり（だからこそ紛争化したともいえるのですが）、他方で建物の安全性等についての最低基準が法令（建築基準法等）で定められているため、最低基準を定めた建築基準法令が当事者間の最低限度の約定であると解釈する傾向が実務上みられます。

　本件事案は、このような実務的な傾向の中で、当該工事内容が、当事者の契約内容には違反するが、建築基準法令等の最低基準は満たしている場合に「瑕疵」にあたるのか否かが問題となった事案です。そして、原審（大阪高裁）は、建築基準法令等を基準として瑕疵にあたらないと判断し、最判平15・10・10は、契約違反がある以上瑕疵にあたると判断したのです。

(4)　最判平成15・10・10の意義

　瑕疵の判断基準として、客観説をとらず主観説を前提とするのであれば、本件事案は、当事者の合意内容として300mm×300mm の柱を用いることが明確化されていたのですから、最判平成15・10・10が、これに反する柱を用いたことについて瑕疵となると判断したことは当然の結論といえます（もっとも、250mm×250mm の柱との齟齬の程度が瑕疵判断においてどのような意味をもつかという点は問題になる余地がありますが、これについては言及がありません）。

　最判平成15・10・10は、「特に約定され、これが契約の重要な内容になっていた」との言葉を用いていることから、このような場合でないと契約内容は瑕疵の判断基準にならないのではないかとの疑念も生じます。

　しかし、最判平成15・10・10は、瑕疵の判断基準自体を判示しているわけではなく、あくまで事例判断をしたにすぎませんので、瑕疵判断一般の要件定立をしたと解することはできず、通説である主観説に沿った判断をしたにすぎません。上記の「特に約定され、これが契約の重要な内容になっていた」ことは瑕疵判断の要件ではないと解するべきでしょう。

〈参考文献〉

　山地修「請負人の瑕疵担保責任における『瑕疵』概念について」判夕1148号4頁、山田到史子・民商130巻3号582頁、花立文子・リマークス30号42頁

3 建築瑕疵と不法行為責任

裁判例㊲ 最判平成19・7・6（判時1984号34頁）

(1) 問題の所在

建物が建築されるまでには、建物を設計する「設計者」、実際に建設工事をする「施工者」、施工者の工事が設計図書どおりに施工されているか否かをチェックする「工事監理者」（以下、まとめて「設計・施工者等」といいます）が関与しますが、建築後の建物を購入する買主は、これらの設計・施工者等と契約関係にはありません（これらの者と契約関係にあるのは、建物工事を発注した施主である売主の場合が通常です）。このような建物の買主が、購入した建物に瑕疵があった場合、売買契約に基づいて売主に対する契約上の責任（瑕疵担保責任）追及とは別に（あるいは同時に）、設計・施工者等に対し、不法行為に基づく損害賠償請求を行う場合がありますが、この場合に不法行為が成立するための要件は、通常の不法行為の成立要件と同様と考えてよいのかということが問題となります。

(2) 事案の概要

(A) 当事者

原告　X（建築物購入者）

被告　Yら（建築物設計・施工者）

(B) 事　案

9階建ての共同住宅・店舗として建築された建物をその建築主から購入したXが、当該建物にはひび割れや鉄筋の耐力低下等の瑕疵があると主張して、上記建築の設計・施工者等に対して、不法行為に基づく損害賠償を請求した事案です。

(C) 争　点

建物の瑕疵について、建物の買主との関係で契約関係にない当該建物の設計・施工者等に対する不法行為の成立要件をどのように考えるべきか。

(D) 判　決

(a) 第1審——大分地判平成15・2・24

第1審の大分地判平成15・2・24（民集61巻5号1775頁）では、主張された30カ所の瑕疵ごとに、設計・工事監理者および施工者の各過失の有無を検討したうえ、23カ所について設計・工事監理者ないし施工者の不法行為責任を

認め、同瑕疵に基づく損害（補修費用、調査費用、慰謝料、弁護士費用）として合計約7393万円を認めました（一部は連帯責任）。また、本件で買主は、売主から請負契約の注文主の地位の譲渡ないし瑕疵担保責任履行請求権の譲渡を受けたとして、施工業者に対し瑕疵担保責任の履行請求もしていたところ、第1審は、当初の請負契約の注文主に対する請負契約上の瑕疵担保履行請求権は、売買契約の特約によって譲渡されたとしてこれを認め、不法行為責任とは不真正連帯債務の関係に立つと判示しました。なお、本件で買主は、当該売買契約に関与した宅地建物取引業者（買主と契約関係はない）に対しても、買主に瑕疵のない建物を取得させる注意義務があるとして不法行為責任を請求していましたが、同請求については、瑕疵の存否は宅地建物取引業法35条所定の重要事項には該当しないこと、宅地建物取引業者は通常建築士のような専門知識を有しないので不動産の流通過程において建物の瑕疵の存否を積極的に検査する義務を負っているともいえず、相手方に瑕疵による損害が生じることを知りつつ、あるいは知り得たにもかかわらず仲介・代理したといえるような事情がない限り、瑕疵ある建物の売買等を仲介・代理したことについて不法行為責任を負うとはいえないと判示し、宅地建物取引業者の責任を否定しました。

(b) **控訴審──福岡高判平成16・12・16**

また、控訴審の福岡高判平成16・12・16（判タ1180号209頁）では、「建築された建物に瑕疵があるからといって、その請負人や設計・工事監理をした者について当然に不法行為の成立が問題になるわけではなく、その違法性が強度である場合、例えば、請負人が注文者等の権利を積極的に侵害する意図で瑕疵ある目的物を製作した場合や、瑕疵の内容が反社会性あるいは反倫理性を帯びる場合、瑕疵の程度・内容が重大で、目的物の存在自体が社会的に危険な状態である場合等に限って、不法行為責任が成立する余地がある」とし、設計・施工者等「の不法行為責任が認められるためには、上記のような特別の要件を充足することが必要であるところ、……本件建物の所有者の権利を積極的に侵害する意図で瑕疵を生じさせたというような事情は認められない。また、本件建物には、……瑕疵があることが認められるが、これらの瑕疵は、いずれも本件建物の構造耐力上の安全性を脅かすまでのものではなく、それによって本件建物が社会公共的にみて許容し難いような危険な建物になっているとは認められないし、瑕疵の内容が反社会性あるいは反倫理性

を帯びているとはいえない。さらに、……本件建物のその余の瑕疵について
は、本件建物の基礎や構造く体にかかわるものであるとは通常考えられない
から、仮に瑕疵が存在するとしても不法行為責任が成立することはない。し
たがって、本件建物の瑕疵について不法行為責任を問うような強度の違法性
があるとはいえない」としています。

(c) 上告審──最判平成19・7・6

最判平成19・7・6は、次のように判示し、原審に差し戻しました。

「(1) 建物は、そこに居住する者、そこで働く者、そこを訪問する者等の
様々な者によって利用されるとともに、当該建物の周辺には他の建物や道路
等が存在しているから、建物は、これらの建物利用者や隣人、通行人等（以
下、併せて「居住者等」という。）の生命、身体又は財産を危険にさらすこと
がないような安全性を備えていなければならず、このような安全性は、建物
としての基本的な安全性というべきである。そうすると、建物の建築に携わ
る設計者、施工者及び工事監理者（以下、併せて「設計・施工者等」という。）
は、建物の建築に当たり、契約関係にない居住者等に対する関係でも、当該
建物に建物としての基本的な安全性が欠けることがないように配慮すべき注
意義務を負うと解するのが相当である。そして、設計・施工者等がこの義務
を怠ったために建築された建物に建物としての基本的な安全性を損なう瑕疵
があり、それにより居住者等の生命、身体又は財産が侵害された場合には、
設計・施工者等は、不法行為の成立を主張する者が上記瑕疵の存在を知りな
がらこれを前提として当該建物を買い受けていたなど特段の事情がない限り、
これによって生じた損害について不法行為による賠償責任を負うというべき
である。居住者等が当該建物の建築主からその譲渡を受けた者であっても異
なるところはない。

(2) 原審は、瑕疵がある建物の建築に携わった設計・施工者等に不法行為
責任が成立するのは、その違法性が強度である場合、例えば、建物の基礎や
構造く体にかかわる瑕疵があり、社会公共的にみて許容し難いような危険な
建物になっている場合等に限られるとして、本件建物の瑕疵について、不法
行為責任を問うような強度の違法性があるとはいえないとする。しかし、建
物としての基本的な安全性を損なう瑕疵がある場合には、不法行為責任が成
立すると解すべきであって、違法性が強度である場合に限って不法行為責任
が認められると解すべき理由はない。例えば、バルコニーの手すりの瑕疵で

あっても、これにより居住者等が通常の使用をしている際に転落するという、生命又は身体を危険にさらすようなものもあり得るのであり、そのような瑕疵があればその建物には建物としての基本的な安全性を損なう瑕疵があるというべきであって、建物の基礎や構造く体に瑕疵がある場合に限って不法行為責任が認められると解すべき理由もない」。

(d) 第2次控訴審——福岡高判平成21・2・6

第2次控訴審の福岡高判平成21・2・6（判時2051号74頁）は、「建物としての基本的な安全性を損なう瑕疵」とは、「建物の瑕疵の中でも、居住者等の生命、身体又は財産に対する現実的な危険性を生じさせる瑕疵をいうものと解され」、Ｙらの不法行為責任が発生するためには、本件建物が売却された日までに上記瑕疵が存在していたことを必要とするとしたうえ、上記の日までに、本件建物の瑕疵により、居住者等の生命、身体または財産に現実的な危険が生じていないことからすると、上記の日までに本件建物に建物としての基本的な安全性を損なう瑕疵が存在していたとは認められないと判断して、上告人の不法行為に基づく損害賠償請求を棄却すべきものとしました。

(e) 第2次上告審——最判平成23・7・21

これに対して、さらに上告され、第2次上告審である最判平成23・7・21（判時2129号36頁）は、原審（福岡高判平成21・2・6）の上記判断は是認することができないと述べ、破棄し、再度福岡高等裁判所に差し戻しました。その理由は、次のとおりです。

① 「第1次上告審判決にいう『建物としての基本的な安全性を損なう瑕疵』とは、居住者等の生命、身体又は財産を危険にさらすような瑕疵をいい、建物の瑕疵が、居住者等の生命、身体又は財産に対する現実的な危険をもたらしている場合に限らず、当該瑕疵の性質に鑑み、これを放置するといずれは居住者等の生命、身体又は財産に対する危険が現実化することになる場合には、当該瑕疵は、建物としての基本的な安全性を損なう瑕疵に該当すると解するのが相当である」。

② 「当該瑕疵を放置した場合に、鉄筋の腐食、劣化、コンクリートの耐力低下等を引き起こし、ひいては建物の全部又は一部の倒壊等に至る建物の構造耐力に関わる瑕疵はもとより、建物の構造耐力に関わらない瑕疵であっても、これを放置した場合に、例えば、外壁が剥落して通行人の上に落下したり、開口部、ベランダ、階段等の瑕疵により建物の利用

者が転落したりするなどして人身被害につながる危険があるときや、漏水、有害物質の発生等により建物の利用者の健康や財産が損なわれる危険があるときには、建物としての基本的な安全性を損なう瑕疵に該当するが、建物の美観や居住者の居住環境の快適さを損なうにとどまる瑕疵は、これに該当しないものというべきである」。

③ 「建物の所有者は、自らが取得した建物に建物としての基本的な安全性を損なう瑕疵がある場合には、第1次上告審判決にいう特段の事情がない限り、設計・施工者等に対し、当該瑕疵の修補費用相当額の損害賠償を請求することができるものと解され、上記所有者が、当該建物を第三者に売却するなどして、その所有権を失った場合であっても、その際、修補費用相当額の補填を受けたなど特段の事情がない限り、一旦取得した損害賠償請求権を当然に失うものではない」。

(f) 第3次控訴審──福岡高判平成24・1・10

第3次控訴審の福岡高判平成24・1・10（判時2158号62頁）は、不法行為責任の内容について、次のとおり述べました。

「1審原告は、建物に対する不法行為責任の成立について、建築基準法及びその関連法令が明記している規制の内容や基準の内容が建物の財産性の最低基準を形成しており、これに反した建物の建築については不法行為となる旨主張するが、上記最高裁の判示によれば、法規の規準をそのまま当てはめるのではなく、基本的な安全性の有無について実質的に検討するのが相当である」。

「本件における一審原告の請求は、瑕疵担保ではなく不法行為を理由とする請求であるから、瑕疵のほか、これを生じるに至った1審被告らの故意過失についても立証が必要であり、過失については、損害の原因である瑕疵を回避するための具体的注意義務及びこれを怠ったことについて立証がなされる必要がある」。

そして、主張されている瑕疵ごとにあてはめを行い、結果として、第1審判決の約半分程度（約3822万円）の金額を認容しました。

(g) 第3次上告審

当事者双方上告および上告受理申立てをしていましたが、平成25年1月29日、いずれも棄却し、第3次控訴審判決が確定しました。

(3) 論点についての解説
(A) 最判平成19・7・6の意義
(a) 設計・施工者の不法行為の成立要件について初めて判示した判決

最判平成19・7・6（裁判例㊲。以下、本章において「最判①」といいます）は、買主が、建物の瑕疵に起因する損害（補修費用等）を、売買契約関係にない建物の設計・施工者等に対し不法行為に基づいて責任追及する場合、不法行為の成立要件について判示した初めての最高裁判例です。

(b) 設計・施工者等の建物としての基本的な安全性への配慮義務を明言

最判①は、「建物としての基本的な安全性」という概念を創設し、その意味を非常にわかりやすい言葉で説明したうえで、建築設計・施工者等が、契約関係にない居住者等に対して、建物としての基本的安全性への配慮義務を負うことを明言しました。

(c) 違法性が強度な場合に限って不法行為責任を認める原判決の論理の否定

原判決は、契約法理の優先を理由に不法行為責任を否定し、不法行為責任が成立するのは、「違法性が強度である場合、例えば、建物の基礎や構造くたいにかかわる瑕疵があり、社会公共的にみて許容し難いような危険な建物になっている場合等に限られる」と判断していたところ、最判①は、「違法性が強度である場合に限って不法行為責任が認められると解すべき理由はない」と一蹴しています。

民法709条の法文に原判決のような強度の違法性を要求する文言はないこと、および請求権競合を認める判例・通説の考え方を前提とすると、最判①が原判決の上記考え方を否定したことは当然だと考えられます。

(d) 建築した建物が流通することの予見可能性を不要としたこと

建築設計・施工者等の不法行為責任肯定の要件として、注文者以外の者が建物を取得することの予見があるという事情を重視していた裁判例（大阪地判平成10・12・18〔判例集未登載〕、大阪高判平成13・11・7〔判タ1104号216頁〕）もありましたが、最判①は、建物の安全性という、いわば「建物の属性」を問題にするのみで、注文者以外の第三者が取得するか否かは全く問題にしていません。

(e) 建物瑕疵による被害救済の拡大

建物の瑕疵によって生命・身体・財産を侵害された者が損害賠償請求する

相手方としては、契約関係がない場合には建物所有者ないし占有者（民法717条：土地工作物責任）が考えられますが、最判①は当該建物の建築設計・施工者等への請求を肯定したことで、賠償責任を負う者の範囲を拡大したといえるでしょう。

(B) 最判①の問題点

(a) 「建物としての基本的な安全性」の意味

最判①によると、建築設計・施工者等の不法行為の成否は「建物としての基本的な安全性」にかかることになるため、この「建物としての基本的な安全性」とは何かが極めて重要になってきます。

この点、最判①は、「居住者等の生命、身体又は財産を危険にさらすことがないような安全性」と判示し、かつ例として「バルコニーの手すりの瑕疵」をあげていますが、必ずしも明確ではありません。また、建物建築の際の最低基準を定める建築基準法等の法令違反の瑕疵が、「建物としての基本的な安全性」を欠くといえるのかについても、「基本的」という言葉とも相まって、訴訟では争点化する場合もあるようです。

(b) 「建物としての基本的な安全性」にかかわらない瑕疵についての不法行為責任の成否

最判①は、「建物としての基本的な安全性」にかかわらない瑕疵がある場合に不法行為責任が成立しないと積極的に述べてはいませんので、「建物としての基本的な安全性」にかかわらない瑕疵について不法行為が成立するか否かの問題は未解決と考えられます。

(c) 「居住者等の生命、身体又は財産が侵害された場合」の意味

最判①は、建物の基本的な安全性を欠くことによって、「居住者等の生命、身体又は財産が侵害された場合」には不法行為責任が生じると判示しますが、「財産が侵害された場合」に当該建物の瑕疵による損害（補修費用相当額ないし瑕疵による建物自体の価値の減少分）もこれに含まれるのかも議論の余地があります。

(C) 最判平成23・7・21（第2次上告審）の意義

前記の最判①の問題点（特に「建物としての基本的な安全性」の解釈）は、同種事件の裁判実務において判断が分かれるという状況を招来しました。

また、本件の差戻審においては、「建物としての基本的な安全性」は、「居住者等の生命、身体又は財産に対する現実的な危険性を生じさせる瑕疵」を

いうとして「現時的な危険性を生じさせる瑕疵」を付加して限定的に解釈し、請求を棄却しました。そして、同差戻審の判断に対する上告審が、最判平成23・7・21です（以下「最判②」といいます）。

最判②は、「建物としての基本的な安全性を損なう瑕疵」とは、建物の瑕疵が、居住者等の生命、身体または財産に対する現実的な危険をもたらしている場合に限られないことを明言しました。

また、建物の修補費用のみを請求する場合でも不法行為が成立するのか（拡大損害が発生している場合に限定されるのか）について疑義がありましたが、最判②は、瑕疵の修補費用相当額の損害賠償を請求することができることを判示しました。さらには、同請求権は、当該建物を第三者に売却するなどしてその所有権を失った場合であっても、その際、修補費用相当額の補塡を受けたなど特段の事情がない限り、いったん取得した損害賠償請求権を当然に失うものではないことも明らかにしました。

(D) 最判平成23・7・21（第2次上告審）の問題点

以上、最判①であいまいだった点を明確化した点については最判②を評価すべきですが、他方で、「当該瑕疵の性質に鑑み、これを放置するといずれは居住者等の生命、身体又は財産に対する危険が現実化することになる場合」の解釈など、必ずしも一義的に明確ではない要件を提示していることから、裁判実務では問題が残ります。また、建物の美観や居住者の居住環境の快適さを損なうにとどまる瑕疵はこれに該当しないと判示していますが、「建物としての基本的な安全性」の該当性はともかく、安全性にかかわらない品質等の瑕疵について不法行為責任が一切否定されるかのような判断には問題があるように思われます。

(E) 福岡高判平成24・1・10（第3次控訴審）

最判②によって差し戻された福岡高等裁判所では、建物としての基本的な安全性の有無について実質的に検討するのが相当であると述べて、主張されている各瑕疵ごとに検討しています。ただ、同判決は、以上の検討に加えて、瑕疵のほか、瑕疵が生じたことについての過失の立証が必要であると述べています。

不法行為責任である以上、故意過失は要件となるにしても、最判①が判示しているとおり、設計・施工者等に建物としての基本的な安全性配慮義務があることを前提とした場合、基本的な安全性を損なう瑕疵があった場合には、

設計・施工者の過失は推定されると考えてもよいのではないでしょうか。

(F)　**最後に**

本件事件は、建物の瑕疵と不法行為責任という実務上基本的かつ重要な論点についての要件解釈が、裁判上約17年間にもわたって錯綜した異例の事例です。

建物の安全性については、建築基準法が、建築物の敷地、構造、設備および用途に関する最低の基準を定めている（1条）にもかかわらず、民法の不法行為の解釈では、建築基準法違反の有無ではなく「建物としての基本的な安全性」なる法文にない概念でさらに限定しようとしており、その是非が問われるべきだと思います。

また、「建物としての基本的な安全性」を損なう瑕疵があった場合に、過失の評価や立証責任をどのように考えるのかについてもさらに検討が必要であろうと思います。

（平泉　憲一）

〈**参考文献**〉

最判平成15・11・14（判時1842号38頁：名義貸し建築士の不法行為責任を肯定）

東京地判平成20・1・25（判タ1268号220頁：最判を踏まえた事例判断事案）

松本克美・立命館法学324号1頁、松本克美・立命館法学337号1373頁以下、荻野奈緒・同志社法学61巻4号175頁、笠井修・判評616号（判時2072号）192頁、塩崎勤・民事法情報258号78頁、平野裕之・民商137巻4＝5号438頁、花立文子・リマークス37号48頁、高橋譲・曹時62巻5号215頁

第18章　独占禁止法・景品表示法と消費者

第18章　独占禁止法・景品表示法と消費者

1　問題の所在

　独占禁止法は、市場における公正かつ自由な競争を促進し、一般消費者の利益を保護することを目的として、不当な取引制限、私的独占、不公正な取引方法、一定の企業結合等市場における公正かつ自由な競争を制限・阻害する行為を禁止しています。不公正な取引方法の違法類型の1つとして、欺瞞（ぎまん）的な顧客誘引や不当な利益による顧客誘引にあたる行為のうち、不当な表示および過大な景品類の提供を禁止する法律が、昭和37年に制定された景品表示法です。景品表示法は、消費者が自主的かつ合理的に商品または役務の選択を行うことのできる意思決定環境の創出・確保を図ることによって、一般消費者の利益を保護することを目的としています。近時、問題となった事例に、オンラインゲームの「コンプガチャ」問題があります。景品表示法は、商品等の取引に際して、「カード合わせ」と呼ばれる「2以上の種類の文字、絵、符号等を表示した符票のうち、異なる種類の符票の特定の組合せを提示させる方法を用いた懸賞による景品類の提供」自体を、景品の最高額や総額にかかわらず、禁止しています。その方法自体に欺瞞性が強く、また、子ども向けの商品に用いられることが多く、子どもの射幸心をあおる度合いが著しく強いためです。消費者庁は、消費者が行う有料のガチャは、オンラインゲームを提供する企業と消費者とのオンラインゲーム上のアイテム等に関する取引であること、有料のガチャを通じて特定の数種類のアイテム等を全部そろえることができた消費者に提供されるアイテム等は、有料のガチャという取引に消費者を誘引するための手段として「景品類」に該当すること、および端末の画面上に表わされるアイテム等の図柄も上記「附票」に該当し、禁止されることを示しました（消費者庁「『カード合わせ』に関する景品表示法（景品規制）上の考え方」〔平成24年5月18日〕）。両法は、一般消費者の利益の保護を目的とするという点で共通していると考えられます。以下では、独占禁止法違反行為である値上げカルテルが行われた事例および豊胸効果と痩身

228

効果を標榜するサプリメントに関する不当表示が問題となった事例について、検討を行います。

2 独占禁止法と消費者──値上げカルテル

裁判例㊳ 最判平成元・12・8（民集43巻11号1259頁）

(1) 事案の概要

(A) 当事者

原告　X（鶴岡生協協同組合または一般小売店から白灯油を購入した消費者1654名）

被告　Y（石油元売業者12社）

(B) 事 案

　Yは、昭和48年、5回にわたって、各種の灯油の値上げ協定を締結し、それを実施しました。Xが購入した灯油の価格は、Yらの行為前である昭和47年末頃の価格に比して高額であり、Xは、これはYらの独占禁止法違反行為によって形成された価格であるとして、民法709条に基づいて両価格の差額を損害額としてその賠償を請求する訴訟を提起しました。控訴審判決（仙台高裁秋田支判昭和60・3・26〔民集43巻11号1539頁〕）は、カルテルと損害との因果関係および損害額の立証があったとして、原告らの請求を認容しました。これに対して、上告がなされたのが本件です。

(C) 争 点

①　民法709条に基づく損害賠償請求が認められるか。

②　消費者は、何を立証すべきか。

(D) 判 決

　「同法〔筆者注：独占禁止法〕違反の行為によって自己の法的利益を害された者は、当該行為が民法上の不法行為に該当する限り、……損害賠償の請求をすることを妨げられない……」。

　「石油製品の最終消費者が、石油元売業者の違法な価格協定の実施により損害を被ったことを理由に石油元売業者に対してその賠償を求めるには、……(1)価格協定に基づく石油製品の元売仕切価格の引上げが、その卸売価格への転嫁を経て、最終の消費段階における現実の小売価格の上昇をもたらしたという因果関係が存在していること、……(2)元売業者の違法な価格協定の実施により商品の購入者が被る損害は、当該価格協定のため余儀なくされた

支出分として把握されるから、……当該価格協定が実施されなかったとすれば、現実の小売価格（以下『現実購入価格』という。）よりも安い小売価格が形成されていたといえることが必要であり、〔筆者注：これらは〕被害者である最終消費者において主張・立証すべきものと解される。もっとも、この価格協定が実施されなかったとすれば形成されていたであろう小売価格（以下『想定購入価格』という。）は、……一般的には、価格協定の実施当時から消費者が商品を購入する時点までの間に当該商品の小売価格形成の前提となる経済条件、市場構造その他の経済的要因に変動がない限り、当該価格協定の実施直前の小売価格（以下『直前価格』という。）……と推認するのが相当であるということができるが、協定の実施当時から消費者が商品を購入する時点までの間に小売価格の形成に影響を及ぼす顕著な経済的要因等の変動があるときは、もはや、右のような事実上の推定を働かせる前提を欠くことになる……。経済的要因等にさしたる変動がないとの事実関係は、やはり、最終消費者において立証すべきことになり、かつ、その立証ができないときは、右推認は許されない……。

〔筆者注：本件では〕(1)の原油価格の顕著な上昇の継続、(2)の白灯油の需要の飛躍的な増加、(3)いわゆる狂乱物価の時期における一般消費生活物資の顕著な値上がり、(4)……通産省の元売仕切価格についてされた指導上限価格の設定、(5)の流通段階における仕入価格の上昇、(6)の流通段階における人件費の上昇……を合わせ考慮すれば、本件各協定の実施当時から被上告人らが白灯油を購入した主張している時点までの間に、民生用灯油の元売段階における経済条件、市場構造等にかなりの変動があったものといわなければならない。そうすると、直前価格をもって想定購入価格と推認するに足りる前提要件を欠く」とし、また、直前価格の「推計の基礎資料とするに足りる民生用灯油の価格形成上の特性及び経済的変動の内容、程度等の価格形成要因（ことに各協定が行われなかった場合の想定小売価格の形成要因）についても、何ら立証されていないのであるから、本件各協定が実施されなかったならば現実の小売価格よりも安い小売価格が形成されていたとは認められない」として、直前価格をもって想定購入価格と推認した原判決は破棄を免れない。

(2) 判決の意義

(A) 独占禁止法に基づく損害賠償請求制度

本件で問題となった価格協定（以下、「価格カルテル」といいます）は、複

数の事業者が価格に関する合意をして実施する行為です。これは、競争制限のみを目的とした行為であり、独占禁止法により「不当な取引制限」（同法2条6項・3条）として禁止されています。価格カルテルに限らず、独占禁止法違反行為によって損害を被った者は、違反行為者に対して損害賠償の請求ができます。そのための制度として、独占禁止法は、同法違反行為に対する排除措置を命ずる審決の確定を前提とした無過失賠償責任を定めています（同法25条）。東京・神奈川の消費者は、本カルテルに関して、この訴訟とは別に、独占禁止法25条に基づく訴訟を提起しており（東京灯油訴訟）、すでに原告敗訴の最高裁判決が下されていました（最判昭和62・7・2〔民集41巻5号785頁〕）。本件では、灯油を購入した消費者1648名が民法709条に基づいて損害賠償を請求しました。

(B) 民法709条に基づく損害賠償請求の可否

本判決は、まず、独占禁止法25条または民法709条のいずれによっても損害賠償を請求することができることを明確にしました。従前の判例（最判昭和47・11・16〔民集26巻9号1573頁〕）の立場を確認し、最終消費者たるXの原告適格も認めたものです。上記審決が確定しない場合や違反行為が東京以外の地で行われた場合等において、被害者は、民法709条に基づいて損害賠償請求訴訟を地方裁判所に提起することができる点にメリットがあります。

(C) 消費者は何を立証すべきか

一般的に、民法709条の要件たる因果関係や損害については、被害者たる原告側が立証責任を負担するとされています。原告である被害者は、不法行為（カルテル）と権利侵害（価格上昇）の因果関係、損害（現実購入価格と想定購入価格の差額）を立証しなければなりません。本判決は、本件カルテルが最終の消費段階における現実の小売価格の上昇をもたらしたという因果関係、および、損害が「当該価格協定のために余儀なくされた支出分として把握される」ということを前提として、想定購入価格が現実購入価格よりも安いということについて、原告である最終消費者が主張立証すべきものとしています。本判決では、損害の証明について、消費者が何をどこまで証明するべきかが最も大きな問題となりました。

(D) 損害の証明について何をどこまで立証すべきか

本判決は、まず、小売価格形成に影響を及ぼす経済的要因等に大きな変動がない限り、直前価格をもって想定購入価格と推認することができる、とし

ます。そのためには、経済的要因等に「さしたる変動がない」ことを、消費者側が証明しなければなりません。しかし、小売価格形成に影響を及ぼす経済的要因の変動がある場合にはこのような推認を行うことはできないとして、本判決では、(1)～(6)の事実を根拠に、「民生用灯油の元売段階における経済条件、市場構造等にかなりの変動があった」ことを認めています。学説が一致して批判しているのは、判決が前提としている、列挙されているコスト上昇要因があれば直ちに価格が上昇するという考え方です。競争市場の下ではコスト上昇を簡単に価格に転嫁できないのが通常です。コスト上昇を直ちに価格に転嫁できるのは、競争が十分に機能していない場合だけであり、本件においては、行政指導とカルテルによって初めて一斉値上げが可能になったというのが実態であると思われるからです。これらの要因は、カルテルの実施前から連続する要因であり、実施時以降の価格だけに大きな影響を及ぼしたといえるかどうかは疑問であるとも指摘されています。

(E) 想定購入価格を具体的に示す必要があるのか

本判決は、消費者が想定購入価格の具体的水準を高度の蓋然性をもって立証することまで要求しているといえるのでしょうか。もし、そうであれば、実際上不可能な証明を消費者に強いることになり、不当といえるでしょう。しかし、判旨は、原告に想定購入価格が現実購入価格よりとにかく安いといえることの証明を求めただけであり、必ずしも想定購入価格の具体的水準の立証を求めているわけではないといえます。本件では、異常事態ともいえるような特殊な状況における事例であり、むしろ、経済的要因の変動が大きくなく（「さしたる変動がない」）価格差があることが立証されれば、差額（損害額）の算定については柔軟な算定方法をとる余地を残したとみることもできます。本判決は、あくまで、特殊な経済状況下での結論であって、事案によっては、本判決の示す基準に従って、原告が損害賠償を受けられる余地はあると考えられています。

なお、損害額の認定については、本判決の補足意見に述べられているように、立法による損害額の推定規定を設けるべきかどうかが今後の検討課題といえるでしょう。また、本判決を契機として、損害額について、民事訴訟法248条は、「損害が生じたことが認められる場合において、損害の性質上その額を立証することが極めて困難であるときは、裁判所は、口頭弁論の全趣旨及び証拠調べの結果に基づき、相当な損害額を認定することができる」と定

められ、損害額につき証明度の軽減ないし裁量認定を認めています。入札談合について住民が自治体に代位して損害賠償を請求する住民訴訟において同条が活用されています。

〈参考文献〉

窪田充見・経済法判例・審決百選117頁、和田建夫・消費者法判例百選〔第2版〕224頁（より深い理解のためには、両解説末に掲げられている文献を参考にしてください）

---

3 景品表示法と消費者——豊胸効果と痩身効果を標榜するサプリメントの販売業者に対する措置命令および課徴金納付命令（ミーロード事件）

行政処分（措置命令） 消費者庁平成29・3・30（消表対第365号）
行政処分（課徴金納付命令） 消費者庁平成30・3・23（消表対第254号）

(1) 事実の概要

(A) 当事者

処分者　　X（消費者庁）
被処分者　Y（株式会社ミーロード。健康食品の販売業等を営む事業者）

(B) 事　案

Yは、プエラリア・ミリフィカを主原料とする「B-Up」と称する食品（以下、「本件商品」という）を一般消費者に販売するにあたり、本件ウェブサイトにおける「B-Up（バストアップサプリ）　オーガニックレーベル《公式》サプリメント、化粧品通販」と称するウェブページ（商品説明ページ）において、遅くとも平成28年1月1日から同年12月8日までの間、「バストUPとスリムUPを同時にかなえるスタイルUPサプリの決定版」（表示1）と記載するとともに、当該ウェブページにおける「この商品を初めて購入される方限定　お得なキャンペーンはこちら！」という文字列にリンクさせた「B-Up　オーガニックレーベル」と称するウェブページ（いわゆるランディングページ）において、遅くとも平成28年1月1日から同年7月10日までの間、たとえば、「今までの『プエラリア』では満足できなかったアナタへ……」と題し、バストの下部に手を添えたポーズの女性の画像とともに「魅

惑的なメリハリ Body に……」と、余裕のあるぶかぶかの短パンを履きお腹
周りを指さしている女性の画像とともに、「キュッ！」、「見てください！
こんなプカプカに！」と、「Gカップでも、57. 8kg →47kg　－10. 8kg」、
「女子力 UP に胸ふくらむ!!」（表示2）と記載することにより、あたかも、
本件商品を摂取するだけで、豊胸効果が得られるとともに痩身効果が得られ
るかのように示す表示をしていました。

　表示1および表示2（以下、「本件表示」といいます）について、Xは、景
品表示法7条2項および同法8条3項の規定に基づき、それぞれ、Yに対し、
当該表示の裏づけとなる合理的な根拠を示す資料の提出を求めたところ、Y
から、それぞれ、資料が提出されましたが、当該資料は、当該表示の裏づけ
となる合理的な根拠を示すものとは認められませんでした。

(C)　争　点

①　Yによる表示は、景品表示法5条1項に該当し、Yは、同法7条1項
に違反するか。

②　Yは、相当な注意を怠らなかった者（景品表示法）といえるか。

③　Xが、Yに対して行う法的措置は何か。

(D)　措置命令および課徴金納付命令

(a)　措置命令

　Yが自己の供給する本件商品の取引に関して行った表示は、景品表示法7
条2項により、同法5条1号に該当する。当該表示をしていた行為は、同条
に違反するものである。さらに、Xは、Yに対し、①本件表示は、本件商品
の内容について、一般消費者に対し、実際のものよりも著しく優良であると
示すものであり、景品表示法に違反するものである旨を一般消費者に周知徹
底すること、②再発防止策を講じて、これを自社の従業員に周知徹底するこ
と、③今後、表示の裏づけとなる合理的な根拠をあらかじめ有することなく、
同種の表示を行わないこと等を命じる。

(b)　課徴金納付命令

　事実によれば、Yが自己の供給する本件商品の取引に関して行った表示は、
景品表示法8条3項により、同法5条1号に該当すると認められる表示と推
定されるものであって、かかる表示をしていた行為は、同条の規定に違反す
るものである。

　Yが、課徴金対象行為（Yが自己の供給する本件商品の取引に関して行った表

示）を行った期間は、平成28年4月1日から同年12月8日の間である。また、同社は、本件商品について、当該行為をやめた後そのやめた日から6カ月を経過する日前の平成29年4月7日に、当該行為に係る表示が不当に顧客を誘引し、一般消費者による自主的かつ合理的な選択を阻害するおそれを解消するための措置として景品表示法施行規則8条に規定する措置（日刊新聞紙の公告）をとっていると認められるところ、Yが当該行為をやめた日から当該措置をとった日までの間に最後に本件商品の取引を行った日は同年4月7日である。これらによれば、前記課徴金対象行為に係る課徴金対象期間は、平成28年4月1日から平成29年4月7日までの間である。また、当該課徴金対象期間に取引をした本件商品にかかるYの売上額は、8億1024万935円である。

　Yは、本件商品について、当該表示の裏づけとなる根拠資料を十分に確認することなく、課徴金対象行為としての本件表示を行っていたことから、当該課徴金対象行為を行った期間を通じて当該課徴金対象行為にかかる表示が景品表示法8条第1項に該当することを知らず、かつ、知らないことにつき相当の注意を怠った者でないとは認められない。

　Xは、Yに対して、課徴金として、景品表示法8条1項の規定により、2430万円を平成30年10月24日までに国庫に納付するよう命じる。

(2)　本件措置命令・課徴金納付命令の意義

(A)　本件の特徴

　本件は、豊胸効果と痩身効果という2つの効果が同時に得られることを標榜するサプリメントを販売した事業者に対して、消費者庁が、その表示が景品表示法の禁止する不当表示（優良誤認表示）に該当し、同法5条に違反するとして、措置命令（同法7条）および課徴金納付命令（同法8条）を命じた事案です。近時、美容に関心がある消費者は少なくなく、あたかも、1日に2粒のサプリメントを摂取するだけで、豊胸効果のみならず痩身効果までも得られるかのように示す表示は、消費者に対して、大変強い訴求力をもちます。痩身効果を標榜するサプリメントの事案においては、消費者にとって大きな負担とならない額（1カ月あたり数千円から1万円程度）に価格が設定され、ウェブページ等を介して広範囲の消費者に被害が及びます。

　景品表示法5条1項は、事業者が供給する商品または役務の取引に関する3つの種類の表示を禁止しています。商品やサービスの品質、規格等の内容

についての不当表示（優良誤認表示）、商品サービスの価格、その他の取引条件についての不当表示（有利誤認表示：実際には、13万走行した中古車であるにもかかわらず、あたかも「走行距離3万km」であるかのように表示する場合）および一般消費者に誤認されるおそれがあるとして内閣総理大臣が指定する不当表示（指定告示）です。本件では、本件表示が、商品やサービスの内容（品質、規格等）について、①実際のものよりも著しく優良であると示す表示、②事実と異なって他の競争事業者のものよりも著しく優良である表示（優良誤認表示）にあたるかが問題となりました。「実際のものよりも著しく優良」とは、その表示の程度が、社会一般に許される程度を超えて、一般消費者による商品・サービスの選択に影響を与える場合をいいます。その表示がなかったならば、買わなかったであろうと考えられる場合です。一般消費者に、実際よりも「内容（品質）が、とてもよい」と思わせておいて、実際には、そうではなかったというような表示が禁止されます。

(B) 不実証広告規制

　優良誤認表示の疑いがある場合、内閣総理大臣（消費者庁長官、都道府県知事）は事業者に対して、一定の期間を定めて、裏づけとなる合理的な根拠を示す資料の提出を求めることができ、事業者が必要な資料を提出しない場合は、優良誤認表示とみなされます（景品表示法7条2項・33条1項・11項）。これを不実証広告規制といいます。もし、行政機関が不当表示であることを立証するとなると、一般的には専門機関による調査が必要です。その調査には多大な時間と費用がかかるため、その間に不当表示が結果的に放置された状態になり、消費者の被害が拡大するおそれが生じます。また、表示をした事業者はその合理的根拠となる資料をあらかじめもっているべきであるという考え方から、規制する側の立証の負担（立証責任）を軽減し、消費者被害の拡大を防止するために、この制度が平成15年景品表示法改正により導入されました。当該資料の提出期限は、原則として、資料の提出を求める文書を交付した日から15日後です（景品表示法施行規則7条2項本文）。不実証広告規制は、消費者被害の拡大を防ぐために迅速な規制を行うことを目的としますが、合理的な根拠をあらかじめ有している場合であっても、消費者庁長官に提出するための資料として取りまとめるためにある程度の準備期間が必要であるという考え方に基づいています。

　不実証広告ガイドライン（「不当景品類及び不当表示防止法第7条第2項の指

針」〔平成15年公正取引委員会、平成28年消費者庁一部改正〕）によれば、合理的な根拠と認められるためには、第1に、提出資料が客観的に実証された内容のものであることが必要です。具体的には、①試験・調査によって得られた結果であること、②専門家、専門家団体もしくは専門機関の見解または学術文献であることのいずれかに該当するものであることとされています。第2に、表示された効果と、性能と提出資料によって実証された内容が適切に対応していることが必要です。表示と実証内容とが適切に対応しないものとしては、実証が行われた環境・条件では効果や性能が認められるが、当該環境・条件が一般的な使用環境・条件とは異なっている場合をあげることができます。痩身効果を標榜する商品（本件商品）について、実際の試験・調査では激しい運動と食事制限を同時に並行して行っていたにもかかわらず、あたかも、当該商品を摂取するだけで、特段の運動制限や食事制限をすることなく、簡単に痩身効果を得られるかのような表示を行った場合には、当該表示と実証内容が適切に対応しているとはいえません。本件においては、資料は提出されたが、当該表示の裏づけとなる合理的な根拠を示すものとは認められませんでした。

　なお、本件商品の主原料とされるプエラリア・ミリフィカについては、平成29年7月13日に、国民生活センターから、美容を目的とした「プエラリア・ミリフィカ」を含む健康食品について、注意が喚起されています（国民生活センターウェブサイト「美容を目的とした『プエラリア・ミリフィカ』を含む健康食品——若い女性に危害が多発／　安易な摂取は控えましょう——」）。

(C)　景表法違反行為に対する措置

(a)　措置命令

　消費者庁長官および都道府県知事等は、景品表示法に違反した事業者に対し、違反行為の差止め（当該表示行為の中止）、一般消費者への周知徹底（新聞での周知徹底〔公告〕）、再発防止策の実施（マニュアル作成、研修の実施等）などを内容とする措置命令を行うことができます（景品表示法7条1項）

(b)　課徴金納付命令

　平成26年11月の法改正によって、不当な表示に対する抑止力を高めることにより、違法行為を防止することを目的として、消費者庁は、優良誤認表示および有利誤認表示を行った事業者に対して、3年間を上限として、対象商品・サービスの売上額の3％に相当する金額を国に納付することを内容とす

る課徴金納付命令を行うことができることとなりました（景品表示法8条1項）。本件の場合には、平成28年4月1日から平成29年4月7日までの約1年間の間の売上額（約8億1024万円）の3％にあたる2430万円の納付が命じられています。課徴金納付命令に伴って公表された資料によれば、当該サプリメントは、1日2粒を目安として約30日分に相当する1袋（60粒入り）が、通常購入価格で1袋6600円、定期便の場合には、1袋5940円の表示がなされた旨の表示がなされています。

　事業者が、課徴金対象行為をした期間を通じて、自らが行った表示が不当表示であること（景品表示法8条1項1号または2号に該当すること）を知らず、かつ、知らないことについて相当の注意を怠ったものでないと認められるときは、課徴金の納付を命じることができません（同項ただし書前半部分）。本件の場合には、Yは、本件表示の裏づけとなる根拠資料を十分に確認することなく、本件表示を行っていたことから、本項ただし書の要件を充足せず、Yに対する課徴金納付命令がなされました。

(D) おわりに

　景品表示法違反事件の典型的な事案である本件における法的対応から、以下の点を一般消費者の利益の保護の観点から、考えてみましょう。

① 効能・効果を標榜する商品を販売する事業者は、販売する際に何をすべきか。

② 現行の課徴金額（売上額の3％）は、不当表示の抑止の観点から妥当か。妥当でないとすれば、望ましい課徴金額はどの程度か（売上額の何％が妥当か）。

③ 消費者被害を防ぐ方法は何か。

（佐藤　吾郎）

〈参考文献〉
　神力あけみほか・公正取引822号54頁（本件解説）、大元慎二編著『景品表示法〔第5版〕』（商事法務、2017年）

第19章　情報化社会と消費者

1　問題の所在

(1)　情報化社会をめぐる消費者問題

　現代は情報化社会、IT 社会などと呼ばれ、あらゆる場所でコンピュータやインターネットの利用が急速に普及し、わが国でも今世紀に入って以降、インターネットを通じた取引（電子商取引）は特殊な取引形態ではなくなりました。経済産業省の調査でも、平成30年には消費者向け電子商取引の市場規模は約18兆円となっており、ここ数年、景気低迷の状況下にもかかわらず、毎年10％近い成長を続けています（経済産業省「平成30年度我が国におけるデータ駆動型社会に係る基盤整備（電子商取引に関する市場調査）報告書」〔令和元年 5 月〕）。そして、携帯電話による取引も含め、青少年から高齢者に至るまで、一般の消費者も広くその便利さの恩恵を受ける一方で、それに伴うトラブルに巻き込まれることも多くなってきました。

　また、情報化社会をめぐる消費者問題としては、電子商取引に関するものだけではなく、インターネットを利用するために必要な電気通信事業者（プロバイダ、携帯電話事業者を含む）との契約に関する電気通信サービスに関するトラブルや、誹謗中傷や個人情報漏えい・悪用などインターネット上の情報の流通に関するトラブルもあげることができます。電気通信サービスに関する問題については、平成22年 6 月、適格消費者団体が、消費者契約法に基づいて、携帯大手 3 社を被告として、携帯電話通信サービス契約に関する解約料条項の使用差止請求訴訟を提起したという事案があります。また、後者の情報流通に関する問題については、消費者の購買動向や閲覧履歴などの情報を利用したターゲット広告なども新しい問題としてあげることができます。

(2)　消費者保護のための法制度の整備

　インターネット上の取引には、匿名性が高いこと、市場の参入・退出が経済的にも時間的にも容易なこと、大量・高速の情報発信・収集が容易なこと、国際性（ボーダーレス）などの特徴があり、これらは大きなメリットですが、これらによって新たな消費者問題を発生・拡大させ、解決が困難となるとい

うデメリットにもつながります。そして、情報化社会の進展に伴う消費者問題は、従来の法制度・法解釈による解決が困難なことも多く、技術やビジネスモデルの急激な進歩・変化に対応した新たな視点での問題解決への努力が重要です。もちろん、従来からの通信媒体を通じた取引の延長線上の問題でもあり、電子商取引といっても、原則的には民商法や消費者契約法、特定商取引法などの契約法や消費者保護法令の適用が基本であることには変わりがありません。しかし、従来の法律だけでは対応できない問題も多いことから、高度情報通信ネットワーク社会形成基本法（IT基本法）の施行（平成13年）後、電子商取引に関する法律や制度が整備されるようになりました。電子商取引市場に対する消費者の信頼を推進するためには、従来の市場と同様の消費者保護制度の整備が必要であるとの考え方によるもので、IT基本法19条（電子商取引等の促進）では「高度情報通信ネットワーク社会の形成に関する施策の策定に当たっては、規制の見直し、新たな準則の整備、知的財産権の適正な保護及び利用、消費者の保護その他の電子商取引等の促進を図るために必要な措置が講じられなければならない」と規定され、これに従って順次、整備が進められてきたものです。

たとえば、消費者に対する電子商取引については、一般的には特定商取引法における通信販売の条項（同法11条以下）が適用されますが、平成14年に電子メール広告に関する規制がここに追加され、同時に、迷惑メールの規制について、迷惑メール防止法が制定されました。また、消費者向け電子契約における民法の錯誤規定や隔地者間契約の成立時期に関する民法特例法（電子消費者契約法または電子契約法などとも呼ばれます）も、平成13年に施行されました。景品表示法の関係では、公正取引委員会「消費者向け電子商取引における表示についての景品表示法上の問題点と留意事項」（平成14年6月、平成15年8月一部改定）や消費者庁「インターネット消費者取引に係る広告表示に関する景品表示法上の問題点及び留意事項」（平成23年10月、平成24年5月一部改定）が公表されています。

(3) 新たな消費者問題への法的対応

このように、電子商取引に関する消費者保護施策も進められてきましたが、インターネットオークション（以下、「ネットオークション」といいます）などの全く新しい取引形態が普及するようになり、いろいろなトラブルが生じるようになってきました。この分野の技術は日進月歩であり、法規制が後手に

回ることは避けられません。したがって、従来の法制度をどのように活用してこれまでになかった新しい問題の解決に役立てるのかという面、また、どのような新たな法規制が妥当かという立法論の面の、2つのアプローチを常に考えていくことが要求されます。そして、従来にはなかった状況での各当事者のバランスという点も検討されなければなりません。

経済産業省は、このような電子商取引等に関するさまざまな法的問題点について、民法など従来の法律の適用に関して、その解釈を示し、取引当事者の予見可能性を高め、取引の円滑化に資するためのガイドライン「電子商取引及び情報財取引等に関する準則」(平成19年3月。以下、「準則」といいます)を策定し、その後何度も改訂を重ねています(最新改訂平成30年7月)。これは、電子商取引などの法的問題点を考えるうえで重要な資料です。

また、ネットオークションやインターネット上のフリーマーケットサービスのような取引システム(ユーザー間取引プラットフォーム)は誰でも簡単に出品や入札ができる便利なシステムとして、広く利用されるようになりました。従来には存在しなかった取引システムですので、ネットオークションなどユーザー間取引プラットフォームをめぐる法律問題は種々の面から考えることができます。このようなプラットフォーム事業者に関する問題については、政府の各種会議で検討が進められ、それぞれ報告書等も出されていますが、内閣府消費者委員会においても、「オンラインプラットフォームにおける取引の在り方に関する専門調査会」が、平成31年4月に報告書を出しており、プラットフォーム事業者や利用者(消費者)、行政機関など役割や今後の課題などが提言されています。

ここでは、情報化社会での新たな消費者問題の法的解決方法を模索する動きの1つとして、詐欺被害に関するネットオークション運営事業者に対する損害賠償請求集団訴訟の裁判例をみていきます。

2 ネットオークション運営会社の義務内容

裁判例㊴ 名古屋高判平成20・11・11(裁判所HP)
(原審:名古屋地判平成20・3・28〔判時2029号89頁〕)

(1) 事案の概要

(A) 当事者

控訴人　　X(ネットオークション詐欺被害者ら780名)

第19章　情報化社会と消費者

被控訴人　Ｙ（ヤフー株式会社）

(B)　事　案

　Ｙの提供するネットオークションサイトを利用して商品を落札し、代金を支払ったにもかかわらず、商品の提供を受けられないという詐欺被害に遭ったＸらが、Ｙの提供する本件システムには、契約および不法行為上の一般的な義務である、詐欺被害の生じないシステムの構築義務に反する瑕疵があり、それによってＸらは詐欺被害に遭ったとして、Ｙに対して、債務不履行または不法行為に基づいて、損害賠償を請求した事案です。

　これに対してＹは、そのような義務や義務違反行為はなく、また、Ｙのオークションガイドラインには、出品者の販売能力などについてＹは一切保証しないことや、Ｙの故意・重過失による場合を除きＹは損害賠償等から免責されることなどが定められており、Ｙは利用者間のトラブルについて法的責任を負わないと争いました。

　なお、このＸらの詐欺被害は、特定の悪質業者の詐欺事件によるものではなく、それぞれ別々にネットオークション詐欺に遭遇した全国の被害者が原告団を結成して訴訟を提起したものです。

(C)　争　点

①　ネットオークション利用契約の法的性質

　ⓐ　Ｙのオークションガイドラインが利用契約の内容となるか。

　ⓑ　Ｙは仲立人の義務を負うか。

②　ネットオークション運営事業者の契約責任

　ⓐ　Ｙは詐欺被害の生じないシステムを提供する義務を負うか。

　ⓑ　Ｙの注意義務違反の有無。

③　ネットオークション運営事業者の不法行為責任

(2)　判　決

　本件判決は、以下のとおりＸらの請求を棄却した原審判決の判断をほぼ踏襲して、Ｘらの控訴を棄却しました（以下の判決文引用は、本件判決において原審判決を引用している部分も含む）。なお、本件は、平成21年10月27日、最高裁判所が上告を棄却し、確定しています。

(A)　ネットオークション利用契約の法的性質

(a)　Ｙのオークションガイドラインが利用契約の内容となるか

「本件ガイドラインは、本件利用契約においていわゆる約款と位置づけら

れるところ、……本件サービスの利用者は、本件サービスの利用につき、約款である本件ガイドラインによることに同意しており、これが利用者とYとの間で本件利用契約の内容として成立しているというべきである」。

(b) Yは仲立人の義務を負うか

「仲立人は、他人間の法律行為の媒介をすること、すなわち他人間の法律行為（本件では売買契約の締結）に尽力する者をいう。本件においては、Yは、上述のとおり、落札後の出品者、落札者間の上記交渉の過程には一切関与しておらず、何ら、出品者と落札者との間の売買契約の締結に尽力していない。確かに、Yは、本件システムを運営しているが、出品者は自らの意思で本件システムのインターネットオークションに出品し、入札者も自らの意思で入札をするのであり、Yが、その過程で両者に働きかけることはない。そして、落札者は、入札者の入札価格に基づき、入札期間終了時点の最高買取価格で入札した者に対し自動的に決定され、その者に、自動的に電子メールで通知が送られる。この過程は、本件システムのプログラムに従い自動的に行われており、Yが、落札に向けて何らかの尽力をしているとは認められない」。

(B) ネットオークション運営事業者の契約責任

(a) Yは詐欺被害の生じないシステムを提供する義務を負うか

「本件利用契約の内容となっている本件ガイドラインにおいては、Yは利用者間の取引のきっかけを提供するに過ぎない旨が定められており、Yは、これを指摘して、Yには利用者間の取引について一切責任を負わない旨主張する。……しかし、本件利用契約は本件サービスのシステム利用を当然の前提としていることから、本件利用契約における信義則上、YはXらを含む利用者に対して、欠陥のないサービスを提供すべき義務を負っているというべきである。……Yが負う欠陥のないシステムを構築して本件サービスを提供すべき義務の具体的内容は、そのサービス提供当時におけるインターネットオークションを巡る社会情勢、関連法規、システムの技術水準、システムの構築及び維持管理に要する費用、システム導入による効果、システム利用者の利便性等を総合考慮して判断されるべきである」。

(b) Yの注意義務違反の有無

Xらは、Yの負う具体的注意義務として、以下のものをあげていました。

ⓐ　詐欺被害防止に向けた注意喚起

ⓑ　信頼性評価システムの導入

ⓒ　出品者情報の提供・開示

ⓓ　エスクローサービスの導入

ⓔ　補償制度の導入

　本判決は、この具体的注意義務について、以下のとおり、ⓐの注意喚起義務のみを認めましたが、ⓑ～ⓔについては、Ｙの義務内容として採用できないとしました。

　「本件サービスを用いた詐欺等犯罪的行為が発生していた状況の下では、利用者が詐欺等の被害に遭わないように、犯罪的行為の内容・手口や件数等を踏まえ、利用者に対して、時宜に即して、相応の注意喚起の措置をとるべき義務があったというべきである」。

　「Ｙには、時宜に即して、相応の注意喚起措置をとるべき義務があったというべきところ、……平成12年から現在まで、Ｙは、利用者間のトラブル事例等を紹介するページを設けるなど、詐欺被害防止に向けた注意喚起を実施・拡充してきており、時宜に即して、相応の注意喚起措置をとっていたものと認めるのが相当である」。

⒞　ネットオークション運営事業者の不法行為責任

　「Ｘらは、Ｙが『瑕疵のあるシステム』を提供し続けたことが不法行為に当たると主張するが、以上判示したところによれば、本件システムに瑕疵があったとは認められず、上記主張は採用できない」。

⑶　ネットオークションと消費者問題

⒜　名古屋高判平成20・11・11の検討

　この判決の事案は、ネットオークションで詐欺被害に遭った被害者たちが大手事業者に対して損害賠償責任を主張したものです。同様に詐欺被害者が同じ運営事業者を被告とした事案として、神戸地裁姫路支判平成17・8・9（判時1929号81頁）があります。この判決も、オークションガイドラインが契約の内容となるとして、事業者が出品者の信用度を調査するなどの義務を負うものではないとして原告の請求を認めませんでした。このガイドラインには、利用者間の取引には運営事業者は関与せず、利用者間のトラブルについて責任を負わない旨が記載されており、これが契約内容として当事者間の法的拘束力を有するか否かが1つの争点となったわけですが、両判決とも、ガイドラインは契約の内容となるとの判断を行いました。

　しかし、本件事案では、原審も本件判決も、ガイドラインが契約内容にな

るからといって、Yが「ガイドラインにおいては、Yは利用者間の取引のきっかけを提供する義務がない旨が定められており……Yは利用者間の取引について一切責任を負わない」と主張した点については、上記のとおり、「利用契約における信義則上、……利用者に対して、欠陥のないシステムを構築して本件サービスを提供すべき義務」を負っていることを認定しました。結論的には事業者の注意義務違反をかなり狭い範囲に限定して、その責任を認めませんでしたが、一般的に運営事業者の法的責任（注意義務）の存在を認めた点は評価できるところです。たとえば悪質な詐欺業者が継続して出品していることが疑われるような状況では、運営事業者としても被害が発生・拡大しないような対策を講ずべき注意義務が生じる可能性があるわけです。

(B) ネットオークション取引に関するその他の問題

　前記の準則は、ネットオークションを含めた「ユーザー間取引に関するサービス運営事業者の責任」に関し、事業者がシステムを提供するだけで個々の取引に関与しない場合については原則として責任を負わないとしながらも、「取引の『場』を提供している以上、法律の性質論としてはいろいろありうるが、いずれにせよ一定の注意義務を認めることが可能と考える」（準則79頁）としており、本件判決と同様の見解に立つものと考えられます。

　また、準則87頁以下では、ネットオークションでの売買契約の成立時期について論じられており、ネットオークションにはさまざまな類型があることから一概には断定できず、個々の取引の性質を考慮して当事者の合理的意思解釈により判断されるとしています。本件判決もその点に触れており（民事仲立人に関する判断の前提部分）、「落札者は、出品者からの連絡を待ち、交渉をすることになるが、この交渉は、両者が直接電子メール等を使用して行い、Yはこの交渉に何ら関与することはない。この交渉の結果、出品者と落札者が合意に達すれば、商品の受渡し及び代金の支払がされることになる。……認定事実に照らすと、落札されても、出品者も落札者もその後の交渉から離脱することが制度上認められており、必ず落札商品の引渡し及び代金の支払をしなくてはならない立場に立つわけではない。そうすると、落札により、出品者と落札者との間で売買契約が成立したと認めることはできず、上記交渉の結果合意が成立して初めて売買契約が成立したものと認めるのが相当である」としています。つまり、単に入札期間が終了して最高価格での入札者となったとしても、その時点で出品者と落札者との間で売買契約が成立する

のではなく、その後の取引条件交渉の結果として合意に達した時点で契約成立するということになります。

なお、同じような問題として、電子モール（電子商店街）運営事業者の法的責任の問題があります（準則73頁参照）。これについては、現実社会のショッピングセンターのテナントに関する事件で商法の名板貸人責任の類推適用を認めた最判平成 7・11・30（判時1557号136頁）の議論が中心となっていますが、一般的なネットオークションのシステムでは通常はこのような外観理論の問題は生じにくいものと思われます。また、商標権侵害に関する事件ですが、大手の電子モール（楽天市場）に出店していた業者が偽ブランド品を出品した事案で、商標権者が電子モール運営事業者を商標権侵害行為および不正競争防止法の不正競争行為の主体であるとして訴えた事件の判決（知財高判平成24・2・14〔裁判所 HP〕）があり（請求棄却）、法的な観点は異なるものの電子市場運営事業者の責任を考えるうえでは参考となるものです。

(C) ネットオークション出品者の「事業者性」

本件判決の内容と直接関連するものではありませんが、ネットオークションに限らず電子商取引一般にも関係する重要な法的問題ですので、触れておきます。

特定商取引法などの消費者保護法令は、基本的に事業者から消費者が商品などを購入する取引に適用されます。このことは消費者契約法や景品表示法も同様です。電子商取引では、このような取引形態を B to C（B２C）取引ともいいます。企業（business）と消費者（consumer）の取引だからです。しかし、ネットオークションの場合、売主である出品者が事業者の場合ももちろんありますが、非事業者の場合も多いでしょう（C to C 取引）。また、買主である落札者が事業者の場合もあります（B to B 取引）。このような場合には特定商取引法、消費者契約法などの消費者保護規定の多くが適用されないことになります（B to B 取引に関しての特定商取引法の適用の可否については第 1 章参照）。特定商取引法についていえば、出品者が販売業者か否かによって通信販売事業者の必要的広告表示事項（同法11条）や誇大広告等の禁止（同法12条）などの規定の適用の有無が異なってきます。平成20年に改正された 8 日間の申込撤回・契約解除制度（同法15条の 3）の適用についても同様ですので、大きな違いが出てくることになります。

通常、特定商取引法上の販売業者とは、販売を業として営む者をいいます。

「業として営む」とは、営利の意思を持って反復継続して取引を行うことをいうとされています（消費者庁・経済産業省「インターネット・オークションにおける『販売業者』に係るガイドライン」〔平成25年2月20日〕）。一般の市場における取引であれば、売主が事業者かどうかは、店舗や広告の有無などの外部から識別しやすい事情から判断が容易なことが多いと思われます。しかし、ネットオークションの場合、特に出品者側が明示しているような場合でなければ、オークションサイトでの表示だけで判別することは、通常は困難です。しかし、取引時点ではわからないそのような事情によって、場合によっては返品の可否の結論が異なることになります。現在の法制度を前提とする限り、こういった問題は不可避であり、ネットオークションのような形態の取引については、特別の立法的な手当てが必要かもしれません。また、出品者側にしても、自身が事業者であるか非事業者であるかによって法的義務が異なることになるのですから、その区別が重要となりますが、ネットオークションへの出品について事業者となる可能性があるという認識すらしていない出品者も多いのではないかと思われます。ネットオークションに限らず、電子商取引は、市場参入がコスト的にも容易であるため、事業者としての責任を自覚していない者も参入しがちであることは、トラブルを多発させる原因ともなりかねず、こういった新規事業者への啓発も今後の重要な課題といえるでしょう。

　なお、消費者庁、経済産業省は、上記のガイドラインにおいて、ネットオークションにおける販売業者の該当性の運用上の基準として、商品の出品数、落札額合計額などの出品態様に基づく解釈指針を公表していますが（準則92頁以下参照）、あくまでも運用上の目安ですので、「業として営む」者に該当するか否かを事案ごとに具体的に判断すべきことになります。

〈参考文献〉
　原審の評釈として、藤原宏高・NBL883号26頁、久保田隆・判時2045号152頁、花田容祐・NBL931号49頁。控訴審の評釈として、池田秀敏・信州大学法学論集13号197頁、花田容祐・NBL931号49頁。

第19章　情報化社会と消費者

3　サクラサイト運営会社および代表者に対する損害賠償請求認容判決

裁判例⑩　さいたま地裁越谷支判平成23・8・8（消費者法ニュース89号231頁）

(1)　事案の概要

(A)　当事者

原告　X（女性）

被告　Y₁（株式会社 NOW：出会い系サイト運営会社）

　　　Y₂（Y₁代表取締役）

(B)　事　案

　Xは20歳代後半の女性です。携帯電話で、占い、懸賞のサイトに登録して閲覧していたところ、Y₁が運営する出会い系サイトに自動的に登録され、複数の人物から大量のメールが届くようになりました。送信してきた人物は、資産家、会社社長、医師、芸能人などと称しており、男性だけでなく女性もいました。

　このサイトでは、メッセージのやりとりが有料となっており、1ポイント10円で、メッセージ（メール）を受信したり返信したりするごとに23ポイントかかり、1回やりとりをするだけで460円かかるシステムとなっていました。Xは、好奇心から、当初付与された無料ポイント（300ポイント）を使ってメールを利用するようになり、メールに返信しなければという思いと、社会的地位のある送信者と友人となりたいという期待などから、無料ポイントがなくなってからも有料でのメールのやりとりを続けました。

　その後、相手方から会いたいという申出があって約束したものの突然キャンセルされるといったことが繰り返され、また特定の人とのやりとりが終わっても他の人からのメール交流の希望があるなど常に複数の人物とのやりとりが続くこととなり、結局、Xは、1年4カ月の間に、約543万円を支払いました。

　この事案について、Xが、Y₁およびその代表者であるY₂に対して、メールのやりとりの相手方はY₁がサクラの人物を利用していたものであり、詐欺に該当する違法なサイト運営行為であって、代表者のY₂も共同不法行為者であるとして、その支払額および弁護士費用（10%）を損害として賠償請

求したものです。

(C) 争　点

① 　Xは自らY₁の出会い系サイトに登録したか否か。

② 　Y₁がサイトにおいてサクラを利用した詐欺に該当する運営行為を行ってきたか。

③ 　Y₂の共同不法行為責任

(2) 判　決

判決は、Xの主張を認め、請求金額全額（597万9600円）の請求を認容しました。

(A) Xは自らY₁の出会い系サイトに登録したか否か

Yらは、Xが本件サイトに登録されるためには、必ず登録画面において登録手続を行う必要があると主張しましたが、判決は「携帯電話にてインターネットに接続し、占い又は懸賞のサイトを閲覧していたところ、Y₁……の運営する出会い系サイト……に誘導された事実を認めることができる」としました。

(B) Y₁がサイトにおいてサクラを利用した詐欺に該当する運営行為を行ってきたか

判決は、本件サイトのシステムによれば、メール交換をさせればさせるほど、Y₁は多額の利益を得ることになり、他方、利用者は、相手方と知り合ったら、なるべく早く、本件サイトのサーバーを通さずに、直接メールをやりとりするようにするのが自然であるとしたうえで、「Y₁は、より多額の利益を得るために、交信相手としてサクラを使用し、サクラに多数の相手方の人格を使い分けさせる、被害者と直接メールをやりとりをせずに、本件サイトのサーバーを通じてメール交換させる等の方法で、被害者をして多数の相手方と平行して本件サイトのサーバーを通じて多数のメールのやりとりをさせて、多額のポイントを消費させ、多額の利益を得ていたものと認めることができる」とサクラの利用を認定しました。

そして、Y₁が詐欺に該当する違法なサイト運営を行っていたとして、この違法行為は「同社の営業方針としてなされた構造的・組織的なものと認められ、Y₁自身の不法行為と認められる」として、会社の不法行為責任を認めています。

なお、Yらは、交信相手がサクラだからといって詐欺にはならないと主張

第19章　情報化社会と消費者

していますが、これについて判決は、①本件サイトが直接のメール交換がで
きることを売り物にしており、直接メールのやりとりができる相手と出会う
までの対価として、相当高額なポイント購入代金を支払っているのであるが、
相手がサクラであるため、直接メールの交換ができず、意図に反して単なる
メールの送受信対価として高額を支払うことになるので、本件サイトを利用
しないことになると思われるとして、また、②ニックネームや偽名を使用し
ていても、通常であれば、友達や恋人の関係に進展することもあり得るが、
サクラであればそういう可能性は初めからないとして、この点についてのY
らの反論を排斥しました。

(C)　Y₂ の共同不法行為責任

Y₂ については、「Y₁ の代表取締役の地位にあったものであるから、同社
の他の従業員らと共に前記の違法なサイト運営行為を推進していたものと推
認することができる」として、Y₁ との共同不法行為責任を認めました。

(3)　サクラサイト問題と本件判決

(A)　サクラサイト問題

本来、出会い系サイトは、インターネットを介して見知らぬ異性との交際
を目的とする場でした。携帯電話でも利用できるところから、未成年も含め
て利用が広がる中、援助交際や買春、詐欺、恐喝などの違法・不当な行為に
も利用され、社会的な問題ともなっています。特に未成年への悪影響が懸念
されるため、出会い系サイト掲示板に児童を相手方とする異性交際を求める
書き込みをすることを禁止することなどを内容とした出会い系サイト規制法
が平成15年に制定されました。

このような異性交際を目的とした出会い系サイトにおいても、会員の利用
を増やして利益を獲得するために、運営業者がサクラの女性を用意して、ネ
ット上で交流させるという不正な営業方法が拡大していきました。

そして、最近は、このような異性交際目的だけに限らず、本件判決の事案
のように「サイト業者に雇われたサクラが異性、タレント、社長、弁護士、
占い師などのキャラクターになりすまして、消費者の様々な気持ちを利用し、
サイトに誘導し、メール交換等の有料サービスを利用させ、その度に支払い
を続けさせるサイト」（国民生活センター）による被害が増加し、これらのサ
イトを「サクラサイト」と呼ぶようになりました。社会的に地位の高い人や
有名人と交流ができるという嬉しさや相手に対する同情など、人間の心理を

利用して、いろいろな形で支払いをさせるもので、極めて悪質な詐欺行為といえます。

　本来の出会い系サイトは、そこでのやりとりを基点として実際に会って交際することとなるわけですが、ここで問題になっているサクラサイトでは、実際の出会いはありません。相手とのコミュニケーションのためにシステム内のメールで継続して交流するのみであることからメールのやりとりに対する課金がかさみ、また、他のサイトに誘導されて詐欺的な勧誘被害に遭うものです。そして、出会い系サイトの被害とは異なり、本件のように女性の被害者も多く、年代的にも広い層がターゲットになっているのが特徴です。

　この商法については、国民生活センターが平成24年4月に「詐欺的な"サクラサイト商法"にご用心！──悪質"出会い系サイト"被害110番の結果報告から」という報告書を公表しており、悪質な業者やサクラ役の人物が逮捕され有罪となった例も出ています。また、インターネットによる被害であるため、サクラサイト被害者は全国各地に多数存在しており、このような被害問題に対処するため全国各地で被害者弁護団が結成されている状況です。

(4)　本件判決の検討

　本件判決の事案は、占いなどのサイトに登録したところ、サクラサイトにも登録されて、相手方からメールが届くようになり、システム内でのメールを利用継続したところ高額の料金を支払う結果となったもので、サクラサイト被害の典型的なケースといえます。

　この裁判で、運営会社側は、サクラが相手方であったとしても詐欺には該当しないという主張も行っているようですが、判決が指摘するように、利用者は相手方が何らかの交流を求めてメールを送ってきていると思っているもので、もし相手方がサクラとわかっていたならば、有料のメールシステムの利用を続けて、高額の料金を支払うことは考えられませんので、詐欺商法として不法行為が成立することは明白であると思われます。

　しかし、このような事案の訴訟で実務上最も難しいのは、運営会社がサクラを利用していたことの立証です。この点、本件判決がサクラによる詐欺行為を認定したことは注目されます。サクラサイト問題に限らず、消費者を対象とした詐欺商法の場合、セールストークなど勧誘行為をはじめとして取引経緯について証明できるような記録資料が消費者側には乏しく、まして、サクラサイトのようにインターネットだけで完結しているシステムの場合には、

最初から書面もなく、せいぜい交換したメールの記録くらいしか消費者の手許にしかないことがほとんどだと思われます。このような場合であっても、業者が欺罔行為を行ったことについての訴訟上の立証責任は消費者側にあり、業者がサクラを利用したことを認めない場合には、立証活動が相当困難であることになります。

この事実認定にあたって、本件判決は、PIO-NET の情報を重視しています。PIO-NET は、国民生活センターと全国の地方自治体に設置されている消費生活センターをネットワークで結び、消費者から消費生活センターに寄せられる消費生活に関する苦情相談の情報の収集を行っているシステムです。

本件判決は、まず前記争点①（X が自らサイトに登録したかどうか）について、PIO-NET 情報により、全国の消費生活センターに、Y_1 に関する相談が多数寄せられており、「その中には、携帯の出会い系サイトに登録していないのに登録されたとする被害事例が含まれていたことに照らすと、本件サイトは、別のサイトに登録すると、本件サイトに登録される仕組みになっていた事実を認めることができる」と認定しました。

そして、前記争点②（Y_1 がサクラを利用していたか）については、Y_1 に関する PIO-NET 情報の中には、「メールの内容等から交信相手がサクラと思われるとする被害事例、登録した途端、次々とメールが送信されてきたとする被害事例、被害者の気を引くような内容のメール（お金を上げる、会う約束をする等）を送信するなどして、メール交換を継続し、ポイントを追加購入するよう仕向けられたとする被害事例が含まれていた」ことから、Y_1 が「多額の利益を得るために、交信相手としてサクラを使用し、サクラに多数の相手方の人格を使い分けさせる、被害者と直接メールをやりとりをせずに、本件サイトのサーバーを通じてメールを交換させる等の方法で、被害者をして多数の相手方と平行して本件サイトのサーバーを通じて多数のメールのやりとりをさせて、多額のポイントを消費させ、多額の利益を得ていたものと認めることができる」としています。

また、X のメール交信相手や内容についての証拠が X のメモと供述しかない点についても、判決は、PIO-NET 情報等によれば、むしろ X が交信した相手だけはサクラでなかったということを考えにくい状況であり、また、X が交信相手としていたと認められる 3 名のニックネームが、ウェブサイト上で、多数の書き込みによりサクラと名指しされている人物と同じニックネ

ームであることなどを理由として、Xのメモや供述の内容が虚構とは思われないとしています。

　このように、本件判決は、PIO-NET情報の内容を重要な証拠として採用しています。前記のとおり、インターネットを介した取引では、消費者の手許に残る資料は乏しく、システム的にも消費者側からはブラックボックス状態です。その反面、業者側はシステムを熟知し、記録内容を残すことも容易な立場にあるのですから、業者側が積極的に反論・立証すべき立場にあると考えても不当ではなく、本判決がPIO-NET情報によってXの主張事実を推認したことは妥当であると考えます。

　サクラの存在の問題は、サクラサイトだけではなく、ペニーオークションやソーシャルゲームなどでも提起されており、ペニーオークション業者がサクラによる入札などの詐欺容疑で逮捕されるという事件がありました（平成24年12月7日。後に有罪判決）。コンピュータとインターネットを利用したこのような商法では、業者が圧倒的に有利な立場であり、悪意があれば不当に利用者から金銭を収奪することも可能です。したがって、本件判決のように同種の被害情報の集積から推認することは今後も積極的になされるべきであり、このような被害情報の利用について、行政機関だけでなく、消費者側も活用できるようになることが望まれます。

（川村　哲二）

〈参考文献〉
　土屋文博「消費生活相談員のための判例紹介」全相協つうしん JACAS JOURNAL 142号

第20章 宗教被害と消費者

1 問題の所在

　宗教に関する財産的被害事例が消費者被害の一環とされる理由は、「先祖の因縁があって、このままでは本人や家族に災いが及ぶ」などと言って畏怖させ、高額商品を売り付けたり高額の献金をさせたりして財産的被害を生じさせる点にあります。これらは、宗教（信仰）を利用した詐欺商法と評価できます。本件第１判決がその典型例です。また、宗教団体の行う行為がもっぱら利益獲得等の不当な目的である場合、宗教団体であることをことさらに秘して勧誘が行われますが、被害者はそのような信仰を心に植え付けられ、その不当な活動に従事させられるという被害（実質的には人格的被害＝心の被害）を受けるという側面があります。このような点について正面から損害賠償請求を認めたのが、本件第２判決です。第２判決の違法性を基礎づける事実および損害は、第１判決のそれらを包摂しています。すなわち、第１判決は第２判決の一部分ともいえるでしょう。

　なお、「霊感商法」への規制が、平成30年の法改正によって、消費者契約法に盛り込まれました。

2 献金強要の違法性（第１判決）

裁判例㊶ 福岡地判平成 6 ・ 5 ・ 27 （判時1526号121頁）

(1) 事案の概要

第１判決は、霊感商法についての損害賠償を認めた判決です。

(A) 当事者

原告　X₁、X₂（被害当時30歳代の主婦他）

被告　Ｙら（宗教団体、宗教団体代表役員）

訴外　Ａ・Ｂ・Ｃ・Ｄ・Ｅ（Ｙの信者）

(B) 事 案

　Ｙの信者であるＡらは、夫を亡くして失意の日々を過ごしていたX₁に絵画を購入させたのをきっかけとして接近した後、道場などにX₁を誘い出し、

「先生」と呼ばれるＹの信者らが、「X₁の亡夫が地獄界で苦しんでいる」、「先祖の因縁によって不幸が起こる」などと言ってX₁の恐怖心をあおり、X₁に500万円の献金をさせたり、弥勒像や念珠の代金等700万円を出捐させたりなどしていました。

そして、昭和63年6月下旬頃、Ｙの信者であるＢらは、X₁から3000万円の献金をさせる目的で、マンションの1室にX₁を呼び出し、その両脇に座って、X₁の退室を困難にしたうえで、Ｙに献身していたＹの信者Ｃが、X₁に対して、「ご主人が地獄界で苦しんでいる。5000万円、最低でも3000万円出してください。ご主人が3000万円出してくれと言うのが聞こえます。また不幸が起こる」などと言って、Ｄらとともに約6時間にわたって執拗に献金を迫りました。その結果、これに困惑・畏怖したX₁は、Ｙに対して3000万円の献金をし、Ｙもこれを祝福する儀式をしました。

また、X₂について、平成元年1月27日、Ｄは、X₂から210万円献金させる目的で、X₂をＹの1室に呼び出し、同室において、Ｙの信者であるＥは、X₂に対し、内縁の亡夫が早世したことなどについて「あなたがそうなったのはあなたの母方のおばあちゃんの因縁です。あなたが先祖の因縁をすべて清算しないとあなた自身も天国へいけないし、あなたの家系は誰も救われない。因縁を清めるために財産をすべて投げ出しなさい。献金しなさい」などと言って、約2時間半にわたって執拗に献金を迫りました。その結果、これに困惑・畏怖したX₂は、Ｙに210万円の献金をしました。

(C) 争 点

① このような献金等の勧誘行為が違法になるか（民法709条）。

② このような信者の行為について、法人（宗教団体）は使用者責任を負うか（民法715条）。

(D) 判 決

(a) 献金勧誘行為の違法性

本判決は、Ｙの信者らによる献金勧誘行為について、「一般に、特定宗教の信者が存在の定かでない先祖の因縁や霊界等の話を述べて献金を勧誘する行為は、その要求が社会的にみても正当な目的に基づくものであり、かつ、その方法や結果が社会通念に照らして相当である限り、宗教法人の正当な宗教的活動の範囲内にあるものと認めるのが相当であって、何ら違法でないことはいうまでもない。しかし、これに反し、当該献金勧誘行為が右範囲を逸

脱し、その目的が専ら献金等による利益獲得にあるなど不当な目的に基づいていた場合、あるいは先祖の因縁や霊界の話等をし、そのことによる害悪を告知するなどして殊更に相手方の不安をあおり、困惑に陥れるなどのような不相当な方法による場合には、もはや当該献金勧誘行為は、社会的に相当なものとはいい難く、民法が規定する不法行為との関連において違法の評価を受けるものといわなければならない」とし、前記事実関係の下においては、Yの信者らの行ったX₁、X₂に対する献金勧誘行為が、信者らにとって布教活動の一環として行われたものであったとしても、その目的・方法・結果において到底社会的に相当な行為であるということはできないとして、Yの信者らによる本件献金勧誘行為は、民法709条所定の不法行為に該当する旨判示しました。

(b) 宗教法人の不法行為責任（使用者責任）

　本判決は、Yの不法行為責任について、「非営利団体である宗教法人の信者が第三者に損害を与えた場合に、その信者が右宗教法人との間に被用者の地位にあると認められ、かつ、その加害行為が宗教法人の宗教的活動などの事業の執行につきなされたものであるときは、右宗教法人は、右信者の加害行為につき民法715条に定める使用者責任を負うものと解するのが相当である」としました。そのうえで、まず、被用者性について、「身も心も被用者に捧げるべく、仕事を辞め、家族から離れてホームと呼ばれる場所で他の信者と共同生活をするなどしながら被告のために活動を行う献身をしていた者」、いわゆる献身中のCやDらを含む献金勧誘行為に関与したYの信者らは、Yとの間に実質的な指揮監督関係にあった旨を判示しました。また、事業執行関連性について、献金勧誘行為がYの教義である万物復帰の実践として行われていたとDらが理解していたことや献金がいずれもYに帰属していることなどからみて、これらの要件を充足する旨を判示しました。

(2) 論点についての解説

(A) 本判決の違法性判断基準

　本判決は、Yの信者らが原告らに対して行ってきた活動について詳細な事実認定をしたうえで、Yの信者らによる献金勧誘行為の違法性の有無について判断していますが、その判断基準として、当該献金勧誘行為の目的の正当性および行為の相当性をあげ、その行為が社会的にみても是認されるものであるか否かによって違法性の有無が決せられるとしています。そして、本判

決は、本件献金勧誘行為の目的・方法・結果等を吟味したうえで、これを違法であると断じています。

(B) 違法性判断基準の枠組み

Ｙ信者による組織的で違法な献金等の勧誘行為の被害者は、一様に、それがＹであると知らされないままに入信させられ、繰り返し先祖因縁の恐怖や教義の教え込みを受け、継続的な畏怖・誤信状態に置かれ、次々と献金や物品購入へと勧誘されていきます。このような被害者の心理を巧みに利用した違法行為の構造は、一連のものとして一体的に判断されるべきであることは当然です。

そして、本判決のように勧誘の「目的」「手段」「結果」それぞれを吟味すべきです。ここでは「目的」について付言すると、一般論として、加害者がいかなる目的をもって被害者に対する行為に及んだのかが、当該行為の違法性を左右する重要な要素であることは明らかです。

そもそもＹ信者による献金等勧誘行為は前記のとおり目的達成のために組織的・体系的に繰り返し行われるものであり、この場合、献金勧誘行為の違法性の本質を判断するためには、その献金勧誘行為の「目的」を違法性の判断要素とすることが必要不可欠となります。したがって、違法性判断にあたっては、「目的」も違法性の判断基準として重要となります。

最近の事件では、このようないわば単発的な事件よりも、連続した被害を訴えているケースが多くなっています。信者が行う個別の献金勧誘行為は、一定の目的達成のためになされた組織的・体系的な一連の行為の一部分であり、個々の献金勧誘行為に対する違法性判断は、その「目的」に従った「一連の行為」として、その一部分を構成する行為としての位置づけのもとでなされるべきことになります。個々の勧誘行為において脅迫文言が明らかでない場合でも、違法性を認定することができます。この点につき、以前からの一連の脅迫的行為による出捐としてとらえて請求を認めたものとして東京高判平成23・11・16（消費者法ニュース91号265頁）があります。この判決は、上記のような目的、手段、結果を一連の行為として明確に認めた意義の大きい判決です。すなわち、「本件のように継続的に特定の宗教団体が関わった事案において違法か否かを評価するに当たっては、当該宗教団体の信者の個々の勧誘行為等が違法であるか否かを個別事情から判断するとともに、個々の勧誘行為だけをとらえれば、勧誘を受けた者の自由な意思決定が制約

第20章　宗教被害と消費者

されたとはいえない場合であっても、それ以前に当該宗教団体の信者が不相当な方法により勧誘をしており、この影響が消滅していない状態で、勧誘を受けた者が一定の金員の出捐等をしたときには、その者の自由な意思決定が不当に制約された状態で前記出捐等がされたといえ、当該信者の勧誘行為は、全体として違法の評価を受けるといわなければならない」としたのです。なお、同様の判決として福岡高判平成24・3・16（消費者法ニュース92号336頁参照）があります。

(C)　使用者責任の成否

民法715条の使用者責任の成否について、判例・通説は、使用者と被用者との間に実質的な指揮監督関係があれば足りるとしています。本件でも、(1)(D)(b)に認定したような信者は、Ｙの指揮に従っていたものと認めて指揮監督関係が肯定されています。宗教団体とその信者との関係についてこのような関係を認めた裁判例は多数存在します。

事業執行関連性については、Ｙの信者らが献金勧誘行為を教義の実践として理解していたことや、献金がＹに帰属していると認められることを基礎として、献金勧誘行為がＹの「事業の執行につき」なされたものと断じています。定型的システムによって、かつ、熟練した信者によって勧誘（脅迫行為）がなされているためか、このような認定は容易になされることが多いようです。

(D)　関連論点

このような損害賠償請求で、慰謝料が認められるか、という問題があります。地方裁判所が慰謝料請求を否定したものの、高等裁判所では肯定した例として、第1審：東京地判平成9・10・24（判時1638号107頁）、控訴審：東京高判平成10・9・22（判時1704号77頁）があります（この論点については、山口広「宗教トラブル特集号」〔消費者法ニュース別冊〕67頁以下を参照してください）。

③　勧誘強要の違法性（第2判決）

裁判例㊷　広島高裁岡山支判平成12・9・14（判時1755号93頁）

(1)　事案の概要

Ｙの詐欺的入信勧誘と献金の説得（元信者によるビデオセンターを通して行われた）について組織的不法行為が認められるとして、献金70万円と修練会

参加費相当額の損害および100万円の慰謝料を命じました。請求を棄却した岡山地裁判決を、広島高裁岡山支部が破棄したものです（逆転判決）。

(A) 当事者

原告　Ｘ（被害当時20歳代の青年）

被告　Ｙら（宗教団体、宗教団体代表役員）

(B) 事　案

Ｙ（被告・被控訴人）は、宗教団体であり「万物復帰」を実践的教理としてきましたが、これは堕落して万物より劣る身になってしまった人間が万物を主管する神の子としての本来の姿に戻るための条件として、神に対して全財産を捧げることを求めるものであるとしています。Ｘ（原告・控訴人）はＹの信者として、その教理の具体的実践として献金を行ったほか、物品購入やセミナー参加を行った者であり、その経過は次のとおりです。Ｙの信者ら（以下、「Ｙら」といいます）はＸに対し、文化サークルの勧誘であるとして教義伝道のためのビデオセンターへ誘い入れ、そこで霊界や神の存在、超常現象に関するビデオ鑑賞を通じて霊界の存在を信じ込ませました。Ｙらは、占い師を装い家系図診断をして、先祖の殺生因縁がたたりＸの家が絶えると言い、そうなりたくないなら「すべてを捧げなさい」などと迫りＸに全財産を差し出すことを応諾させました。Ｙに救いを求める気持ちに傾いたＸに費用を出させて、スケジュールが詰まり睡眠時間も不足するようなセミナーに参加させて教化し、Ｘの給料の大半を交付させて費消させました。またＸの生活を管理し、セミナー終盤段階では、マニュアルに沿って嘘を言い、Ｙの正体を隠しアンケートを行ってビデオセンターに勧誘する活動をさせました。

Ｘは、Ｙらによる一連の勧誘・教化行為が、Ｘの情報や思考、行動をコントロールし苛酷な活動を強いるもので、不法行為にあたるとして、Ｙに対し献金、セミナー参加費や信徒団体の企業からの物品購入代金や慰謝料の支払いを求めました。

(C) 争　点

① このような一連の勧誘・教化行為が違法になるか（民法709条）。

② このような信者の行為について、法人（宗教団体）は使用者責任を負うか（民法715条）。

(D) 第 1 審判決

　Ｘの請求を棄却。ＸがＹの信仰を受容する過程の各段階で自ら真摯に思い悩んだ末に自発的に宗教的な意思決定をしていることから、ＹらのＸへの勧誘・教化行為が社会的相当性を逸脱したものとまではいえないとしました。また、献金勧誘については、宗教活動に伴い多少なりとも吉凶禍福や先祖の因縁話・霊界の話等が説かれる場合が多く、これにより献金を求める行為一般を違法とすることは宗教に対する過度の干渉となり許されないとしたほか、献金額等についてもＸの年齢や収入等に比して社会常識に反するとまでは認められないとしました。

(E) 控訴審判決

　原判決取消し、Ｘの請求一部認容。

　「宗教団体が、非信者の勧誘・教化する布教行為、信者を各種宗教活動に従事させたり、信者から献金を勧誘する行為は、それらが、社会通念上、正当な目的に基づき、方法、結果が、相当である限り、正当な宗教活動の範囲内にあるものと認められる。しかしながら、宗教団体の行う行為が、専ら利益獲得等の不当な目的である場合、あるいは宗教団体であることをことさらに秘して勧誘し、徒らに害悪を告知して、相手方の不安を煽り困惑させるなどして、相手方の自由意思を制約し、宗教選択の自由を奪い、相手方の財産に比較して不当に高額な財貨を献金させる等、その目的、方法、結果が、社会的に相当な範囲を逸脱している場合には、もはや、正当な行為とは言えず、民法が規定する不法行為との関連において違法であるとの評価を受けるものというべきである」。

　ＹらのＸに対する「一連の行為は、個々の行為をみると、一般の宗教行為の一場面と同様の現象を呈するものと言えなくもないものもあり、またＸは主観的には自由意思により決断しているようにみえるが、これを全体として、また客観的にみると、Ｙの信者組織において、予め個人情報を集め、献金、入信に至るまでのスケジュールも決めた上で、その予定された流れに沿い、ことさらに虚言を弄して、正体を偽って勧誘した後、さらに偽占い師を仕立てて演出して欺罔し、徒に害悪を告知して、Ｘの不安を煽り、困惑させるなどして、Ｘの自由意思を制約し、執拗に迫って、Ｘの財産に比較して不当に高額な財貨を献金させ、その延長として、さらに宗教選択の自由を奪って入信させ、Ｘの生活を侵し、自由に生きるべき時間を奪ったものといわざ

るを得ない」。

　使用者責任については、「少なくとも、その信者組織の信者らが有機的一体としてなした不法行為につき、これが被控訴人の事業の執行についてなされたものとして、民法715条の使用者責任を負うべきこととなる」としてその責任を認めました。

(2) 解　説

(A) 青春を返せ訴訟

　消費者被害としての宗教被害は、財産的被害が中心です。しかし、精神的被害、マインドコントロールからの回復、そのような宗教活動に勧誘し従事させることそのものを問題とした裁判が取り組まれ（いわゆる「青春を返せ訴訟」）、損害賠償請求が認められた初めてのケースです。

　ただ、この判決は第1判決同様に、目的・方法・結果が、社会相当性の範囲内にあるかどうかという枠組みで判断しています（この手法については本章②(2)参照）。

　より緻密な判断をした判決として、Y元信者に対する教団組織の勧誘・教化行為は、組織的・欺瞞的・強迫的であって勧誘される側の信仰の自由を侵害するおそれのある違法なものとしました。同様の判決として 札幌地判平成13・6・29（判タ1121号202頁、控訴審：札幌高判平成15・3・14〔判例集未登載〕、上告審：最判平成15・10・10〔判例集未登載〕）があります。

　また、札幌地判平成24・3・29（消費者法ニュース91号338頁）は、「Yの信者が原告らに対して行った伝道活動は、宗教性や入信後の実践内容を秘匿して行われたもので、自由意思を歪めて信仰への隷属に導く不正なものであるし、Yの信者が原告らに対して行った教化活動は、家族等との交流を断絶させ、金銭拠出の不足が信仰の怠りであり、救済の否定に繋がると教えて 信仰を維持させ、特異な宗教的実践を継続させようとする不正なものである。これら不正な伝道・教化活動は、原告らに財産を差し出させ、原告らを集金活動に従事させるという特異な宗教的実践を強制するものであり、客観的に見れば、Yは経済的利益を獲得する目的で行ったと言わざるを得ない」「したがってYの信者が原告らに対して行った伝道・教化活動は、社会的相当性の範囲から著しく逸脱する民事上の違法な行為と言わなければならない」としました。

第20章　宗教被害と消費者

⒝　関連論点

　宗教（団体）固有の問題として、教義が司法判断の対象となるか、という論点があります。

　これについては、宗教教義の当否自体を司法判断の対象とすることができないとしても、宗教教義に基づく行為については、その行為自体が司法判断の対象となる、というのがこれまでの判例です。

　このことは、前掲東京高判平成10・9・22が、「宗教上の教義に関する判断が民事訴訟の対象にならないことは当然であるが、宗教上の教義の実践の名において、身体、財産等他人の法益を侵害することが法律上許される余地はなく、そのような法益の侵害の有無についての判断はまさに法律上の訴訟にほかならない」と判示しているとおりであり、最高裁判所もこれを支持しています（最決平成11・3・11〔判例集未登載〕）。（この論点については、加納雄二「宗教トラブル特集号」〔消費者法ニュース別冊〕58頁以下を参照してください）。

　なお、第2判決の事件に関しては、地方裁判所の審理で、担当裁判官がこのような請求を認める気がないのか、証人申請等を認めようとせず、代理人が裁判官の忌避申立てをする期日に私が応援に行ったことがあります。その後の審理（判決）の状況は上記のとおりです。この時期のオウム真理教の社会問題化に伴い、マインドコントロールの恐ろしさが一般社会で認知されていくようになったことも感慨深いところです。

⑶　法律——消費者契約法の改正

　平成30年の消費者契約法の改正で「霊感商法」も取消しの対象になりました。

　新設された消費者契約法4条3項6号によれば、業者が、「当該消費者に対し、霊感その他の合理的に実証することが困難な特別な能力による知見として、そのままでは当該消費者に重大な不利益を与える事態が生ずる旨を示してその不安をあおり、当該消費者契約を締結することにより確実にその重大な不利益を回避することができる旨を告げる」場合に該当すれば、消費者はその契約を取り消すことができます。

　霊感商法の被害については、本稿で紹介した判例のとおりですが、今回の法改正で「霊感」という言葉が法律用語となり、霊感商法が法律で規制されることになりました。もっとも、直接規制の対象になったのは、あくまでも商品の販売等に関する「消費者契約」です（第1判決）。

さらに霊感商法への規制と同時に新設された消費者契約法4条3項5号では、「加齢等による判断能力の低下の不当な利用」が規制されています。この改正も重要です。消費者庁があげた例として「認知症により判断能力が著しく低下した消費者の不安を知りつつ『この商品を買って食べなければ、今の健康は維持できない』と告げて勧誘」するなどへの規制も加わりました。霊感商法など宗教ないし疑似宗教の被害の中には、健康不安をあおった「人参茶」などの「健康食品」の勧誘や「セミナー」などへの勧誘があり、これら「健康不安商法」も規制対象となりました。

なお、これらの消費者契約の取消権の行使期間は、消費者契約法7条により、消費者が霊感商法であることに気づいた時から1年間、または契約の締結の時から5年間です。

（加納　雄二）

第21章　医療サービスと消費者

1　患者と消費者の関係

　消費者契約法2条1項では、消費者とは、事業と無関係に契約の当事者になる個人であると定義されています。この定義によれば、患者は原則として消費者概念に含まれることになります。患者はすべて自然人であり、通常、個人開業医や病院（以下では、両者をあわせて「医療機関」といいます）との契約（「診療契約」ないし「医療契約」といいます）に基づいて、一定の治療費を支払って医療サービスを利用しているからです。

　また、消費者契約法1条によれば、事業者と対比した場合の消費者の特性として、「情報の質及び量並びに交渉力の格差」があげられています。医療機関と患者にも同様の格差がみられますし、両者に立場の互換性はありません。このように、医療機関との対比においても、患者は典型的な消費者であるといえます。

　以上から明らかなように、伝染病の強制治療や意識不明者への治療などの例外を除けば、患者は消費者契約法における消費者として、そして医療機関は事業者として位置づけられます。実際に、消費者契約法が制定される際の議論でも、患者が消費者であることは当然の前提とされていました（経済企画庁国民生活局消費者行政第一課編『逐条解説　消費者契約法』〔商事法務、2000年〕16頁・18頁を参照）。

　ところが、従来の消費者法では、患者の保護はほとんど考察の対象にされてきませんでした。現在でも、消費者法の教科書で、医療サービスと消費者の関係を扱うものはほとんどありません。なぜ、このような状況が生じているのか、次の裁判例を手がかりにして、まずその理由を考えてみましょう。

2　医療サービスの特質と契約締結の自由

裁判例㊸　神戸地判平成4・6・30（判時1458号127頁、判タ802号196頁）

(1)　当事者

　原告　Xら（第3次救急医療機関たるA病院に診療を拒否された後に死亡

した患者Bの遺族）

被告　Y市（上記A病院の開設者）

(2)　事　案

Bは、交通事故で重傷を負い第3次救急患者（重篤な救急患者）であると診断されました。そこで、消防局管理室が本件A病院に連絡したところ、A病院の担当者が受入れを拒否したため、Bは隣接する市のC病院に収容されましたが、その後に死亡しました。Bの遺族Xらは、A病院および同病院の当直医の診療拒否によりBは適切な医療を受ける法的利益を侵害され苦痛を被ったとして、A病院を開設するY市に対し、不法行為を理由に慰謝料200万円を請求しました。

(3)　争　点

① 　医師の応召義務を定める医師法19条に違反した場合、医療機関に民事上の責任が生じるか。

② 　本件診療拒否に正当な理由があるか。

(4)　判　決

(A)　医師法19条違反の効果

「医師法19条1項は、『診療に従事する医師は、診察治療の要求があった場合には、正当な事由がなければ、これを拒んではならない。』と規定している。

　右規定は、医師の応招義務を規定したものと解されるところ、同応招義務は直接には公法上の義務であり……、医師が診療を拒否した場合でも、それが直ちに民事上の責任に結びつくものではない……。

　しかしながら、右法条項の文言内容からすれば、右応招義務は患者保護の側面をも有すると解されるから、医師が診療を拒否して患者に損害を与えた場合には、当該医師に過失があるという一応の推定がなされ、同医師において同診療拒否を正当ならしめる事由の存在、すなわち、この正当事由に該当する具体的事実を主張・立証しないかぎり、同医師は患者の被った損害を賠償すべき責任を負うと解するのが相当である」。

　「病院所属の医師が診察拒否をした場合、右診療拒否は当該病院の診療拒否となり、右一応推定される過失も右病院の過失になる」。

(B)　正当な理由の存否

「第3次救急医療機関であるA病院がY市内における第1次、第2次救急

医療機関の存在をもって本件診療拒否の正当理由とすることは、できない」。

「担当医師不在は、場合によって診療拒否の正当理由となり得ると解される。

しかしながら、本件においては、亡Aの本件受傷と密接な関連を有する外科専門医師が本件連絡時本件夜間救急担当医師として在院していた」。

「以上の認定説示から、……A病院の本件診療拒否には、これを正当ならしめる事由の存在を肯認し得ず、同病院は、前記説示の過失に基づく責任を免れ得ない」。

(5)　この判決からわかること

この判決からわかるのは、診療契約については、契約締結の自由が実質的に制限されていることです。医師は、医師法19条により応召義務を課せられており、正当な理由がなければ診療の申込みを拒絶できません。その趣旨は、医師により医業が独占されているという点とあわせて、医療が生活に必要不可欠なサービスであり、これを利用できなければ、身体・生命・健康という最も重要な法益が危険にさらされる点に求められます。

本判決は、医師法19条のこのような患者保護の趣旨を正しく指摘したうえ、同様の義務が医療機関一般に課せられること、および、その違反は不法行為法上の過失を推定し、不法行為に基づく医療機関の民事責任を根拠づける場合があることを認めています。ほかにも、医療機関が正当な理由なく診療を拒否した場合に不法行為責任を負う旨の裁判例として、千葉地判昭和61・7・25（判時1220号118頁）があります。

これらの裁判例は、医療サービスが救命的性格を有していることに照らし、契約の締結こそが通常は患者の保護になることを示しています。一般に、通常の消費者取引では、契約の効力否定が消費者保護になることが多いのですが、この枠組みは、必ずしも患者の保護には適合しないのです。このように、従来、診療契約について、不当勧誘や不当条項を理由とした契約の効力否定や原状回復の必要性が意識されてこなかった理由は、医療サービスの特質にあると考えられます。

それでは、医療サービスと同様に、契約の締結強制という形で消費者保護が図られる領域は、ほかに存在しないのでしょうか。実は、水道、ガス、電気など、自然人の生活に必要不可欠な財貨を対象とし、かつ、資格や許認可によってサービス提供者が限定されている取引では、事業者の側に契約の締

結を義務づける公法規定が数多く存在しています（給水契約につき水道法15条
１項、電気につき電気事業法18条、ガス供給契約につきガス事業法16条を参照）。
このように、医療サービスの特性は、決して医療サービスを消費者法の領域
から排除することにつながるのではなく、むしろ、別の観点からの消費者保
護のあり方を示すヒントとして理解すべきでしょう。

(6) 医療サービスの特性に基づく契約主体のコントロール

医療サービスの特性は、契約主体の制限という形でも、契約締結の自由を
修正しています。医療サービスの提供主体が一定の医学知識と技術を備えて
いなければ、患者の生命・身体・健康が危険にさらされることになるため、
契約主体に対するコントロールが必要なのです。以下で、そのための枠組み
をみてみましょう。

医療サービスの提供主体に関しては、医師法17条と歯科医師法17条が、無
資格者による医療行為の実施を禁止しています。これらの公法規定の趣旨が
患者の上記法益の保護にあることからすれば、これらの違反は私法上の取引
の効力にも影響を及ぼすと考えるべきでしょう。このように考えれば、医師
や医療法人以外の者が医療サービスを提供する内容の契約は、効力法規違反、
あるいは公序良俗違反として無効であると解されることになります。

また、無資格者が実際に診療行為を行えば、医師法31条１項１号や歯科医
師法29条１項１号によって刑事罰が科されます。このような制限があるので、
他のサービス分野と比較すると、医療サービス分野には悪質な業者が入り込
む余地が少ないのです。

(7) 小　括

以上をまとめますと、医療サービスについて契約締結の自由が制限されて
いる理由は、医療サービスの特質にあることがわかります。すなわち、医療
は、身体・生命・健康という最も重要な法益を対象とする必要不可欠なサー
ビスであり、その特質に応じて、法制度上も他のサービスとは別異に扱われ
てきたのです。国民皆保険制度によって、保険診療に際しての患者の経済的
負担が軽減されている理由もこの点にあります。そして、従来の消費者法で
患者の保護があまり語られてこなかった理由もまた、この点に求められます。
医療サービスの上記特質に照らせば、契約の効力否定という従来の消費者法
の枠組みは、患者の保護に適合しない場合が多いからです。

さて、ここまでは、医療サービスにはどのような特質があるのか、そして

契約の締結に際してこの特質がどのように表れるかをみてきました。次に、契約の成立後において、この特質が診療契約の内容にどのように反映されるのかをみることにしましょう。

〈参考文献〉
　村山淳子・医事法判例百選212頁

3　医療水準論によるサービスの質のコントロール

(1)　医療水準論の意義

　診療契約の内容についても、関連する法益の重要性という特質に基づいて、さまざまな患者保護が図られています。そのうち最も重要なものが、医師の注意義務に関する「医療水準論」を用いた医療サービスの内容コントロールです。

　現在の判例実務においては、医師の注意義務に関する「医療水準論」が、医療サービスの質を担保する機能を果たしています。医療水準論とは、医療機関の提供する医療サービスの質は、診療時点で一般に普及している医療レベル（これを「医療水準」といいます）を基準として客観的に定められ、医療機関がそれ以下の医療サービスを提供した場合には原則として医療過誤と評価されるとする判例法理をいいます。とりわけ最判平成7・6・9（民集49巻6号1499頁）では、医療水準は全国一律のものではなく、診察にあたった当該医師の専門分野、所属する医療機関の性格、その所在する地域の医療環境の特性等の諸般の事情を考慮して決せられるべきであると判断されており、より精緻な医療水準概念が採用されています。

　医療サービスの質の基準を医療水準論に従って把握することが、通常の患者の意図に合致するのはいうまでもありません。しかしこれとあわせて、身体・生命・健康という最重要法益が当事者の合意によりいたずらに危険にさらされるべきではないとの価値判断もまた、医療水準論の背景にあると考えられます。すなわち、医療サービスについては「安かろう悪かろう」は許容できないものであり、特に医療の質について明確な合意がなくても、当然に上述の意義での医療水準がサービスの質として担保されなければならないと考えられているのです。

(2) 過失責任排除特約の効力と消費者契約法

　このことを前提とすれば、医療サービスの質を下げる合意は原則として認められないはずです。実際に、医師の責任を免除する条項（「手術の結果に対し、私および私の家族は一切異議を申し立てません」など）を無効とする裁判例が存在しています。東京高判昭和42・7・11（判時496号45頁）は、手術の結果について一切異議を申し立てないという内容の誓約書は、衡平の原則に反するため効力を有さないと述べており、上告審の最判昭和43・7・16（判時527号51頁）もこの判断を支持しています。その根拠は、身体や生命という重要法益に対する法的保護が当事者の合意により左右されるのは妥当でないという点にあります。美容整形手術や不妊手術などを内容とする契約についても、身体に対する法的保護が問題になるため、同様のことが妥当します。

　現在、医療機関の債務不履行ないし不法行為に基づく損害賠償責任の全部を免責する条項は、消費者契約法8条1項1号ないし3号に基づいて無効と評価されますが、先にあげた裁判例の趣旨からすれば、過失責任の一部免除を定める条項についても、原則として消費者契約法10条により無効と評価されるべきでしょう。そしてこの趣旨からすれば、消費者取引一般につき、人身損害についての賠償責任を免除する特約は、たとえ一部免除であっても無効と評価すべきです。東京地判平成9・2・13（判時1627号129頁）のように、この旨を明言する裁判例もあります。

(3) 契約を終了させる義務

　医療水準に応じたサービスの確保という観点は、一定の場合に他の専門医を紹介する義務や、他の医療機関に患者を転送する義務を導く根拠にもなります。たとえば、ルンバール検査（腰椎に針を刺して骨髄液を採取する検査）が必要であるにもかかわらずこれを実施できない場合、実施可能な他の病院へ患者を転送する義務があると述べる裁判例として、大阪高判昭和61・3・27（判時1220号80頁）があります。

　注意すべきは、これらの義務は、契約の終了をもたらす限りで、契約を終了させる義務としても位置づけられるという点です。患者保護のためには、契約を終了させる義務すら認められているわけです。身体や生命の安全を確保するために契約を終了させる義務は、従来、必ずしも消費者取引一般で意識されているわけではありませんが、決して診療契約に特有の義務ではないと考えられます。旅行契約においても、旅行中に顧客の安全が危険にさらさ

第21章　医療サービスと消費者

れる状況が生じた場合、同様の義務が事業者に認められるべきでしょう。

〈**参考文献**〉

手嶋豊・民法判例百選Ⅱ債権〔第6版〕164頁

4　医療機関の説明義務と患者の自己決定権による内容コントロール

　医療サービスの多くは身体に対する一定のリスクを伴うため、これを受け入れるかどうかは、患者自身が適切な情報を与えられたうえで決定すべきであるとの法原則が一般に承認されており、これをインフォームド・コンセント（情報を与えられたうえでの同意）の法理といいます。この法理は、医療行為の多くが身体に対する一定の害を伴う性質を有しているため、自己の身体に何がなされるのかを決定する権利として特に認められたものと解されています。

　この場合に医療機関が負う情報提供義務は「説明義務」と呼ばれており、裁判実務では、民法645条の受任者の報告義務、ないし不法行為法上の一般的注意義務の一部として広く認められています。さらに、この説明は個々の診療行為ごとに行うべきであるとされていますので、医療機関は、診療過程を通して、患者に説明を行ったうえで同意を取り付ける義務を負います。逆に、患者の同意を得ずになされた医的侵襲行為（身体に対して一定の害を伴う医療行為）はそれ自体が違法であり、原則として契約内容になりません。インフォームド・コンセントの法理は、このような構造によって、患者自身による契約内容のコントロールという機能を果たしています。

　従来から不動産取引や投資関連取引で強調されている事業者の説明義務と、インフォームド・コンセントの一部としての説明義務との違いは、次の3点にあります。

　①　前者では契約締結時の説明に限定されますが、後者では診療過程を通した説明が義務づけられます。

　②　前者の説明の内容や方法は、一般的・合理的な消費者を基準として確定されますが、後者では、具体的な個々の患者を基準とすべきであると解されています。最判平成12・2・29（民集54巻2号582頁）は、患者が

270

エホバの証人で輸血を明確に拒否している場合、手術に際して輸血する可能性があることを説明しなければならないと判断しています。

③　インフォームド・コンセント法理の場合、医師の説明は患者の同意が有効であるための要件であり、説明や同意がない医的侵襲行為はそれ自体で違法と評価されます。

もっとも、①は、契約締結時に債務内容を具体的に確定できない契約について広く認められる義務であり、必ずしも診療契約に固有の義務ではありません。たとえば、弁護士との訴訟代理契約でも、同様の義務が認められます。これに対し②・③は、関連法益の重要性に基づき、特に厳しい基準が設けられていると評価できます。したがって、身体・生命・健康が関連する他の消費者保護領域についても参考になると思われます。

5　医療サービスの多様化に伴う新たな患者保護の必要性

裁判例㊹　東京地判平成21・6・19（判時2058号69頁）

（1）　当事者

原告　X（割賦購入あっせん会社）

被告　Y（医療機関Aで包茎手術および亀頭コラーゲン注入術を受け、Xとの間で治療費の立替払委託契約を締結した患者）

（2）　事　案

患者Yは、医療機関Aとの間で、包茎手術および亀頭コラーゲン注入術の実施を内容とする契約を締結するとともに、割賦購入あっせん会社たる原告Xとの間で、治療費を立替払いする委託契約を締結しました。手術後にXがYを被告として立替払金の支払いを請求したところ、Yは、Aが本件手術の必要性がないのにあるかのように告げ、また、効果が低いにもかかわらずその旨を告げなかったため、手術の必要性や効果を誤信して契約を締結したとして、消費者契約法5条1項および2項、4条1項1号および2項に基づいて本件立替払契約を取り消した旨を主張しました。

（3）　争　点

本件立替払契約は、消費者契約法4条1項・2項によって取り消しうるか。

（4）　判　決

本判決は、次のように述べて、消費者契約法4条2項の不利益事実の不告知に基づく取消しを認めました。

第21章　医療サービスと消費者

「手術を受ける者は、特段の事情のない限り、自己が受ける手術が医学的に一般に承認された方法（術式）によって行われるものと考えるのが通常であり……本件診療契約の締結にあたり、被告もそのように考えていた……。そうすると、仮に亀頭コラーゲン注入術が医学的に一定の効果を有するものであったとしても、当該術式が医学的に一般に承認されたものとは言えない場合には、その事実は消費者契約法４条２項の『当該消費者の不利益となる事実』に該当する」。

「亀頭コラーゲン注入術は医学的に一般に承認されたものではなく、訴外Ａは、本件診療契約及び本件立替払契約の締結にあたり、同事実を認識しながら……Ｙに故意に告げなかった結果、Ｙは、亀頭コラーゲン注入術が医学的に一般に承認された術式であると誤認して本件診療契約及び本件立替払契約を締結したものであるから、Ｙは、消費者契約法４条２項により本件立替払契約を取り消すことができる（なお、包茎手術と亀頭コラーゲン注入術は１つの診療契約に基づく一体の手術と認められるから、亀頭コラーゲン注入術に関してＹに誤認があった以上、Ｙは本件立替払契約全部を取り消すことができる……）」。

(5)　この判決からわかること

2において、医療サービスは救命や健康を目的とするという特質をもっているため、契約の効力を否定するという形での消費者保護があまり機能しないことを指摘しました。確かに、医療サービスが患者の生命や健康の維持・回復に必要な場合には、その基礎となる診療契約の効力を否定する必要はないはずです。ところがこの判決では、消費者契約法４条２項に基づく診療契約の取消しが認められています。

このような裁判例が現れるに至った理由は、近年の医療サービスの多様化と質的変化にあります。すなわち、近時、美容医療（詳細は後述**6**参照）や各種の生殖補助医療ないし不妊手術のように、患者の生命や健康の維持・回復を直接の目的としない医療サービスが増加しています。このような医療行為については、医学的必要性によってサービス内容が客観的に確定せず、また自由診療の範囲では保険による制約も存在しないので、患者が自己の希望に従って契約内容を選択しうる余地が大きいという特徴があります。あわせて、歯科医療や各種の先端治療のように自由診療に積極的な分野が増えてきていること、妊婦の意思を介在させた多様な形態の出産介助が実現しつつあ

ること、患者や家族の意思を反映させた多様な形態の終末期医療がめざされ
ていることなどの事情も、患者が契約内容を主体的に選択しうる余地を広げ
ています。

　さらに、上記のような医療サービスが増加してきた結果、これを対象とす
る競争市場が発生しつつある点にも注意が必要です。従来は医療水準論によ
る内容コントロールと国民皆保険制度が結び付いて機能してきた結果、どこ
で治療を受けても内容と価格が同じなのが原則でした。しかし、上記のよう
な医療サービスが自由診療で提供される範囲では競争市場が発生し、そこで
は「安かろう悪かろう」というサービス内容になる危険性が高いのです。とり
わけ、美容医療の領域においてはこのような懸念が現実化するとともに、
思いがけない事故、広告や勧誘のトラブル等が増加しています。以下では節
を改めて、美容医療の現状と問題点を概観してみましょう。

6　美容医療の現状と問題点

(1)　美容医療の意義

　従来、美容医療は美容整形を中心に行われてきましたが、近時は、対象部
位も術式も多様化しています。2019年９月現在、一般に実施されている美容
医療として、二重まぶたの手術、鼻やフェイスラインの美容整形、フェイス
リフト手術やヒアルロン酸注入法・ボツリヌス・トキシン注入法等による若
返り術、レーザー等を用いた皮膚美容（ニキビやシミの除去など）、豊胸手術、
脂肪吸引、脱毛、植毛、美白、包茎増大手術、婦人科形成（女性器の形を整
える手術）、歯や歯茎の色・歯並びなどの美しさを改善する美容歯科など、
多種多様です（一般社団法人日本美容外科学会〔JSAS〕のウェブサイト〈http:
//www.jsas.or.jp/contents/cosmetic-sergery.html〉および一般社団法人日本美
容外科学会〔JSAPS〕のウェブサイト〈http://www.jsaps.com/surgery/〉を参
照）。このような背景のもとで、美容医療に関連する法的紛争は増加傾向に
あり、医療機関の法的責任を問う裁判例も蓄積されつつあります。しかし、
この問題が医事法と消費者法という２つの専門分野にまたがっているため、
従来は十分な検討がなされていません。美容医療という概念自体が必ずしも
明確に定義されているわけではありませんし、美容医療の特徴やこれに適用
されるルールも十分検討されないままです。

　では、美容医療は、他の医療と比較して、いったいどのような点に特徴が

あるのでしょうか。美容医療と混同されることの多いエステティックサービスを含めて、それぞれの特徴を確認しておきましょう。

① 一般の医療と美容医療の違い：一般の医療は、「医学的適応性」（生命の維持や健康の維持・回復に必要であるという性質）を備えています。これに対し、美容医療はもっぱら美容を目的として行われますので、医学的適応性に欠けています。そこで、美容を目的としてなされる行為も、医療行為に含めるべきかが問題にされてきました。

医療行為の概念には争いがありますが、現在では、医師の医学的判断および技術をもってするのでなければ人体に危害を及ぼし、または及ぼすおそれのある行為であるとされています。この定義は、医師法17条等における「医行為」概念（医療行為と同義であると解されます）、およびその解釈を示す厚生労働省の通知（「医師法第17条、歯科医師法第17条及び保健師助産師看護師法第31条の解釈について」〔平成17年7月26日医政発第0726005号〕）に基づいています。人体への危険を伴う行為が業として行われる場合、これを医師のコントロールの下に置くことにより、人間の身体・生命・健康を保護する必要があるからです。したがって、もっぱら美容を目的とする行為であっても、人体への危険を伴う限り、医師法などにより規制される医療行為と評価されます。裁判例にも、レーザー脱毛が医師法の適用対象となる医行為（医師法17条などに用いられている概念であり、医療行為とほぼ同義と解されます）に該当すると判断された事例（東京地判平成14・10・30〔判時1816号164頁〕）があります。なお、タトゥーの施術が医行為にあたるか否かについては争いがありますが、近時これを否定する判決が下されています（大阪高判平成30・11・14〔判時2399号88頁〕）。

② エステティックサービス（以下、「エステ」といいます）と美容医療：エステティック（esthétique）とは、フランス語の「審美的」、「美しい」という意味の単語ですが、わが国では、顔や体のトリートメント、パック、マッサージ、脱毛、痩身、体型補正等の美容サービスを、広くエステと呼んでいます。エステの多くは、人体に対する危険がないため医療行為にはあたりません。しかし先にみたように、危険を伴う脱毛は医療行為に該当しますから、これを業として行う場合には、美容医療に属することになります。

以上をまとめると、美容医療とは、美容を目的とし、かつ、身体に対する一定の危険を伴うサービスであるということになります。

(2) 美容医療の特徴

① 救命性の欠如：医療行為の一般的特徴としては、ⓐ身体に対する一定の危険を内在していること（医療行為の侵襲性）、ⓑ健康の維持・回復ないし生命維持のため実施されることがあげられます。あわせて、ⓒ医療行為は高度の専門性を有しており、一般人にはその意義と適否が容易に判断できないことも特徴の1つです。

　美容医療についてもⓐとⓒの特徴は共通していますが、先述のように、ⓑについては妥当しません。一般の医療で一定の危険を伴う診療行為が許されているのは、診療を行うことで患者の救命や健康の維持・回復という利益が認められるからです。これに対し、美容医療の利益は、身体の審美性向上や患者の精神的満足にあります。そのため、美容医療については、身体に対する危険を正当化する要素として、患者の同意が特に重要になります。美容医療について特にインフォームド・コンセントが強調される理由の1つは、この点にあります。

② 緊急性の欠如：美容医療は、緊急性にも欠けています。一般の医療については、救命や健康回復のため緊急に治療を行う必要性が認められるケースが少なくありませんが、美容医療については治療を急ぐ必要はありません。そのため、緊急性を理由としてインフォームド・コンセントを省略する余地もありません。審美目的の医療、とりわけ即日手術の場合には、通常より厳格な説明が必要であることを明言する裁判例として、東京地判平成28・4・28（判時2319号49頁）があります。

③ 関連利益の多様性：一般的な医療紛争において対象とされる利益は、主に患者の生命、健康、身体の完全性、自己決定権です。これらの利益の侵害は、訴訟では、生命侵害や健康侵害を根拠とする財産的・精神的損害の賠償請求、および適切なインフォームド・コンセントが実施されなかったことに基づく精神的損害の賠償請求という形で現れます。これに対し、美容医療の紛争では、患者の生命、健康、身体の保護だけではなく、不当な契約からの解放、サービスの対価として支払った金銭の返還も対象になり得ます。また、説明義務違反の事例については、自己決定権侵害による慰謝料だけではなく、支払った手術費用自体を財産損害

として請求する事例がみられます。

　美容医療についてこのような多様性がみられる理由として、次の2点があげられます。まず、美容医療は自由診療のため患者の金銭的負担が大きく、診療費の紛争が生じやすいことです。次に、美容医療の場合、健康維持に不可欠な医療行為ではないため、適切な説明がなされていればサービスを受けなかったと判断される場合が少なくないことです。適切な説明がなされていれば施術を受けなかったと判断された事例として、東京地判平成25・2・7（判タ1392号210頁）や大阪地判平成27・7・8（判時2305号132頁）があり、施術費用相当額等が損害と認定されています。

　実際に、美容医療については不適切な広告が多いとの実態や、実際に受けてみるまでサービスの内容の吟味が困難である等の特徴があることからすれば、不当な勧誘によって成立した美容医療契約の拘束力から患者を解放する必要性や、長期にわたる美容医療契約の拘束力から患者を解放する必要性、さらに支払い済み施術費用等の返還を認める必要性は高いといえます。

(3)　美容医療に適用されるルール

(A)　医事法に関連するルール

　先にみたように、美容医療では関連する利益が多様であるため、これに適用されるルールも多様です。まず、美容医療も医療の一種なので、医師法や医療法に基づき、提供される医療サービスの人的・物的要件が規制されるとともに、医療機器・医薬品については薬機法の規制対象となります。また、医療広告については、医療法6条の5およびこれを補充する厚生労働省の告示（「医業、歯科医業若しくは助産師の業務又は病院、診療所若しくは助産所に関して広告することができる事項」〔平成19年厚生労働省告示第108号〕）により厳しく規制され、現在広告可能な事項は、患者の治療選択などに資する情報であって、客観的な評価が可能であり、かつ事後の検証が可能な事項に限られています。加えて、医療法6条の5第4項は、同条1項により許される広告についても、その内容および方法は厚生労働省令で定める内容に適合しなければならない旨を定めており、これを受けて、医療法施行規則1条の9が、①比較広告、②誇大広告、③客観的事実であることを証明できない内容の広告、④公序良俗に反する内容の広告を禁止しています。さらに、医療法6条の5第3項は、内容が虚偽の広告を罰則付きで禁じています。

これらの規制の趣旨は、医療が人の生命、身体、健康に直接関連するため、健康被害が生じた場合には単なる財産被害の場合と比べて回復が困難である点に加え、医療サービスは高度の専門性を有するため、広告の受け手たる患者は医療サービスの質を事前に判断することが難しいという特質を有する点にあります。

さらに、美容医療サービスと重要な関連を有する法律として、平成26年11月に施行された「再生医療等の安全性の確保等に関する法律」があります。従来行われてきた美容医療サービスの一部は、同法にいう「再生医療」に属しますので、同法の施行後は、再生医療を対象とする美容医療サービスは同法による規制を受けます。同法の施行前には、白斑治療、豊胸術、毛髪の再生、アンチエイジング等のさまざまな美容医療が、再生医療の名目で行われていましたが（上田実『再生医療と美容』〔南山堂、2007年〕43頁以下）、同法により再生医療の実施に広範な規制が加えられた結果、同法の施行後は、再生医療をうたう美容医療サービスは減少しています。従来のわが国における再生医療については、対象となる再生医療の有効性が確認されていないだけでなく、安全性も確保されていない場合が多数存在していました。このことに照らせば、現状において再生医療をうたう美容医療サービスについては、違法な勧誘と評価される疑いのあるケースがほとんどであると考えられます。平成27年5月には、未確立の再生医療を実施するにあたっての説明義務違反を根拠として、慰謝料の賠償を認めた判決（東京地判平成27・5・15〔判時2269号49頁〕）も下されています。

なお、上記の諸法令は公法に属するため、これらの違反があったとしても必ずしも消費者の救済につながるわけではありませんが、悪質な事業者であるかどうかの判断材料になるとともに、勧誘態様や契約内容の違法性を根拠づける事実として意味をもつ場合は少なくありません。

⒝　民法、消費者法に関係するもの

美容医療も医療サービスの一種ですので、医療水準に達しない医療が行われ損害が生じた場合（❸参照）には、債務不履行ないし不法行為に基づく損害賠償請求が認められます。また、美容医療については診療契約に基づく付随義務ないし不法行為法上の一般的注意義務として、通常の医療よりも厳格なインフォームド・コンセントが義務づけられ、これに違反した場合にも損害賠償請求が認められます。

第21章　医療サービスと消費者

　これらに加え、特定商取引法が美容医療の一部を規制しています。「人の皮膚を清潔にし若しくは美化し、体型を整え、体重を減じ、又は歯牙を漂白するための医学的処置、手術及びその他の治療を行うこと（美容を目的とするものであって、主務省令で定める方法によるものに限る）」であり、かつ、役務提供の期間が１カ月を超え、③支払金額が５万円を超えるものが提供される場合、当該サービスは、同法の特定継続的役務提供に該当します。この場合、事業者は同法42条１項および２項に基づく書面交付義務等を負うとともに、消費者は、所定の要件を満たす限りで、同法48条に基づくクーリング・オフ権、同法49条に基づく中途解約権、同法49条の２に基づく取消権を行使することができます。また、美容医療は割賦販売法の指定役務にも加えられていますので、同法の適用もあります。

　これらの規定の趣旨は、サービスは実際に受けてみなければ内容が判断できないにもかかわらず、長期かつ高額の契約に拘束させるのは適切ではないという点に求められます。

　もっとも、上記の趣旨にあわせて、今回の改正で特定継続的役務提供に位置づけられるのは美容医療の一部にとどまっています。というのは、サービス提供期間が１カ月以内、または支払金額が５万円以内にとどまる美容医療については、今後も同法の規制対象にならないからです。実際に、美容医療については即日手術が強く勧められる場合が多いという現状からすれば、あくまで一部事案についての救済方法として位置づけられるにすぎません。

　次に消費者契約法については、5でみたように、亀頭コラーゲン注入術等の診療報酬の立替払契約を対象として、同法４条２項に基づく取消しを認めた裁判例が表れています。現在のところ、美容医療契約について同法の適用を認めた裁判例はこの１件だけですが、美容医療については、従来から不当勧誘や不当条項が多数報告されていることに照らせば、潜在的には、同法に基づく契約の取消しや条項の無効が認められるケースは少なくないと思われます。

(4)　今後の規制

　先に指摘したように、美容医療サービスにはさまざまな利益が関連するので、美容医療サービスを独立のカテゴリーに分類して統一的規制を考えることは難しいと思われます。しかし、美容医療の紛争が多発している現状が不適切であることは言うまでもありません。今後、特定商取引法、消費者契約

法、景品表示法などの現行規定を活用して悪質な事業者を排除するとともに、より厳格な広告規制や勧誘規制、契約の拘束力からの解放に向けた法制度の確立が望まれます。

とりわけ美容医療については、インターネット上のウェブサイトや新聞の折り込みチラシなどで、明らかに不当ないし違法な表現が用いられている事例が少なくありません。これらの広告が消費者契約法にいう「勧誘」に該当するか否かは明らかではありませんでしたが、近時、最判平成29・1・24（民集71巻1号1頁）は、事業者等による働きかけが不特定多数の消費者に向けられたものであったとしても、そのことから直ちにその働きかけが消費者契約法12条1項および2項にいう「勧誘」にあたらないということはできないとの判断を示しています。この判決により、今後は、不当・違法な広告の事例については、消費者契約法に基づく取消しが認められる可能性が大きく広がったといえます。また、近時の改正により消費者契約法に新しく設けられた同法4条3項3号に基づく取消しについても、同号「ロ」に「容姿、体型その他の身体の特徴又は状況に関する重要な事項」があげられていることからすれば、今後、美容医療契約への適用の可能性を検討する必要があると思われます。さらに景品表示法との関係では、美容医療ではありませんが、平成21年8月に、ウェブサイトに示されたレーシックの料金表示が景品表示法4条（現5条）1項2号の有利誤認のおそれがあるとして、公正取引委員会が複数の眼科医に対し当該表示を行わないよう警告を行った例もあります（公正取引委員会「角膜屈折矯正手術を行う医療機関2事業者に対する警告について」〔平成21年8月6日〕〈https://www.jftc.go.jp/houdou/merumaga/backnumber/2009/20090810_files/09080601.pdf〉を参照）。

〈参考文献〉
　小田耕平「美容医療をめぐる判例」現代消費者法26号20頁以下、消費者委員会「美容医療サービスに係るホームページ及び事前説明・同意に関する建議」（2015年）。

7　おわりに

本章では、従来の患者保護の枠組みが、消費者法で議論されてきた消費者

保護の枠組みとどのように異なり、どの点で共通しているかをみました。ここから明らかになるのは、消費者の属性や身体的・精神的状況、給付内容の特質などの要素によって、具体的な保護の内容や法律構成にはさまざまなバリエーションがありうることです。とりわけ、従来の裁判実務における患者保護の枠組みの多くは、身体・生命・健康という重要法益が関連する消費者取引一般に共通して問題になりうる視点を含んでいます。今後は、自然人であり生活のために財貨を利用するという消費者概念の共通要素を踏まえつつ、具体的な消費者類型ないし取引類型ごとに、より具体化された保護の枠組みを考えていく作業、いわば消費者保護法各論が重要になるはずです。その際には、患者保護の枠組みは参考になる視点を数多く提供しうると思われます。

（高嶌　英弘）

事 項 索 引

【英数字】

50ドル・ルール　*149*

COJ　→　特定非営利活動法人消費者
　機構日本

IT 基本法　*240*

KC's　→　特定非営利活動法人消費
　者支援機構関西

NOVA　*101*

PIO-NET　*252*

PL 法　*202*

【ア】

アースウォーカー事件　*122*

アクワイヤラー　*144*

安全性確保義務　*206*

意思無能力　*22*

イシュアー　*144*

違約金　*42*

医療契約　*264*

医療サービス　*264*

医療水準論　*268*

医療法６条の５　*276*

印鑑マルチ商法　*116*

インフォームド・コンセント　*270*

営業のために若しくは営業として
　12

役務提供事業者　*11*

エステティックサービス　*100*、*274*

応招義務　*265*

押し買い　*91*

オプション取引　*171*

オプトアウト方式　*67*

オプトイン方式　*66*

【カ】

カード合わせ　*228*

カード規約　*144*

カード識別情報　*153*

カードの不正使用　*144*

解除権を放棄させる条項　*42*

買主注意せよ　*19*

価格カルテル　*230*

学納金返還請求事件　*43*

貸金業規制法　*158*

貸金業規制法43条　*161*

貸金業法　*165*

過失責任　*204*

過失責任排除特約　*269*

過失相殺　*125*

瑕疵の判断基準　*216*

家族　*148*

カタロくじ　*122*

ガチャポン　*212*

課徴金納付命令　*237*

割賦販売法　*128*

　―旧30条の４　*129*

　―30条の４　*131*

　―35条の３の13第１項６号　*139*

過当取引　*170*

過払金返還請求訴訟　*158*

過量契約　*31*

加齢等による判断力低下の不当な利用
　29

簡易確定手続　*65*

患者　*264*

元本欠損　*179*

元本充当肯定説　*159*

元本充当否定説　*158*

勧誘　*27*、*62*

勧誘強要　*258*

管理調査責任　*130*

期限の利益喪失特約　*162*

事項索引

傷つけ事案　　　193
既払金返還　　　137
既払金返還法理　　　133
基本的な安全性　　　221、225
客観説　　　217
キャッチセールス　　　20
行政指導　　　102
行政処分　　　108
共通義務確認訴訟手続　　　65
共同不法行為責任　　　122
業務停止処分　　　111
居住利益控除　　　215
金融商品取引法40条1号　　　170
金融商品販売法　　　179
偶然性の立証責任　　　189
クーリング・オフ　　　87、90
　　—の起算点　　　93
　　—妨害　　　93
葛の花イソフラボン　　　71
クラスアクション　　　66
グレーゾーン金利　　　160
クレジットカード　　　143
クレジット契約　　　128
クレジット取引　　　128
継続的役務提供契約　　　104
景品表示法　　　228、233、240
　　—の改正　　　56
契約自由の原則　　　41
契約締結の際の単価　　　103
契約締結前に債務を履行し、原状回復
　　できないことを理由とした契約締結
　　29
契約締結前に特別な労力・費用を要し
　　たことを理由とした契約締結
　　29
契約の解除　　　90
欠陥　　　203、206
　　—の部位　　　210
　　—の立証　　　210

欠陥住宅　　　215
欠陥責任　　　203
決済代行業者　　　144
献金強要　　　254
健康食品チラシ配布差止請求事件判決
　　61
現実購入価格　　　230
建築瑕疵　　　216
建築基準法　　　218
公害の被害者は、二度殺される　　　4
恒久対策案　　　7
後見開始の審判　　　42
工事監理者　　　219
控除説　　　169
公序良俗　　　24、119
更新料　　　52
口頭によるクーリング・オフ　　　89
抗弁説　　　192
抗弁の対抗　　　129、130
合理的安全性　　　206
合理的利用　　　207
高齢者　　　21
告知義務　　　195、197
国賠法1条1項　　　8
誤使用　　　212
誇大広告　　　109
五人委員会　　　2
誤認型　　　26
個別信用購入あっせん　　　129
こんにゃくゼリー　　　201
コンプガチャ　　　228
困惑型　　　26

【サ】

在学契約　　　44
再生医療等の安全性の確保等に関する
　　法律　　　277
サクラサイト　　　248
差止訴訟　　　56

事項索引

詐術　*17、20*

サラ金3悪　*155*

指揮監督関係　*258*

敷金　*48*

敷引特約　*48*

事業者性　*246*

事業者による消費者への退去妨害　*29*

事業者の不退去　*29*

指定商品制　*86*

宗教教義　*262*

宗教法人　*256*

重大事由による解除　*189、200*

集団的消費者被害回復制度　*65*

充当　*167*

重要事項　*34、179*

　　―の不告知　*109*

主観説　*217*

授業料の不返還特約　*47*

出資法の上限金利　*160*

純金ファミリー商法　*7*

商工ローン　*161*

使用者責任　*256*

使用済みポイント　*101*

消費者　*10*

消費者安全調査委員会　*214*

消費者安全法　*214*

消費者契約　*26*

消費者契約法8条　*41*

消費者契約法8条の2　*42*

消費者契約法8条の3　*42*

消費者契約法9条　*42*

消費者契約法10条　*42*

消費者裁判手続特例法　*65*

消費者団体訴訟制度　*65*

消費者の利益を一方的に害する条項　*41*

消費者問題　*1*

消費生活用製品安全法　*214*

情報の質、量並びに交渉力に格差　*16*

食品事件　*6*

食品表示法改正　*56*

処分を許された財産　*18*

書面不備　*97*

事理弁識能力　*23*

信義誠実の原則　*43*

信用供与　*128*

信用購入あっせん　*129*

診療契約　*264、266*

請求原因説　*191*

制限行為能力者　*19*

制限行為能力者制度　*23*

青春を返せ訴訟　*261*

製造物責任法　*202*

成年後見制度利用促進法　*23*

誓約書　*269*

成立上・存続上の牽連関係　*133*

施工者　*219*

設計者　*219*

説明義務　*179、270*

全額説　*169*

想定購入価格　*230*

総量規制　*166*

措置命令　*237*

その他の関係者　*148*

損害賠償額の予定条項　*41*

損害賠償責任の免責条項　*41*

損害保険契約　*184*

損傷事案　*193*

【タ】

大和都市管財国家賠償請求訴訟事件　*9*

他原因　*211*

多重債務者　*155*

立替払契約　*128*

他保険契約の告知義務　*198*

283

断定的判断の提供　　*28、170*

チャージバック　　*145*

注意喚起義務　　*244*

中途解約　　*104*

中途解約清算規定　　*99*

調査義務　　*130*

直前価格　　*230*

通常予想される使用形態　　*211*

通知義務　　*195*

つけ込み型　　*26*

つけ込み型不当勧誘　　*31*

出会い系サイト　　*248*

出会い系サイト規制法　　*250*

定額保険契約　　*184*

定型約款　　*75、187*

　　―の意義　　*75*

　　―の変更　　*81*

抵当証券　　*9*

デート商法　　*136*

適格消費者団体　　*55*

適合性原則　　*170*

適正与信義務　　*129*

適用除外　　*12*

デリバティブ　　*180*

天下一家の会　　*115*

電子契約法　　*240*

電子商取引及び情報財取引等に関する
　　準則　　*241*

電子モール　　*246*

電話機リース事件　　*10*

同居人　　*148*

登録更新　　*9*

独占禁止法　　*228*

特定継続的役務提供契約　　*99、278*

特定商取引法　　*86*

　　―26条1項1号　　*11*

　　―49条　　*104*

特定非営利活動法人埼玉消費者被害を
　　なくす会　　*69*

特定非営利活動法人消費者機構日本
　　69

特定非営利活動法人消費者支援機構
　　関西　　*69*

特定権利　　*86、91*

特定負担　　*116*

特定利益　　*116*

豊田商事事件　　*7*

【ナ】

日経平均株価オプション取引　　*173*

入学金　　*45*

入学金返還義務　　*45*

入学検定料等の返還　　*69*

任意の支払い　　*162*

値上げカルテル　　*229*

ネズミ講　　*115*

ネットオークション　　*240*

　　―利用契約　　*242*

ネットワークビジネス　　*115*

【ハ】

媒介者の法理　　*138*

ひかり協会　　*2*

非故意性の立証責任　　*189*

ビデオセンター　　*258*

美容医療　　*101、273*

ピラミッド型販売組織　　*116*

不安をあおる告知　　*29*

不意打ち条項　　*79*

不意打ち的勧誘　　*91*

不実告知　　*27、109、139*

不実証広告規制　　*236*

不当勧誘規制　　*26*

不当条項　　*41、79*

不当利得　　*156*

不法原因給付　　*169*

プラットフォーム　　*241*

不利益事実の不告知　　*28*

平均的な損害　*42*
　一等の主張立証責任　*44*
平成29年改正民法　*15、187*
ペーパー商法　*7*
片面的強行規定　*185*
訪問購入　*86、91*
訪問販売に関する法律　*87*
保険業法　*186*
保険契約　*184*
保険事故　*184、190*
保険取引　*186*
保険法　*185*
保険約款　*186*
保佐開始の審判　*42*
補助開始の審判　*42*
ホリディマジック社　*115*

【マ】

マインドコントロール　*261*
まがい商法　*7*
巻戻し清算　*137*
松下テレビ発火事件　*205*
守る会　*2*
マルチ商法　*115*
マンスリークリア　*143*
ミーロード事件　*233*
未成年者取消権　*17*
未成年者の詐術　*17*
密接不可分性　*132*
みなし合意規定　*77*
みなし合意除外規定　*78*
みなし弁済　*158、161*
民法改正　→　平成29年改正民法
無限連鎖講　*116*
無限連鎖講防止法　*115*
無催告失効条項　*187*
名義貸し　*138*
迷惑メール防止法　*240*
申込みの撤回　*90*

モラル・リスク　*188*
森永事件民事裁判弁護団長意見書
　2
森永砒素ミルク中毒症候群　*6*
森永ミルク中毒事件　*1*
森永ミルク中毒のこどもを守る会
　2

【ヤ】

約款　*72*
ヤミ金　*169*
ユーザー間取引プラットフォーム
　241
有料アダルトサイト　*151*
優良誤認表示　*236*
預金者保護法　*154*

【ラ】

リース　*10*
履行補助者　*150*
利息制限法　*155*
留守人　*148*
霊感商法　*254*
霊感等の合理的な実証が困難である特
　別な能力による知見の告知　*29*
恋愛関係等に乗じた人間関係の濫用
　29
連鎖販売取引　*115、119*

判例年月日順索引

【最高裁判所】

大判明治40・10・4（民録13輯939頁）　*198*

大判大正 4・12・24（民録21輯2182頁）　*72、186*

最判昭和37・6・13（民集16巻 7 号1340頁）　*155、158*

最判昭和39・11・18（民集18巻 9 号1868頁）　*155、159*

最判昭和43・7・16（判時527号51頁）　*269*

最判昭和43・11・13（民集22巻12号2526頁）　*155*

最判昭和47・11・16（民集26巻 9 号1573頁）　*231*

最判昭和62・2・20（民集41巻 1 号159頁）　*187、189*

最判昭和62・7・2（民集41巻 5 号785頁）　*231*

最判平成元・12・8（民集43巻11号1259頁）　*229*

最判平成 2・2・20（判時1354号76頁）　*130*

最判平成 7・6・9（民集49巻 6 号1499頁）　*268*

最判平成 7・11・30（判時1557号136頁）　*246*

最決平成11・3・11（判例集未登載）　*262*

最判平成12・2・29（民集54巻 2 号582頁）　*270*

最判平成13・4・20（判タ1061号68頁）　*194*

最判平成14・9・26（税務訴訟資料252号9205頁）――豊田商事事件　*7*

最判平成15・2・28（判タ1127号112頁）　*74*

最判平成15・4・8（民集57巻 4 号337頁）　*154*

最判平成15・10・10（判時1840号18頁）　*216*

最判平成15・10・10（判例集未登載）　*261*

最判平成16・2・20（民集58巻 2 号475頁）　*162*

最判平成16・2・20（民集58巻 2 号380頁）　*162*

最判平成17・7・14（判時1909号30頁）　*172*

最判平成17・12・16（判時1921号61頁）　*51、73*

最判平成18・1・13（民集60巻 1 号 1 頁）　*162*

最判平成18・6・1（民集60巻 5 号1887頁）　*192*

最判平成18・11・27（平成17年㈡第1158号・1159号、民集60巻 9 号3437頁）――学
　納金返還請求事件　*43*

最判平成19・2・13（民集61巻 1 号182頁）　*167*

最判平成19・4・3（民集61巻 3 号967頁）　*104*

最判平成19・4・17（判時1970号32頁）　*189*

最判平成19・6・7（民集61巻 4 号1537頁）　*167*

最判平成19・7・6（判時1984号34頁）　*219*

最判平成19・7・19（民集61巻 5 号2175頁）　*167*

最判平成20・1・18（民集62巻1号28頁）　*167*

最判平成20・6・10（民集62巻6号1488頁）　*169*

最判平成21・1・22（民集63巻1号247頁）　*168*

最判平成22・6・17（判時2082号55頁）　*215*

最判平成23・3・24（判時2128号33頁、判タ1356号81頁）　*48*

最判平成23・7・12（判時2128号43頁）　*50*

最判平成23・7・14（集民237号263頁）　*168*

最判平成23・7・15（判時2135号38頁、判タ1361号89頁）　*52*

最判平成23・7・21（判時2129号36頁）　*222*

最判平成23・10・25（民集65巻7号3114頁）　*136*

最判平成24・3・16（判時2149号135頁）　*187*

最決平成27・1・20（判例集未登載）　*60*

最判平成29・1・24（民集71巻1号1頁、判時2332号16頁）──健康食品チラシ配布
　差止請求事件　*27、61*

最判平成29・2・21（民集71巻2号99頁）　*138*

【高等裁判所】

東京高判昭和42・7・11（判時496号45頁）　*269*

仙台高裁秋田支判昭和60・3・26（民集43巻11号1539頁）　*229*

大阪高判昭和61・3・27（判時1220号80頁）　*269*

名古屋高裁金沢支判昭和62・8・31（判時1254号76頁）──印鑑マルチ商法事件
　116、126

東京高判平成4・12・25（判時1450号139頁）　*199*

東京高判平成5・9・28（判時1479号140頁）　*199*

福岡高判平成6・8・31（判時1530号64頁）　*89*

東京高判平成10・9・22（判時1704号77頁）　*258、262*

広島高裁岡山支判平成12・9・14（判時1755号93頁）　*258*

大阪高判平成13・11・7（判タ1104号216頁）　*224*

大阪高判平成14・10・15（判例集未登載）　*217*

札幌高判平成15・3・14（判例集未登載）　*261*

東京高判平成15・4・22（判時1828号19頁）　*171*

大阪高判平成16・4・16（消費者法ニュース60号137頁）　*136*

広島高裁松江支判平成16・6・18（民集60巻1号23頁）　*162*

福岡高判平成16・12・16（判タ1180号209頁）　*220*

東京高判平成17・3・10（民集60巻9号3514頁）──学納金返還請求事件　*44*

東京高判平成17・7・20（判タ1199号281頁）　*104*

福岡高判平成18・2・23（金商1267号33頁）　*190*

東京高判平成18・2・28（判例集未登載）　*104*

大阪高判平成18・9・8（判例集未登載）　*104*

名古屋高判平成19・11・19（判時2010号74頁、判タ1270号433頁）――電話機リース
事件　　*10*

大阪高判平成20・9・26（判タ1312号81頁）――大和都市管財国家賠償請求訴訟事件
　　9

名古屋高判平成20・11・11（裁判所HP）　　*241*

福岡高判平成21・2・6（判時2051号74頁）　　*222*

名古屋高判平成21・2・19（判時2047号122頁）　　*133*

東京高判平成21・11・25（判時2065号156頁）　　*193*

仙台高判平成22・4・22（判時2086号42頁）　　*210*

東京高判平成23・11・16（消費者法ニュース91号265頁）　　*257*

福岡高判平成24・1・10（判時2158号62頁）　　*223*

知財高判平成24・2・14（裁判所HP）　　*246*

福岡高判平成24・3・16（消費者法ニュース92号336頁）　　*258*

名古屋高判平成24・5・29（自保ジャーナル1889号135頁）　　*193*

大阪高判平成25・1・25（判時2187号30頁）　　*60*

大阪高判平成28・2・25（判時2296号81頁）　　*61*

福岡高判平成28・10・4（金法2052号90頁）　　*74*

大阪高判平成30・11・14（判時2399号88頁）　　*274*

【地方裁判所】

札幌地判昭和54・3・30（判時941号111頁）　　*73*

千葉地判昭和61・7・25（判時1220号118頁）　　*266*

大阪地判昭和62・5・8（判タ665号217頁）　　*92*

神戸地判平成4・6・30（判時1458号127頁、判タ802号196頁）　　*264*

東京地判平成5・8・30（判タ844号252頁）　　*94*

東京地判平成5・9・27（判時1496号103頁）　　*132*

大阪地判平成5・10・6（判タ837号58頁）――豊田商事事件　　*8*

大阪地判平成5・10・18（判時1488号122頁、判タ845号254頁）　　*149*

大阪地判平成6・3・29（判タ842号69頁）――松下テレビ発火事件　　*205*

福岡地判平成6・5・27（判時1526号121頁）　　*254*

大阪地判平成6・10・14（判時1646号75頁、判タ895号166頁）　　*149*

札幌地判平成7・8・30（判タ902号119頁）　　*145*

東京地判平成9・2・13（判時1627号129頁）　　*269*

大阪地判平成9・9・18（判タ992号166頁）　　*210*

東京地判平成9・10・24（判時1638号107頁）　　*258*

東京地判平成9・12・26（判例集未登載）　　*212*

大阪地判平成10・12・18（判例集未登載）　　*224*

東京地判平成11・8・31（判時1687号39頁、判タ1013号81頁）　　*210*

名古屋地判平成11・9・10（判時1718号108頁）　　*213*

判例年月日順索引

札幌地判平成13・6・29（判タ1121号202頁）　*261*

神戸地判平成13・9・11（判例集未登載）　*217*

東京地判平成14・10・30（判時1816号164頁）　*274*

大分地判平成15・2・24（民集61巻5号1775頁）　*219*

福岡地判平成16・7・5（金商1267号37頁）　*190*

東京地判平成16・7・13（判時1873号137頁）　*101*

神戸地裁姫路支判平成17・8・9（判時1929号81頁）　*244*

東京地判平成17・11・8（判時1941号98頁）　*28*

京都地判平成18・1・30（裁判所HP）　*106*

さいたま地判平成18・7・19（裁判所HP）──アースウォーカー事件　*122、127*

大阪地判平成18・9・29（裁判所HP）　*132*

大阪地判平成19・6・6（判時1974号3頁、判タ1263号71頁）　*10*

名古屋地判平成20・3・28（判時2029号89頁）　*241*

長崎地裁佐世保支判平成20・4・24（金商1300号71頁）　*150*

鹿児島地判平成20・5・20（判時2015号116頁）　*212*

東京地判平成21・4・30（判例集未登載）　*195*

東京地判平成21・6・19（判時2058号69頁）　*271*

岐阜地裁大垣支判平成21・10・29（消費者法ニュース83号199頁）　*24*

福岡地判平成22・7・7（消費者法ニュース86号136頁）　*24*

大阪地判平成23・3・4（判時2114号87頁）　*33*

さいたま地裁越谷支判平成23・8・8（消費者法ニュース89号231頁）　*248*

京都地判平成23・12・13（判時2140号42頁）──冠婚葬祭互助会等解約金条項使用
　差止請求事件　*56*

大阪地判平成24・2・24（判時2169号44頁、裁判所HP）　*180*

京都地判平成24・3・28（判時2150号60頁）　*60*

札幌地判平成24・3・29（消費者法ニュース91号338頁）　*261*

京都地判平成24・7・19（判時2158号95頁）　*60*

京都地判平成24・11・20（判時2169号68頁）　*60*

東京地判平成25・2・7（判タ1392号210頁）　*276*

東京地判平成25・4・26（消費者法ニュース98号311頁）　*21*

京都地判平成27・1・21（判時2267号83頁）　*61*

大阪地判平成27・7・8（判時2305号132頁）　*276*

東京地判平成28・4・28（判時2319号49頁）　*275*

【簡易裁判所】

茨木簡判昭和60・12・20（判時1198号143頁）　*17*

東京簡判平成15・5・14（裁判所HP）　*37*

編著者一覧

《編者》

島川　勝（しまかわ　まさる）

〔所属等〕　弁護士（大阪弁護士会）

〔経　歴〕　昭和43年大阪市立大学法学部卒、同47年大阪弁護士会登録。平成４年大阪地方裁判所判事、同堺支部、奈良地方裁判所判事。平成15年大阪市立大学大学院法学研究科教授、同特任教授を経て現職。NPO 法人消費者支援機構関西理事。

〔事務所〕　金子・中・橋本法律特許法律事務所

　　　　　　〒530-0047　大阪府大阪市北区西天満4-3-25　梅田プラザビル別館９階

　　　　　　電話　06-6364-6411　FAX　06-6364-6410

坂東　俊矢（ばんどう　としや）

〔所属等〕　京都産業大学教授・弁護士（大阪弁護士会）

〔経　歴〕　立命館大学法学部卒業。龍谷大学大学院法学研究科修了。現在、京都産業大学大学院法務研究科教授。弁護士。京都府消費生活審議会委員長代理。国民生活審議会の委員として、消費者団体訴訟制度の創設に関与。

〔事務所〕　片山・平泉法律事務所

　　　　　　〒541-0041　大阪府大阪市中央区北浜2-5-23　小寺プラザ７階

　　　　　　電話　06-6223-1717　FAX　06-6223-1710

《執筆者（50音順）》

片山　登志子（かたやま　としこ）

〔所属等〕　弁護士（大阪弁護士会）

〔経　歴〕　昭和63年弁護士登録。大阪弁護士会消費者保護委員会委員、日本弁護士連合会消費者問題対策委員会委員、消費者庁消費者安全調査委員会委員を歴任し、現在、内閣府消費者委員会委員、NPO 法人消費者ネット関西専務理事、NPO 法人消費者支援機構関西副理事長。

〔事務所〕　片山・平泉法律事務所

　　　　　　〒541-0041　大阪府大阪市中央区北浜2-5-23　小寺プラザ７階

　　　　　　電話　06-6223-1717　FAX　06-6223-1710

加納　雄二（かのう　ゆうじ）

〔所属等〕　弁護士（大阪弁護士会）（39期）

〔経　歴〕　京都大学法学部卒業。「霊感商法」「オウム真理教事件」等カルト問題を多く扱っている。それ以外にも、たとえば「悪質電話機リース被害」等、いろいろな消費者問題に取り組んでいる（ホームページ〈http://www.kanoyuji.com/〉参照）。

〔事務所〕　加納雄二法律事務所
　　　　　　〒530-0047　大阪府大阪市北区西天満4-6-8　OLCビル101
　　　　　　電話　06-6311-6177　FAX　06-6311-6178

川村　哲二（かわむら　てつじ）

〔所属等〕　弁護士（大阪弁護士会）

〔経　歴〕　昭和60年大阪弁護士会登録。平成15年度大阪弁護士会消費者保護委員会委員長。現在、神戸大学法科大学院非常勤講師（消費者法）、NPO法人消費者支援機構関西監事、NPO法人消費者ネット関西理事。

〔事務所〕　春陽法律事務所
　　　　　　〒530-0047　大阪府大阪市北区西天満6-2-16　つたや第5ビル3階
　　　　　　電話　06-6365-0232　FAX　06-6365-0420

久米川　良子（くめがわ　りょうこ）

〔所属等〕　弁護士（大阪弁護士会）

〔経　歴〕　豊田商事被害者弁護団、丸和モーゲージなどの抵当証券被害者弁護団、木津新抵当証券被害者弁護団などに関与。共編著は『Q&A探偵・興信所110番』『Q&A訪販・通販・マルチ110番』『消費者被害の上手な対処法』『特定商取引のトラブル相談Q&A』など（いずれも民事法研究会）。

〔事務所〕　久米川法律事務所
　　　　　　〒530-0047　大阪府大阪市北区西天満2-3-9　オーク西天満ビル2階
　　　　　　電話　06-6364-6863　FAX　06-6364-6873

五條　操（ごじょう　みさお）

〔所属等〕　弁護士（大阪弁護士会）

〔経　歴〕　平成9年弁護士登録。同年から大阪弁護士会消費者保護委員会委員。NPO法人消費者支援機構関西理事。

〔事務所〕　はるか法律事務所
　　　　　　〒541-0043　大阪府大阪市中央区高麗橋2-4-4　公洋ビル7階
　　　　　　電話　06-6203-5855　FAX　06-6203-6733

編著者一覧

佐藤　吾郎（さとう　ごろう）
〔所属等〕　岡山大学大学院法務研究科教授
〔経　歴〕　早稲田大学政治経済学部卒業後、上智大学大学院法学研究科博士後期
　　　　　課程単位取得、岡山大学法学部助教授を経て現職。

高嶌　英弘（たかしま　ひでひろ）
〔所属等〕　京都産業大学法学部教授
〔経　歴〕　平成元年 3 月神戸大学法学研究科単位取得退学、同年 4 月より京都産
　　　　　業大学法学部講師、平成 5 年 4 月より同大学法学部助教授、平成12年 4
　　　　　月より同大学法学部教授、平成16年 4 月より同大学法務研究科教授、平
　　　　　成30年 4 月より同大学法学部教授（現在に至る）。

谷本　圭子（たにもと　けいこ）
〔所属等〕　立命館大学法学部教授
〔経　歴〕　同志社大学法学部卒業後、同大学大学院法学研究科博士課程前期課程
　　　　　修了・後期課程単位取得。立命館大学法学部助教授を経て現職。

野々山　宏（ののやま　ひろし）
〔所属等〕　弁護士（京都弁護士会）
〔経　歴〕　京都大学法学部卒業、昭和58年京都弁護士会登録。京都産業大学大学
　　　　　院法務研究科教授（平成16年〜平成31年。ただし、平成22年〜25年客員
　　　　　教授）。独立行政法人国民生活センター理事長（平成22年〜25年）。日本
　　　　　弁護士連合会消費者問題対策委員会委員長（平成26年〜28年）。
〔事務所〕　御池総合法律事務所
　　　　　〒604-8186　京都府京都市中京区烏丸御池東入　アーバネックス御池
　　　　　ビル東館 6 階
　　　　　電話　075-222-0011　FAX　075-222-0012

平泉　憲一（ひらいずみ　けんいち）
〔所属等〕　弁護士（大阪弁護士会）
〔経　歴〕　中央大学法学部法律学科卒業。平成11年弁護士登録。日本弁護士連合
　　　　　会消費者問題対策委員会委員、日本弁護士連合会住宅紛争処理機関検討
　　　　　委員会委員、大阪弁護士会消費者保護委員会委員、大阪住宅紛争審査会
　　　　　審査委員。
〔事務所〕　片山・平泉法律事務所
　　　　　〒541-0041　大阪府大阪市中央区北浜2-5-23　小寺プラザ 7 階
　　　　　電話　06-6223-1717　FAX　06-6223-1710

薬袋　真司（みない　しんじ）

〔所属等〕　弁護士（大阪弁護士会）

〔経　歴〕　平成9年弁護士登録。大阪弁護士会消費者保護委員会委員、日本弁護士連合会消費者問題対策委員会委員、大阪府消費者保護審議会委員（平成27年～令和元年）。

〔事務所〕　薬袋法律事務所

〒530-0047　大阪府大阪市北区西天満5-1-3　南森町パークビル5階

電話　06-6361-8801　FAX　06-6361-8803

宮下　修一（みやした　しゅういち）

〔所属等〕　中央大学大学院法務研究科教授

〔経　歴〕　名古屋大学法学部卒業、同大学院法学研究科博士前期課程修了・博士後期課程満期退学。博士（法学）。静岡大学人文学部法学科専任講師・助教授・准教授、同大学院法務研究科准教授・教授を経て現職。

山﨑　敏彦（やまさき　としひこ）

〔所属等〕　弁護士（大阪弁護士会）

〔経　歴〕　日本弁護士連合会消費者問題対策委員会委員・幹事（平成16年～）、大阪府消費生活苦情審査会委員（平成20年～平成22年）、生駒市消費生活審議会会長（平成20年～）、関西大学法科大学院非常勤講師（平成16年～平成26年）、全国証券問題研究会幹事、先物取引被害全国研究会幹事。

〔事務所〕　山﨑敏彦法律事務所

〒530-0047　大阪府大阪市北区西天満2-6-8　堂島ビル9階

電話　06-6365-8565　FAX　06-6365-8539

山本　健司（やまもと　けんじ）

〔所属等〕　弁護士（大阪弁護士会）

〔経　歴〕　京都大学法学部卒。平成9年弁護士登録。日本弁護士連合会消費者問題対策委員会委員・幹事（平成13年～）、内閣府消費者委員会消費者契約法専門調査会委員（平成26～29年）。著書に日本弁護士連合会消費者問題対策委員会編『コンメンタール消費者契約法』（商事法務）、日本弁護士連合会編『実務解説・改正債権法』（弘文堂）等。

〔事務所〕　清和法律事務所

〒541-0045　大阪府大阪市中央区道修町1-6-7　北浜MIDビル9階

電話　06-4706-7727　FAX　06-4706-7738

判例から学ぶ消費者法〔第3版〕

令和元年11月27日　第1刷発行
令和4年3月1日　第2刷発行

定価　本体2,800円＋税

編　者　　島川　勝・坂東俊矢
発　行　　株式会社　民事法研究会
印　刷　　株式会社　太平印刷社

発行所　　株式会社　民事法研究会
　　　　　〒150-0013　東京都渋谷区恵比寿3-7-16
　　　　　〔営業〕　TEL 03(5798)7257　FAX 03(5798)7258
　　　　　〔編集〕　TEL 03(5798)7277　FAX 03(5798)7278
　　　　　http://www.minjiho.com/　　info@minjiho.com

落丁・乱丁はおとりかえします。　ISBN978-4-86556-321-4 C2032　￥2800E
カバーデザイン　袴田峯男

▶ 最新の法令、消費者問題等の動向を踏まえて、約9年ぶりに全面改訂！

実践的消費者読本 〔第6版〕

圓山茂夫　編著

穴井美穂子・井上博子・川口美智子
白﨑夕起子・松原由加・丸山千賀子　著

B5判・121頁・定価 1,430円（本体 1,300円＋税 10％）

▶消費者問題に取り組んでいるさまざまな分野の専門家が、消費者問題、生活経済、食品、衣料品、住生活、製品安全、契約、サービス、環境問題などに関して、消費者が知るべき知識と考え方をわかりやすく解説！
▶短大や大学の消費生活、消費者教育、消費者法などのテキストとして、また、中学や高校の先生方の消費者教育などの手引きに最適！
▶法教育を支援する弁護士、司法書士、消費生活相談員や教員にも活用していただきたい手引書！

本書の主要内容

第Ⅰ部　総　論
1　消費者問題とは何か
2　消費者問題の歴史を知る
3　消費者運動を考えよう
4　消費者政策とは何か
5　企業と消費者とのかかわり
6　消費者教育を進める

第Ⅱ部　消費者と生活経済
7　生活設計を立てる
8　保険を知る
9　預ける、増やす、借りる、返す

第Ⅲ部　消費者と食品
10　食品を安全にとるために
11　食品の表示を読む
12　健康食品、サプリメントを知る

第Ⅳ部　消費者と衣料品
13　衣服の流通と選び方
14　衣服の安全性と品質表示を知る
15　衣服のケア

第Ⅴ部　消費者と住生活・製品の安全
16　賃貸住宅を上手に借りる
17　製品の安全性を守るしくみ
18　製品事故を防ぐには
19　製品の故障や事故に対処する

第Ⅵ部　消費者と契約
20　契約とは何だろう
21　クーリング・オフを知る
22　マルチ商法に気をつけよう
23　消費者トラブルに対処する

第Ⅶ部　消費者と流通
24　不当表示は規制される
25　インターネット通販を安全に使う

第Ⅷ部　消費者とサービス
26　情報通信・放送のルールを知る
27　美しくなるときに気をつけること
28　さまざまな旅の仕方
29　キャッシュレス決済を使いこなす
30　個人データの活用を知る

第Ⅸ部　消費者と環境問題
31　地球環境の危機と世界の取組み
32　地球温暖化とエネルギー問題
33　生活環境と健康
34　世界の海に広がるプラごみ汚染
35　廃棄物処理から循環型社会をめざして

発行　民事法研究会

〒150-0013　東京都渋谷区恵比寿 3-7-16
（営業）TEL. 03-5798-7257　FAX. 03-5798-7258
http://www.minjiho.com/　　info@minjiho.com

消費者行政50年の歴史とともに歩んだ著者の証言！

消費者事件 歴史の証言
―消費者主権へのあゆみ―

＜話し手＞ 及川昭伍（元国民生活センター理事長）
＜聞き手＞ 田口義明（名古屋経済大学教授）

A5判・186頁・定価1,650円（本体1,500円＋税10％）

▶経済企画庁国民生活局長、国民生活審議会委員などを務め、消費者行政の創造・発展を経験してきた著者が、対談形式で、消費者行政の進展や消費者法の制定の経緯、消費者行政の動きなどについて語るオーラルヒストリー！

▶かつて「保護」されるだけの存在だった消費者が、物不足騒ぎや森永ヒ素ミルク事件、豊田商事事件などを経験しながら、産業界・産業官庁による強硬な反対論などを乗り越え、製造物責任法、消費者契約法、消費者基本法の成立等によって、「権利」を獲得するまでの闘いを語る！

▶現代の消費者法制の重みを実感できる1冊！

本書の主要内容

第1章　消費者政策の幕開け――大規模被害事件と消費者保護基本法の成立
第2章　企業と消費者――企業の目覚めと消費者団体の誕生
第3章　消費者の安全を守る――消費者安全三法の成立と危害情報システムのスタート
第4章　オイルショックと物不足騒ぎ――PIO-NET開始の契機
第5章　サービス契約に切り込む――約款への挑戦
第6章　豊田商事事件の衝撃――後追い規制の限界
第7章　一般ルール重視へ向けた流れ
第8章　産業界・産業官庁の壁を破った製造物責任法
第9章　約款の適正化から生まれた消費者契約法
第10章　対立する意見をまとめ、消費者の権利を宣明した消費者基本法
第11章　福田総理の所信表明演説――消費者庁・消費者委員会の誕生
第12章　消費者市民社会への道創り

発行　民事法研究会

〒150-0013　東京都渋谷区恵比寿3-7-16
（営業）TEL. 03-5798-7257　FAX. 03-5798-7258
http://www.minjiho.com/　info@minjiho.com

団体訴訟の実務経験を踏まえて実務的解釈指針を示す！

詳 解
消費者裁判手続特例法

町村泰貴 著

Ａ５判上製・278頁・定価 3,520円（本体 3,200円＋税 10％）

▶集団的消費者被害回復訴訟を規定した消費者裁判手続特例法について、適格消費者団体における実務経験を有する研究者が、実務上問題となりうる論点を中心に消費者裁判手続特例法を詳説！

▶既刊の体系書、理論書、実務書の見解を踏まえ、紛争解決の実務的視点および論理的整合性を意識して、解釈指針を示す！

▶集団的消費者被害回復訴訟第１号となる東京医科大学への入学検定料等返還請求訴訟にも適宜言及した最新の理論書！

▶巻末の資料には、最新のガイドラインを掲載し、実務において至便！

本書の主要内容

第１章　総　論
消費者裁判手続特例法の意義／日本の立法過程／特定適格消費者団体

第２章　共通義務確認の訴え
共通義務確認の訴えの対象／訴訟要件／和解／共通義務確認訴訟の判決効／
共通義務確認訴訟に関するその他の特則

第３章　個別債権確定手続
総　説／簡易確定手続／異議後の訴訟

第４章　集団的消費者被害回復手続における保全・執行
仮差押え／強制執行と届出消費者への分配

第５章　消費者裁判手続特例法の課題
問題提起／消費者裁判手続特例法のコストとその負担／
問題解決の必要性と方向性／おわりに

第６章　フランスのグループ訴権
グループ訴権の概要／グループ訴権の担い手

資料　特定適格消費者団体の認定、監督等に関するガイドライン

発行　民事法研究会

〒150-0013　東京都渋谷区恵比寿 3-7-16
（営業）TEL. 03-5798-7257　FAX. 03-5798-7258
http://www.minjiho.com/　info@minjiho.com

■令和3年改正までを織り込んだ最新版！■

推薦図書
日本消費生活アドバイザー・コンサルタント・相談員協会
全国消費生活相談員協会

消費者六法
〔2022年版〕
──判例・約款付──

編集代表　甲斐道太郎・松本恒雄・木村達也

Ａ５判箱入り並製・1643頁・定価6,380円（本体5,800円＋税10％）

〔編集委員〕　坂東俊矢／圓山茂夫／細川幸一／島川　勝／金子武嗣／関根幹雄
尾川雅清／田中　厚／中嶋　弘／薬袋真司／小久保哲郎／舟木　浩

▷▷▷▷▷▷▷▷▷▷▷▷　**さらに充実した2022年版のポイント**　◁◁◁◁◁◁◁◁◁◁◁◁

▶消費者問題に関わる場合に、これだけはどうしても必要だと思われる法令、判例、書式、約款を収録した実務六法！
▶令和3年改正までを織り込み、重要法令については政省令・通達・ガイドラインを収録！
▶法令編では、「特定商取引に関する法律」「特定商取引に関する法律施行令」「特定商取引に関する法律施行規則」「特定商取引に関する法律等の施行について（通達）」「預託等取引に関する法律（旧・特定商品等の預託等取引契約に関する法律）」などの令和3年改正を織り込むとともに、「取引デジタルプラットフォームを利用する消費者の利益の保護に関する法律」を新たに収録！
▶判例編では、消費者被害救済に必須の判例・裁判例を収載し、付録編、約款・約定書・自主規制編では、最新の情報に対応！

本書の特色と狙い

▶弁護士、司法書士、消費生活相談員、消費生活アドバイザー・コンサルタント・専門相談員、自治体の消費生活関係の担当者、企業の法務・消費者対応担当者等のために編集された六法！
▶消費者問題に取り組むうえで必要な法令を細大漏らさず収録し、重要な法律には政省令・通達の関連部分までまとめて掲載！
▶判例編として、実務の指針となる基本判例要旨を関連分野ごとに出典・関連法令も付して掲載！
▶関連する約款・約定書・自主規制や、実務の現場で役立つ資料も収録！

掲載法令・資料

法令編（115件）
1　消費者法
（1）一般法／（2）物品・サービス関係法／（3）貸金業関係法／（4）生活困窮者支援関係法／（5）金融サービス関係法／（6）居住・不動産関係法／（7）医療関係法／（8）ＩＴ・情報関係法／（9）安全関係法／（10）表示関係法／（11）国際関係法
2　民事法
3　刑事法

判例編（940件）
1　契約一般／2　消費者契約法／3　消費者団体訴訟／4　販売方法／5　金融取引／6　資産形成関係／7　サービス関係／8　広告関係／9　安全関係／10　行政関係／11　福祉関係／12　情報関係／13　その他／14　管轄

約款・約定書・自主規制編

付録　書式／ホームページ掲載情報　ほか

発行　**民事法研究会**

〒150-0013　東京都渋谷区恵比寿3-7-16
（営業）TEL. 03-5798-7257　　FAX. 03-5798-7258
http://www.minjiho.com/　　info@minjiho.com